PHILOMAT‹

Wolfgang
Buschlinger / Bettina
Conradi / Hannes
Rusch

PHILOMAT <

Apparat für weltanschauliche Diagnostik

Erkunden Sie Ihre Philosophie
im Selbsttest !

 S. Hirzel Verlag Stuttgart

Wir danken
von ganzem Herzen

Thomas Bauer (deblik), Gregor Bransky, Kathrin Burghardt und Tobias Tank
(Fotos), Gaby Buschlinger, den Conradis, Matthias Freytag, Klaus Gahl, Stefan
Garthe, Horst Gelissen, Viviane Hekl, Anja Heinrich, Florian Hewelt, Natascha
Kurrle, Magdalene Lammers, Angela Meder, Christine Marie von der Ohe,
Christian Rotta, Thomas Sonar, Gerhard Vollmer, Sven A. Wendlandt, Sibylle
Wessinger sowie allen Testern des Philomaten, auch auf den Öffentlichkeits-
tagen der TU-Braunschweig 2007 und 2008

für die Unterstützung und die mehr als zahlreichen Aufmunterungen, Rat-
schläge und Korrekturen.

Bibliografische Information der Deutschen Nationalbibliothek
Die Deutsche Nationalbibliothek verzeichnet diese Publikation in der Deutschen Nationalbibliografie; detaillierte bibliografische Daten sind im Internet
über http://dnb.d-nb.de abrufbar.

ISBN 978-3-7776-1633-9

© 2009 S. Hirzel Verlag
Birkenwaldstraße 44, 70191 Stuttgart
Printed in Germany
Einbandgestaltung & Innentypografie: deblik, Berlin
Druck & Bindung: Kösel GmbH & Co. KG, Krugzell

www.hirzel.de

Für

Gaby und Tammo,
Barbara und Oli und Katta,
Heidi und Harri

und die Philosophie

Inhalt

Was ist der Philomat?

Der Philomat ist kein Buch im herkömmlichen Sinn, also kein Roman und auch keine wissenschaftliche Abhandlung. Man liest ihn nicht unbedingt von vorne nach hinten, man arbeitet vielmehr mit ihm. Der Philomat ist ein Apparat für weltanschauliche Diagnostik. Er ermittelt Ihre Weltanschauung.

Unter einer ›Weltanschauung‹ verstehen die Konstrukteure des Philomaten nichts anderes als die Menge aller grundsätzlichen Überzeugungen einer Person darüber, was in der Welt der Fall ist und was nicht. Anders ausgedrückt ist eine Weltanschauung damit so etwas wie eine Richtschnur, mit deren Hilfe ein Mensch die Welt versteht. Eine Weltanschauung ist Ausdruck davon, auf welche Art und Weise ein Mensch die Welt – *seine* Welt – möbliert hat, denn eine Weltanschauung macht die Welt gerade so, wie sie dem einzelnen erscheint.

Es gibt zahlreiche Beispiele für solche weltanschaulichen Überzeugungen, etwa:

Es gibt eine Welt. –
Die Existenz dieser Welt hängt nicht von unserem Bewusstsein ab; die Welt stirbt also
nicht, wenn wir sterben. –
Hinter dieser Welt steht ein Schöpfungsprinzip. –
Die Welt muss einen Anfang haben. –
Es gibt in der Welt eine ausgleichende Gerechtigkeit. –
Das Vornehme am Menschen ist seine Vernunft. –
Es gibt keine objektive Wahrheit. –
Das Universum trägt einen Sinn in sich. –
Es gibt objektive Rechte. –
Dem Menschen kommt von Geburt an Würde zu. –
Das Original ist mehr Wert als seine Kopie. –
Nur die Naturwissenschaften können uns die Welt begreiflich machen. – Usw.

Diese knappe Aufzählung ist natürlich alles andere als vollständig, schon deshalb, weil sie neben jeder dieser Überzeugungen mindestens noch deren Gegenteil enthalten müsste. Sie ist aber auch deshalb unvollständig, weil es so viele Weltanschauungen gibt. Denn alle Menschen haben eine Weltanschauung, aber nicht alle sind sich ihrer bewusst. Das muss man auch gar nicht. Genauso wenig muss man die Funktionsweise des Auges verstanden haben, um sehen zu können. Weltanschauliche Überzeugungen wirken fast immer im Hintergrund, sie sind oft genug nicht ganz klar, sie lassen sich nur schwer kritisieren (denn wer wird schon gern seine Weltanschauung los?), und sie sind oft vor den Argumenten da, mit denen man eine Handlung oder eine Meinung rechtfertigt.

Will man sich nun der eigenen Weltanschauung bewusst werden, dann benötigt man – wie für vieles andere auch – einen Sachverständigen. Die Verständigen in Sachen Weltanschauung bilden eine eigene Zunft: die Philosophie.

Der Philomat ist – der erste Teil seines Namens lässt es erkennen – ein Produkt eben dieser Philosophie. Er soll feststellen, welche weltanschaulichen Neigungen Ihre Art zu denken hat. Er soll bestimmen, was Sie in Ihrem Denken bestimmt. Er soll Ihnen damit sagen, entlang welcher Leitlinien Sie die Welt auffassen.

Die Methode des Philomaten hat etwas Apparatürliches. (Daher auch der zweite Teil seines Namens.) Er stellt Ihnen Alltagssituationen vor und fragt Sie, wie Sie jeweils denken oder handeln würden. Haben Sie die Fragen vollständig beantwortet, sagt er Ihnen, welches weltanschauliche Profil er bei Ihnen diagnostiziert. Er nennt Ihnen auch die ›vornehmen‹ Bezeichnungen für Ihr Profil, wie sie von der akademischen Philosophie verwendet werden. Um Ihre Position deutlicher zu machen und noch weiter zu erläutern, enthält er ein Glossar. Ferner gibt er Ihnen kommentierte Hinweise, welche philosophische Literatur Ihnen liegen dürfte.

Um den Philomaten erfolgreich zu benutzen, muss man kein einziges philosophisches Werk gelesen haben. Man muss noch nicht einmal wissen, was Philosophie ist. Vielleicht wissen Sie das auch nicht. Immanuel Kant gibt (in der Schrift *Logik*, IX, 25) eine gute und zugleich knappe Übersicht darüber, was die Gegenstände und Probleme der Philosophie sind:

»*Das Feld der Philosophie ... lässt sich auf folgende Fragen bringen:*
1) Was kann ich wissen?
2) Was soll ich tun?
3) Was darf ich hoffen?
4) Was ist der Mensch?
Die erste Frage beantwortet die Metaphysik, die zweite die Moral, die dritte die Religion, und die vierte die Anthropologie. Im Grunde könnte man aber alles dieses zur Anthropologie rechnen, weil sich die drei ersten Fragen auf die letzte beziehen.«

Für den Philomaten wurden diese vier kantischen Fragen als Anknüpfungspunkte ausgewählt. Um diese Fragen inhaltlich weiter zu unterfüttern, sind ihnen Themenbereiche gemäß der folgenden ›Fragetafel‹ zugeordnet:

	Was soll ich tun?	
	Töten	
	Lügen	
Was ist der Mensch?	Gerechtigkeit	**Was darf ich hoffen?**
Freiheit		Diesseits
Gut und Böse		Jenseits
Das Schöne und die Kunst	**Was kann ich wissen?**	Sinn
	Kosmos	
	Weltwissen	
	Sprache	

Allen zwölf ausgewählten Themenbereichen stellt der Philomat eine Diagnose. Jeder Themenbereich ist für sich abgeschlossen. Das bedeutet für Sie: Sie können die Themenbereiche in jeder beliebigen Reihenfolge bearbeiten, und Sie können Ihre Beantwortung ohne Verluste nach Abschluss eines Themenbereichs unterbrechen.

Innerhalb eines jeden Themenbereichs finden Sie zwölf Fragen, um deren Beantwortung Sie gebeten werden. Bei jeder Frage dürfen und müssen Sie *genau eine Antwort* geben. Suchen Sie bitte nicht immer nach derjenigen Antwort, die zu 100 % auf Sie zutrifft. Zwar hält der Philomat oft viele Antworten bereit, er kann aber bei keiner einzigen Frage vollständig sein, da die Zahl möglicher Antworten immer enorm groß ist. Deshalb kann es vorkommen – vielleicht ist es sogar die Regel –, dass keine der Antworten Ihnen wirklich schmeckt und Sie am liebsten gar nichts ankreuzen möchten. In diesem Fall entscheiden Sie sich bitte für diejenige Antwort, die Ihnen am wenigsten Bauchschmerzen bereitet.

Um möglichst wahrheitsgemäße Antworten zu erhalten, empfiehlt es sich, die Bearbeitung allein vorzunehmen und keine Spuren zu hinterlassen, also keine Antwortkreuze mit Kugelschreiber. Der Philomat enthält nämlich Fragen vom Versicherungsbetrug bis zum verschwiegenen Ehebruch. Es könnte sein, dass Sie selbst zwar Ihre Antwort auf eine solche Frage für legitim oder legalisierbar halten, dass aber Ihre Umwelt mit Kopfschütteln sowohl auf die Antwort reagiert als auch auf Sie, wenn Sie diese Antwort bevorzugen. Das ist weder beabsichtigt noch Ihrem Leben dienlich. Deshalb: Schützen Sie sich!

Die Handhabung der Diagnosetafel und die Bestimmung der Diagnose

Dieses Buch enthält eine Diagnosetafel, die Sie benutzen, damit der Philomat eine Diagnose stellen kann. Dazu brauchen Sie vier Münzen, am besten vier Ein-Cent-Stücke, und Sie müssen das Brett aufklappen. Bevor Sie mit der Beantwortung der Fragen starten, schieben Sie bitte je eine der Münzen auf ein Startfeld (die Felder mit der 0 sind die Startfelder). Dann können Sie mit der Diagnose beginnen, indem Sie einen Themenblock auswählen. Über die Themenblöcke müssen Sie Folgendes wissen: Jeder der zwölf Themenblöcke wird vom Philomaten in vier Dimensionen ausgewertet. Diese unterscheiden sich inhaltlich von Themenblock zu Themenblock. (Natürlich erfahren Sie nicht, wie diese Dimensionen im Detail aussehen.) Jede Dimension wird mit einem eigenen Zeichen dargestellt. Dabei werden immer die vier folgenden Zeichen verwendet:

Für jede Ihrer Antworten erhalten Sie nun Schrittwerte, und zwar immer *vier* unterschiedliche Schrittwerte. Sie finden diese direkt bei Ihrer Antwort. Wenn Sie beispielsweise bei der zweiten Frage des Themenblocks ›Töten‹ die Antwort **a** geben, erhalten Sie als Schrittwerte

Diese Reihe ist von links nach rechts nun so zu lesen:
1. Ziehen Sie in der Dimension ● vom Zahlenwert des Feldes, auf dem sich Ihre Münze gerade befindet, zwei ab und bewegen Sie die Münze auf das dazugehörige Feld.
2. Die Münze in der Dimension ▲ bleibt wo sie ist und wird nicht bewegt.
3. Die Münze in der Dimension ■ bleibt wo sie ist und wird nicht bewegt.
4. Addieren Sie in der Dimension ◆ eins zum Zahlenwert des Feldes, auf dem sich Ihre Münze gerade befindet, und bewegen Sie die Münze auf das dazugehörige Feld.

(Anders ausgedrückt: Die *Richtung* der Pfeile gibt Ihnen vor, in welche Richtung des Zahlenstrahls Sie die Münze bewegen sollen. Die *Anzahl* der Pfeile bestimmt die Schrittweite.)

Drei wichtige Bemerkungen: 1. Jedes Startfeld hat den Zahlenwert Null. 2. Wenn Sie in die negative Richtung des Zahlenstrahls gehen sollen, dann bewegen Sie sich auf dem Spielbrett bitte immer gegen den Uhrzeigersinn; mit dem Uhrzeigersinn bewegen Sie sich in positiver Richtung. 3. Wenn Sie einen negativen Zahlenwert erreichen, dann ist das nicht gleichbedeutend mit einer negativen Bewertung Ihrer Überzeugung. Überhaupt nicht! Plus und Minus sind hier nur die beiden Richtungen einer Dimension, denn grundsätzlich gilt: Der Philomat ist weltanschaulich neutral, das heißt, er stellt nur Diagnosen, er bewertet sie nicht.

Wenn Sie nun die erste Frage beantwortet und die Punktwertung vollzogen haben, können Sie sich der nächsten Frage zuwenden. Fahren Sie nach diesem Schema fort, bis alle zwölf Fragen eines Themenblocks beantwortet sind. Nach der Schrittwertung der letzten Frage haben Sie auf der Diagnosetafel in jeder Dimension einen Diagnosewert ermittelt. Bitte beachten Sie, dass die Diagnosetafel bei den Zahlenwerten 21 und –21 gedeckelt ist. Für Sie bedeutet das: Sollten Sie die Anweisung erhalten, den Wert 21 nach oben zu überschreiten (bzw. den Wert –21 nach unten), dann bleiben Sie einfach auf der 21 (bzw. auf der –21) stehen. Das kann im Übrigen nur bei der zwölften und letzten Frage eines Themenblocks passieren. 21 (bzw. –21) ist dann Ihr Diagnosewert.

Was Ihr Diagnosewert bedeutet, erfahren Sie, wenn Sie einfach umblättern und dort die Diagnosetexte, geordnet nach Dimensionen, für Ihre Zahlenwerte nachlesen. Ihre Gesamtdiagnose für einen Themenblock ergibt sich so aus den Teildiagnosen für jede der vier Dimensionen.

Unterhalb eines jeden Diagnosetextes wird Ihre Art zu denken stichwortartig den philosophischen Fachbegriffen zugeordnet. Wenn Sie diese nicht auf Anhieb verstehen, schlagen Sie bitte im Glossar nach, es ist genau zu diesem Zweck da. *Fachbegriffe ohne Klammern* charakterisieren Ihre Denkart; Fachbegriffe in (runden) Klammern bezeichnen Positionen, die der Ihrigen entgegengesetzt oder wenigstens mit ihr unverträglich sind. Es könnte sich auch in diesen Fällen lohnen, das Glossar zu studieren, weil man manchmal die eigene Position schärfer erfasst, wenn man die entgegengesetzte besser kennt.

Sollten Sie durch den Philomaten Geschmack an der Philosophie gefunden haben, dann finden Sie am Schluss ein kommentiertes Literaturverzeichnis, das Ihnen hoffentlich entgegenkommt. Das Verzeichnis ist organisiert nach den Stichwörtern des Glossars. Für Sie bedeutet das: Erst lassen Sie sich diagnostizieren, dann lesen Sie im Glossar nach, was die Diagnose näher bedeutet, und schließlich finden Sie Hinweise auf Literatur, die für Ihre Haltung einschlägig ist.

Nicht nur für Lehrer:
der Philomat im Internet

Im Internet ist für den Philomaten eine eigene Seite eingerichtet unter

www.philomat.de

Was kann man dort finden? Zunächst einmal eine Version des Philomaten für all jene, die den Philomaten erst einmal testen wollen, bevor sie ihn kaufen. Daneben findet sich auch die Diagnosetafel zum Herunterladen, für den Fall, dass sie einmal verloren gehen sollte. Den Schwerpunkt aber bilden Vorschläge, Anregungen und Hinweise dafür, wie sich die Fragen im Unterricht verwenden lassen. Der Philomat im Internet wendet sich also ausdrücklich an Lehrerinnen und Lehrer. Er versteht sich als Materiallieferant für die Didaktik all jener Fächer, die weltanschauliche Fragen behandeln. Es lohnt, dort zu stöbern, auch deshalb, weil es dort Hinweise gibt, die über dieses Buch hinausgehen und sicher nicht nur für Lehrer interessant sein könnten.

Zum Schluss: Der Philomat will vor allem zum philosophischen Nachdenken anregen. Wenn das gelänge, wäre schon viel erreicht. Darüber hinaus soll er aber auch Vergnügen bereiten. – Damit ist alles gesagt.

Sie können beginnen. Viel Vergnügen!

Was soll ich tun?

Töten

Lügen

Gerechtigkeit

Töten

Töten 1

Ein deutscher Künstler hat bei einer seiner Aktionen auf offener Bühne ein lebenslustiges Schwein geschlachtet und ausbluten lassen. Das tote Schwein kam nach der Aktion in die Abdeckerei.
Dürfen Schweine im Interesse der Kunst getötet werden?

 **a** Nein. Es ist in keinem Fall gerechtfertigt, ein Tier zu töten, ohne Interesse an seinem Fleisch zu haben. Das ist ›Töten nur zum Spaß‹.

b Warum nicht? Wir essen die Tiere ja auch, obwohl wir ohne ihr Fleisch gut leben könnten. Wenn man sie zum Essen schlachten darf, warum nicht auch im Dienste der Kunst? Durch eine solche Aktion wird ein Schweineleben am Ende regelrecht geadelt.

c Die Achtung vor der Kreatur gebietet den respektvollen Umgang mit ihr. Das Schwein auf der Bühne zu schlachten für eine medienstarke (Selbst-) Inszenierung ist respektlos.

d Das kommt darauf an, was der Künstler damit bezweckt. Wenn er nur Freude am öffentlichen Töten von Schweinen hat oder wenn er sich nur selbst vermarkten will, dann halte ich die öffentliche Schlachtung für nicht gerechtfertigt. Wollte der Künstler aber zum Beispiel darauf hinweisen, dass der Umgang mit Schweinen in unserer Überflussgesellschaft fragwürdig ist, dann darf er das Schwein auch auf der Bühne töten.

e Wer so mit Gottes Geschöpfen umgeht, wird nicht belohnt werden.

Töten 2

Wäre es in Ihren Augen moralisch vertretbar gewesen, Hitler zu einem günstigen Zeitpunkt umzubringen?

a Ja, in Anbetracht der Folgen wäre es sogar notwendig und gut gewesen, ihn rechtzeitig zu stoppen, auch durch Mord. Schließlich hätte so die Möglichkeit bestanden, den Zweiten Weltkrieg mit seinen vie-

len Opfern und den Tod von unzähligen Menschen in Konzentrations-
lagern zu verhindern.

b Nein, Mord kann durch nichts gerechtfertigt werden. Jeder
Mord – auch der Mord an Hitler – ist für sich genommen eine schlechte
Handlung.

c Hitler unmittelbar nach der Machtübernahme umzubringen, wäre
moralisch nicht vertretbar gewesen. Er hatte bis dahin nichts getan, was
seinen Tod rechtfertigte. Nach dem Bau der ersten Konzentrationslager
und spätestens mit dem Bau von Auschwitz-Birkenau hatte sich das aber
geändert. Dann hätte man ihn umbringen dürfen. Aber erst dann.

d Hätte jemand schon am 30. Januar 1933 die Bilanz der Juden-
vernichtung im Dritten Reich besessen, so hätte dieser Jemand nicht
nur das Recht, sondern sogar die moralische Pflicht gehabt, Hitler zu
töten.

e Wir leben in einem Rechtsstaat. Auch Hitler hätte ein Anrecht auf
ein faires Verfahren gehabt. Deshalb wäre eine Ermordung Hitlers nicht
rechtsstaatlich gewesen und damit auch nicht moralisch gerechtfertigt.

Töten 3
Im Fall des ›Kannibalen von Rothenburg‹ geht es darum, dass ein Mann
einen anderen Mann auf dessen ausdrücklichen Wunsch hin getötet
und verspeist hat. Ist das unmoralisch?

a Moralisch ist alles erlaubt, wenn die Beteiligten dem Ablauf in einer
fraglichen Situation freiwillig zustimmen. Das scheint mir in diesem
Fall gegeben zu sein. Erlaubt ist, was gefällt. Ich sehe deshalb nicht, warum ich dem ›Kannibalen‹ einen Vorwurf machen sollte und könnte.

b Ich finde das Verhalten von beiden Personen mehr als befremdlich,
ja, regelrecht abstoßend. Ich möchte nicht in einer Gesellschaft leben,
in der so etwas toleriert wird. Deshalb würde ich – wenn das noch ginge – am liebsten beiden den Prozess machen.

c Die Tötung eines Menschen, noch dazu eines Gesunden und nicht
eines Sterbenden, ist und bleibt eine Tötung. Und Tötungen von Men-

schen sind in meinem Verständnis verabscheuungswürdig und moralisch verwerflich.

d »Schlechtes Beispiel macht gut Schule«, sagte man früher. Ich weiß nicht, wo wir hinkämen, wenn wir uns an dieser Stelle nicht moralisch empörten. Nein, ich kann das nicht gutheißen.

e Jeder hat das Recht darauf, mit seinem Leben zu machen, was er will. Er kann es wegschmeißen, oder er kann sich auch verspeisen lassen. Ich möchte das zwar nicht für mich, aber ich möchte auch nicht, dass man einem anderen dieses Recht versagt. Und das täte man, würde man dem so genannten Kannibalen moralische Vorhaltungen machen.

f Ich habe nichts dagegen, dass der ›Kannibale‹ sein Opfer getötet hat – das Einverständnis lag ja vor. Ich finde es aber unmoralisch, Menschenfleisch zu essen.

Töten 4

Es gibt die Meinung, man sollte Kinder bis zum zweiten Lebensjahr straffrei töten dürfen, und zwar deshalb, weil wir ja auch Affen auf einem vergleichbaren intellektuellen Entwicklungsstand straffrei töten dürfen, etwa im Dienste der Kosmetikindustrie. Was halten Sie von dieser Meinung?

a Ein Affe ist kein Mensch. Ich verstehe deshalb schon die Begründung nicht. Ansonsten halte ich diese Position selbst für affig.

b Gleiches Recht für alle. Ob Affe oder Mensch, man muss mit gleichem Maß messen. Das gilt für Affen und Menschen genauso wie für Farbige und Weiße oder Männer und Frauen. Allerdings wäre ich dafür, nicht die Tötung von Kindern zu erlauben, sondern die Tötung von Affen zu verbieten.

c Ich kann darüber nur lachen. Diese Position ist so etwas von lebensfremd, dass ich noch nicht einmal den Wunsch verspüre, sie in Grund und Boden zu diskutieren.

d Menschen einfach so straffrei töten zu dürfen, öffnet der Verrohung Tür und Tor. Ich weiß nicht, wohin das führen würde, wenn wir das erlaubten. Dürften wir dann auch bald Koma-Patienten töten? – Nein, ich würde mich in einem Staat nicht mehr wohl fühlen, der so etwas erlaubte. Ich würde mich selbst bedroht sehen.

e Ich weiß nicht. Wenn wir die Abtreibung von Kindern nicht unter Strafe setzen, warum sollten wir dann die Tötung von Kindern bis zu einem gewissen Lebensjahr bestrafen? Das erscheint mir plausibel. Allerdings halte ich die Grenze von ausgerechnet zwölf Wochen bei einer Abtreibung willkürlich gewählt. Eine Grenze von zwei Jahren scheint mir zwar genauso willkürlich, aber viel zu spät angesetzt.

f Es ist Unrecht, einen Menschen ohne Not zu töten (und das vielleicht noch mit dem Hinweis darauf, dass dieser Mensch mit seinem ewigen Geschrei schließlich zwei Jahre lang genug genervt habe). Ich weiß nicht, wer solche Vorschläge macht. Ich jedenfalls lehne das strikt ab.

Töten 5

Auf einem Spaziergang beobachten Sie am Wegesrand Kinder, die Steine umdrehen und Mäuse unter den Steinen fangen. Sie sehen auch, wie die Kinder die Mäuse töten, indem sie sie mit Schwung auf den Boden werfen. Was tun Sie?

a Ich sehe dem kindlichen Treiben eine Weile zu und erinnere mich dabei an meine eigene Kindheit.

b Ich gehe zu den Kindern und frage sie, was sie sich eigentlich bei ihrem unsinnigen Tun denken.

c Ich gehe zu den Kindern und ermahne sie. Auch Kinder haben nicht das Recht, Tiere einfach so zu töten.

d Nichts. Ich habe mit den Kindern nichts zu schaffen.

e Ich gehe zu den Kindern und gebe ihnen Tipps, wie sie ihren Erfolg vergrößern können.

f Ich sage den Kindern, sie mögen mehr Achtung vor der Natur haben.

g Ich gehe zu den Kindern, packe eines am Kragen und sage, dass ich ihm richtig die Ohren lang ziehe, wenn ich es noch einmal bei so etwas erwische. Dann lese ich ihm die Leviten.

Töten 6

Stärker als die Angst vor dem Tod kann die Angst vor dem Sterben sein. Die Sorge, kein eigenständiges Leben mehr führen zu können, an Schmerzen zu leiden und in allem doch keine Aussicht auf eine Verbesserung des Zustands zu haben, lässt viele Menschen nach einem Weg suchen, das Sterben zu verkürzen. Organisationen zur Freitodbegleitung haben sogar eine Möglichkeit etabliert, Menschen beim Sterben zu helfen. Eine Institutionalisierung und Legalisierung von Sterbehilfe oder Freitodbegleitung ist vielerorts jedoch heftig umstritten. Welche der folgenden Positionen trifft am ehesten auf Sie zu?

a Ich habe mich immer bemüht, ein selbstbestimmtes Leben zu führen. Ich sehe nicht ein, weshalb man mir diese Autonomie beim Sterben entziehen dürfen sollte. Ich möchte den Zeitpunkt meines Todes selbst bestimmen. Nur ich weiß, wann mein Leben noch lebenswert ist und wann nicht mehr. Deshalb wäre ich auch bereit, mir andere Wege zum Sterben zu suchen, wenn es keine Organisation gibt, die mir dabei hilft.

b Mögliche Leiden vor dem Tod haben einen Sinn. Der Abschied vom Leben kann sinnvoll gestaltet werden. Gleichzeitig gibt es für mich und die mir wichtigen Menschen die Möglichkeit, sich auf meinen Tod vorzubereiten. Die Phase des Sterbens lässt mich meine Vergangenheit noch einmal vergegenwärtigen. Mein Leben vor dem Sterben abzukürzen und den direkten Tod zu wählen, hieße, mir selbst und den anderen die Möglichkeit des Abschiednehmens zu rauben.

c Leiden sind dem Menschen aufgegeben von unserem Schöpfer. Die Prüfungen, die er uns auferlegt, sind Teil seines Plans. Das Leben eigenmächtig zu beenden, hieße, anmaßend zu sein und sich der göttlichen Vorsehung zu entziehen. Den Suizid oder die Tötung auf Verlangen halte ich für eine Sünde. Gott ist der Einzige, der das Recht hat, Leben zu geben und Leben zu nehmen.

d Der Wunsch nach Selbstbestimmung übersieht die Breitenwirkung einer Legalisierung von Sterbehilfe. Denn gibt es erst einmal Institutionen, die konsultiert werden können, um entsprechende ›Leistungen‹ zu empfangen, dann wird es früher oder später auch sozialen oder ökonomischen Druck auf Kranke und Sterbende geben, ihrem Leben ein Ende zu setzen. Sterbehilfe wird dann zu etwas, das man wollen soll. Deshalb bin ich gegen solche Institutionen.

Töten 7
Krieg ist …

a … ein Ausnahmezustand, der Töten manchmal notwendig macht. Schließlich handeln die Soldaten in einer Art staatlicher Notwehrsituation und erfüllen eine Aufgabe, für die sie ihre persönliche Auffassung zurückstellen müssen.

b … abscheulich! Soldaten sind Mörder. Potenziell oder tatsächlich.

c … ein, wenn auch letztes, so doch adäquates Mittel, um ansonsten unlösbare Situationen zu regeln. Das ändert aber nichts daran, dass Soldaten Mörder sind. Ihre Taten müssen sie vor sich selbst verantworten. Ein Soldat, der tötet, macht sich genauso schuldig wie jeder andere, der einen Menschen umbringt.

d … ein, wenn auch letztes, so doch adäquates Mittel, um ansonsten unlösbare Situationen zu regeln. Soldaten sind auch im Krieg an feste Regeln und zuletzt auch an ihr Gewissen gebunden. Da sie jedoch im Namen ihres Landes und für ihr Land töten, ist die Schuld, die sie auf sich laden, eine andere als die von Mördern. Mörder töten kaltblütig oder aus niederen Motiven. Der Zweck, dem Soldaten dienen, verbietet es, sie als Mörder zu bezeichnen.

e … manchmal unvermeidbar. Feindliche Soldaten im Krieg zu töten, ist nicht nur vertretbar, sondern sogar eine Pflicht der eigenen Gesellschaft gegenüber.

Töten 8

Um dem eigenen Tod entgehen zu können, müssen Sie einen anderen verraten. Damit liefern Sie ihn jedoch dem sicheren Tod aus. Was tun Sie?

a Ich schütze mich selbst. Deshalb verrate ich ihn. Das ist legitim.

b Wenn der andere wichtiger ist als ich, dann bin ich bereit, mein Leben aufzugeben.

c Wenn ich den anderen verrate, begehe ich einen Mord.

d Unrecht leiden ist besser als Unrecht tun. Deshalb werde ich ihn nicht verraten.

e Ich würde den anderen verraten. Das mag zwar feige sein, aber damit kann ich leben.

Töten 9

Sie kommen von einem langen Arbeitstag nach Hause. Ihre Wohnung ist völlig verwüstet, ihre Familie brutal ermordet. Ein Fremder, offensichtlich der Mörder, ist dabei, Dinge in eine Tasche einzupacken. Mit dem Rücken zu Ihnen gewandt, wühlt er in einer Schublade. Sie haben eine Waffe. Was tun Sie?

a Ohne zu zögern erschieße ich ihn von hinten.

b Ich spreche ihn an, und wenn er sich umdreht und mir in die Augen sieht, schieße ich ihm in den Kopf. Dann schieße ich auf ihn ein, bis das Magazin leer ist.

c Ich halte ihn mit der Waffe in Schach und benachrichtige die Polizei – die Justiz soll über ihn richten.

d Ich schleiche mich hinaus und benachrichtige die Polizei. Ich könnte niemals jemanden töten. Auch nicht den Mörder meiner Familie.

e Ich schieße und versuche, ihn dabei nicht tödlich zu verletzen. Dann rufe ich die Polizei.

Töten 10

Angenommen, Sie sollten die Todesstrafe rechtfertigen. Welches Argument hielten Sie für das stärkste?

a Die Todesstrafe ist das sicherste Mittel, um den Täter aus dem Verkehr zu ziehen und um so Tatwiederholungen zu verhindern. Sie schützt also die Gesellschaft vor gefährlichen Menschen.

b Die Todesstrafe vergilt Gleiches mit Gleichem und sühnt damit begangenes Unrecht. Den Opfern des Täters verschafft man damit Gerechtigkeit.

c Die Todesstrafe ist das härteste aber auch beste Mittel, um andere Menschen vor Straftaten abzuschrecken.

d Ich würde die Todesstrafe niemals rechtfertigen, selbst dann nicht, wenn man mich mit dem Tod bedrohte!

e Es gibt Taten, die sind so abscheulich, dass sie höchstens durch den Tod des Täters gesühnt werden können.

Töten 11

Weshalb soll man eigentlich nicht töten?

a Leben ist heilig! Menschen haben nicht das Recht, über Leben und Tod zu entscheiden.

b Ich verzichte nur deshalb freiwillig darauf, andere Menschen zu töten, weil die anderen im Gegenzug versprechen, mich nicht zu töten. Dieser Vertrag wird durch die Gesetze festgeschrieben, und an ihn halte ich mich.

c Das Töten von Menschen steht im Widerspruch zur menschlichen Fähigkeit, vernunftgemäß zu handeln. Töten und Morden bedeuten einen Rückfall in den Tierzustand. Deshalb gebietet es die Vernunft, nicht zu töten.

d Es ist eines der zehn Gebote.

e Jemanden zu töten, könnte ich nicht mit meinem Gewissen vereinbaren.

f Es gibt Fälle, in denen das Töten eines Menschen geboten ist.

Töten 12

Die niederländische Künstlerin Tinkebell hat bei ihrer Aktion *Save the Males* männliche Küken zum Selbstkostenpreis angeboten. Sie hatte die Küken bei einer Brüterei erworben. Üblicherweise werden männliche Küken, da sie keine Eier legen und damit unprofitabel sind, wenige Stunden nach ihrer Geburt zu blutigem Mus zerquetscht, geschreddert, verfüttert oder vergast. (In Deutschland etwa 60 Millionen pro Jahr.) An ihrem Stand ließ die Künstlerin wissen, dass sie alle Küken, die sie nicht bis zum Abend verkauft haben werde, ebenfalls in den Schredder werfen werde. Wie verhalten Sie sich?

a Ich kaufe ein paar der Küken. Allerdings weiß ich nicht, wohin mit ihnen, wenn sie groß sind, denn ich habe eine Stadtwohnung. Vielleicht kann ich sie ja später verkaufen oder an einem geeigneten Ort unterbringen.

b Nichts. Was soll ich mit solchen Küken denn machen?

c Ich fordere diese ›Künstlerin‹ auf, die Küken zur Brüterei zurückzubringen. In der Brüterei werden die Küken schnell getötet und bestimmt noch als Futter an eine Pelztierfarm verkauft. Das macht Sinn. Das Leben der Küken war dann wenigstens nicht umsonst. Ich jedenfalls habe überhaupt keine Möglichkeit, die Küken zu verwerten.

d Wer diese Küken kauft, weiß nicht, wie es auf einem Bauernhof zugeht. Nutztieren gegenüber sollte man sich keinen allzu sentimentalen Empfindungen hingeben.

e Ich bedauere es, kein Küken zu kaufen, aber ich kann mich nicht um das ganze Leid der Welt kümmern.

f Ich fühle mich von der Künstlerin moralisch genötigt, ein Küken zu kaufen. Ich frage mich wütend, woher diese Frau sich das Recht nimmt, mir ein schlechtes Gewissen einzureden für etwas, das ich nicht zu verantworten habe, nämlich die Zustände und Verkaufswege der Brüterei.

g Ich kaufe alle Küken, gehe damit zur Polizei und zeige diese so genannte Künstlerin an. Die Drohung mir gegenüber, die Tiere zu schreddern für den Fall, dass ich sie nicht kaufe, ist unmoralisch. Die nicht verkauften Tiere als Abschluss einer Kunstaktion in den Schredder zu werfen, wäre Tierquälerei.

Sie sind fertig mit dem Themenblock ›Töten‹.
Ihre Diagnose finden Sie auf den nächsten Seiten.

Diagnose ›Töten‹

● **-16 bis -11** Wenn es um das Töten geht, hängt Ihre Bewertung ganz klar davon ab, welche Folgen diese Handlung nach sich zieht. Haltungen, die solche Fragen ganz kategorisch beantworten, lehnen Sie ab. Demgegenüber ist Ihr Ansatz ein variabler: ›Erlaubt sollte das sein, was Konsequenzen nach sich zieht, die von möglichst vielen Menschen gewünscht sind.‹ Deshalb sollte in Ihren Augen möglichst von Fall zu Fall entschieden werden.
Konsequentialismus

● **-10 bis -4** Wann man töten darf und wann nicht, wird von Ihnen nicht generell beantwortet. Sie achten bei der Bewertung oft darauf, welche Folgen sich aus einer solchen Handlung ergeben. Dennoch bleibt das Töten für Sie eine Angelegenheit, über die mit prüfendem Blick auf grundlegende Prinzipen entschieden werden sollte.
Konsequentialismus – (Deontologie)

● **-3 bis 4** Folgenerwägung oder Prinzipientreue? Manchmal sind Sie nicht sicher, welche Haltung Sie vertreten sollen: Einerseits spricht zu viel für die positiven Konsequenzen, die zum Beispiel ein Tyrannenmord mit sich bringen würde; andererseits spricht auch manches dagegen, etwa, dass nach Ihrem Dafürhalten so harte und endgültige Taten eigentlich in sich selbst schlecht und ablehnenswert sind.
Konsequentialismus – Deontologie

● **5 bis 12** Für Sie ist klar, dass es Grenzen gibt, über die man nicht hinausgehen sollte – schließlich sind Fragen, die über Leben und Tod entscheiden, so grundsätzlich, dass es dabei nicht darum gehen darf, wem der Tod eines anderen möglicherweise nützen wird. In manchen Sonderfällen sind Sie jedoch bereit, Ausnahmen zu machen, weil Sie Handlungen nicht isoliert bewerten, sondern immer auch in deren Zusammenhang.
Deontologie – (Konsequentialismus)

● **13 bis 19** Das Leben ist für Sie ein Wert, der unbedingt geschützt und geachtet werden muss. Daraus resultiert in Ihren Augen die Pflicht, nichts zu tun, das diesem Prinzip widerspricht. Ganz gleich, ob es dabei um einen Tyrannen, den Wunsch nach selbstbestimmtem Sterben oder eine Maus geht: eine Tötung ist in Ihren Augen – unabhängig von ihrer Begründung oder ihren Folgen – eine schlechte und damit inakzeptable

Handlung. Damit wollen Sie weder direkt etwas zu tun haben noch als unbeteiligter Beobachter oder Mitwisser in Verbindung stehen.
Deontologie – (Konsequentialismus)

Alle Lebewesen unter der Sonne verdienen in Ihren Augen eine angemessene Behandlung und Wertschätzung. Da gibt es keinen Unterschied zwischen Tieren und Menschen. Schließlich sind beide gleichermaßen leidensfähig und daher schützenswert. Tiere für menschliche Zwecke zu instrumentalisieren, halten Sie für vollkommen inakzeptabel. ▲ **–7 bis –2**
Konsequentialismus – Deontologie

Tiere verdienen als lebendige Wesen in Ihren Augen Respekt und Achtung. Und dennoch: Tiere sind keine Menschen, weshalb es für Sie kein Verbrechen ist, sie als Nutztiere zu halten, sie zu essen und weitgehend über sie und ihren Lebensraum zu bestimmen. Deshalb wünschen Sie sich vielleicht angemessene Einrichtungen zur Tierhaltung, in denen Tiere nicht unnötig leiden. Mehr Rechte sollten Tieren darüber hinaus jedoch nicht zukommen. ▲ **–1 bis 3**
Materialismus – Kognitivismus – Aufklärung

»Menschen sind Menschen, und Tiere sind Tiere« so könnte Ihr Grundsatz lauten. Für Sie ist ganz klar, dass die menschliche Spezies über allen anderen steht. Über Tiere verfügen zu können, ist schlicht das Recht des Stärkeren, weil Klügeren. Tierrechtsfragen interessieren Sie daher wahrscheinlich wenig. ▲ **4 bis 8**
Rationalismus – Dualismus – Metaphysik – Darwinismus

Das Zusammenleben von Menschen sollte Ihrer Auffassung nach durch Gesetze geregelt sein. Die Einhaltung der Gesetze muss ein gut organisierter Staat garantieren. Denn in diesem Punkt sind Sie sicher: Ohne Rechtssicherheit und ohne Kontrolle würden sich die Menschen gegenseitig die Köpfe einschlagen. Zudem halten Sie Selbstjustiz für vorsintflutlich, und die Rede von ›natürlichen Rechten‹ erzeugt bei Ihnen nur Kopfschütteln. Den Begriff ›Menschenwürde‹ sähen Sie gern ersetzt durch ›Menschenrechte‹. ■ **–12 bis –8**
Naturalismus – Monismus

›Recht‹ ist für Sie ein Begriff, der immer einer Instanz bedarf, welche über seine Reichweite und seinen Umfang bestimmt. Schließlich gibt es in Ihren Augen kein ›natürliches Recht‹, das von selbst Gültigkeit besäße. Das Richten von Straftaten und das Aufstellen von Regeln und Ge- ■ **–7 bis –3** setzen für das Zusammenleben sehen Sie deshalb gern in den Händen eines gerechten Staates. Allerdings verstehen Sie auch bei ganz wenigen abscheulichen Straftaten den Wunsch und den Ruf der Betroffenen nach Selbstjustiz.

Naturalismus – Konsequentialismus

■ **–2 bis 3** Allgemeine gesetzliche Regelungen erscheinen Ihnen manchmal einfach zu kompliziert und unangemessen. Für Sie liegt es in speziellen Fällen nämlich auf der Hand, dass man ein bestimmtes Recht einfach hat und dass es einem nicht erst durch Gesetze zugesprochen werden muss. Das betrifft sowohl die Frage nach der Menschenwürde als auch das Recht auf Selbstbestimmung. Dennoch schätzen Sie institutionalisierte Regelungen. Schließlich wird in der Demokratie durch Recht und Gesetz für Gerechtigkeit gesorgt.

Pragmatismus – Deontologie – Metaphysik – Konsequentialismus

■ **4 bis 9** Sie halten Recht, Gesetz und Ordnung für wichtige Bestandteile des Zusammenlebens. Gleichwohl gibt es Fälle, in denen Ihnen der Staat zu behäbig erscheint. Dann besteht in Ihren Augen immer noch die Möglichkeit, die Dinge selbst in die Hand zu nehmen. Dazu fühlen Sie sich berechtigt, denn Sie sind sicher, dass jedem Menschen gewisse objektive Rechte wie beispielsweise Menschenwürde und Menschenrechte oder das Recht auf Selbstverteidigung von Natur aus zukommen. Diese Rechte sollten selbstverständlich von allen geachtet werden. Denn dann sind bestimmte Maßnahmen gar nicht erst erforderlich.

Metaphysik – Deontologie – Dualismus

■ **10 bis 15** In Ihren Augen wird jeder Mensch, vielleicht sogar jedes Lebewesen, bereits mit Würde und gewissen Rechten geboren. Dass über die Einhaltung und Zusicherung von Rechten und Pflichten im Rahmen eines Gesellschaftssystems überhaupt gesprochen werden muss, erstaunt und enttäuscht Sie deshalb immer wieder. Wenn jemand Ihre Rechte zu beschneiden versucht, sind Sie daher auch nicht abgeneigt, dies entsprechend zu vergelten, denn jeder weiß doch, dass er Ihnen damit Unrecht tut.

Deontologie – Dualismus – Metaphysik – Irrationalismus

◆ **–11 bis –4** Sie gehen offen und tolerant durch die Welt nach dem Motto »Erlaubt ist, was gefällt und Dritten nicht schadet«. Das gilt auch für Ihre Beurteilung anderer. Sollte etwa ein Mensch seinen eigenen Tod wünschen, so schadet dies zwar seinem Leben – entspricht jedoch seinem Recht auf

Selbstbestimmung. Jemand anderem etwas vorzuschreiben, liegt Ihnen wirklich fern. Wenn Sie ›Recht und Gesetz‹ hören, dann denken Sie in erster Linie an Freiheitsrechte und nicht an Gebote und Pflichten.
Naturalismus – Pragmatismus

Grundsätzlich stehen Sie auch kritischen Fragen, bei denen es um Leben und Tod geht, offen und unvoreingenommen gegenüber und können viele mögliche Perspektiven auf einen Sachverhalt akzeptieren. Einiges ist Ihnen sogar vollkommen gleichgültig – schließlich können Sie sich nicht für alles interessieren. Anderes jedoch bewegt Sie so sehr, dass Sie in der Bewertung der Situation hin- und hergerissen sind, etwa: Muss man denn wirklich alles tolerieren? Sind gewisse Vorschriften nicht doch nützlich und angebracht, gerade wenn es um Leben und Tod geht?
Naturalismus – Pragmatismus – Kognitivismus

◆ **–3 bis 5**

Freiheit und Toleranz sind für Sie wichtige und schützenswürdige Werte. Dennoch gibt es in Ihren Augen klare Grenzen der individuellen Freiheit, und zwar besonders dort, wo allgemeine Regelungen getroffen werden müssen, um beispielsweise Sicherheit garantieren zu können. Außerdem gibt es für Sie feste Werte und Normen, und die gilt es durchzusetzen. Manchmal ist dafür auch eine Beschneidung der Freiheit in Kauf zu nehmen.
Pragmatismus – Naturalismus – Deontologie

◆ **6 bis 13**

Wenn Sie zwischen Freiheit und Ordnung entscheiden müssten, dann fiele Ihre Wahl ganz klar auf Letzteres. Die Freiheit anderer Personen darf in Ihrer Sicht der Dinge nicht so weit gehen, dass Werte – wie das Leben an sich – in Frage gestellt oder bedroht werden. Und dafür gibt es eben Vorschriften, die von allgemeiner Gültigkeit sind.
Deontologie – Metaphysik

◆ **14 bis 20**

Lügen

Lügen 1

Angenommen, Sie waren allein im Urlaub in Athen und hatten dort eine kurze Affäre mit einer Griechin oder einem Griechen, nichts Besonderes, keine Gefühle, nur Sex. Sie sitzen im Flugzeug, auf dem Weg nach Hause, und überlegen sich nun, ob Sie die Geschichte Ihrem Partner erzählen sollten. Sie nehmen an, dass Ihr Partner Sie verlassen wird, wenn Sie die Geschichte erzählen, und Sie glauben auch, dass Ihre beiden Kinder unter der anstehenden Trennung sehr stark leiden werden. Was tun Sie?

a Ich werde meinem Partner die Geschichte erzählen. Ich habe ihm bei unserer Eheschließung Aufrichtigkeit versprochen, und an diese  bin ich auch jetzt gebunden.

b Ich werde meinem Partner die Geschichte erzählen. Alle Affären kommen früher oder später heraus, auch dann, wenn sie im Ausland geschehen, mit einem Menschen aus einem anderen Land. Lügen haben bekanntlich kurze Beine. Und wenn das geschähe, dann wäre mein Betrug noch viel, viel schlimmer. Ich habe die Hoffnung, dass mein Partner mich nicht verlassen wird, weil ich jetzt so ehrlich bin. Wenn aber die Geschichte auf Umwegen meinen Partner erreichte, dann wäre  gewiss nichts mehr zu retten.

c Ich glaube zwar, dass es klug wäre, die Geschichte nicht zu erzählen, denn es würde mehr Unheil angerichtet, als die Geschichte tatsächlich wert war – vermutlich werde ich sie aber doch erzählen. Denn meine eigene Rede ›vom möglichen Unheil, das die Geschichte anrichten wird‹ scheint mir nur eine Ausrede zu sein, hinter der ich mich verstecken möchte. Ich traue mir da selbst nicht über den Weg. Ich bin  nicht so billig.

d Ich werde die Geschichte nicht erzählen, denn das war sie nicht wert.

e Ich werde die Geschichte erzählen, denn ich bin mir selbst zur Aufrichtigkeit verpflichtet.

f Man muss einen Fehler nicht dadurch korrigieren wollen, dass man einen zweiten Fehler draufsetzt. Wenn ich nur daran denke, wie mein

Partner und meine Kinder leiden werden, wenn ich meinen Fehltritt beichte, dann muss ich schweigen, um sie zu schützen. Ich habe genug Unheil für mich angerichtet, weil ich das Ganze überhaupt angefangen habe. Ich muss mit dieser Unwahrheit leben lernen. Deshalb schweige ich und verpflichte mich mir selbst gegenüber, so etwas nicht noch einmal zu machen.

g Ich habe nicht gut gehandelt. Und ich werde auch nicht aufrichtig sein, wenn ich schweige. Aber ich werde schweigen. Die möglichen ›Kollateralschäden‹ meiner Aufrichtigkeit will ich nicht in Kauf nehmen. Mit Blick auf meine Kinder scheint es mir sogar moralisch geboten, den Mund zu halten. Meine Kinder können nichts dafür, dass ich so schwach bin. Deshalb sollten sie auch nicht unter meiner Schwäche leiden.

Lügen 2
Fotografien dienen – besonders in den Nachrichten – zur Beglaubigung von Realität. Nun machen Sie selbst mit einer klassischen Fotokamera ein Bild. Wie beurteilen Sie das Verhältnis zwischen Realität und Bild?

a Fotografien für sich genommen haben immer das Potenzial zu lügen, denn Sie sind nur Momentaufnahmen, Standbilder. Das macht ihren Einsatz in nahezu jedem Kontext möglich. Dieser Kontext bestimmt dann über die Wahrheit des Bildes. Ein Bild allein kann kein Wahrheitsträger sein.

b Der klassischen Fotografie liegt ein physikalischer Prozess zugrunde. Was man auf dem Abzug erkennen kann, ist das direkte Abbild der Situation. Das Licht vom Tag der Aufnahme hat auf dem Bild eine Spur hinterlassen. Deshalb bestätigt eine Fotografie, dass ein Objekt, das sich vor der Kamera befunden hat, tatsächlich dagewesen ist. Fotografie kann in dieser Hinsicht gar nicht lügen. Vielmehr beglaubigt sie Realität.

c Praktisch betrachtet ist es ganz leicht, die Frage nach dem Verhältnis von Fotografie und Realität zu beantworten. Niemand von uns würde seine Zeit und sein Geld investieren, um Fotografien von Hochzeiten, Geburtstagen, Urlaubsreisen oder Schulabschlussveranstaltungen zu machen, wenn Fotografien nicht Realität abbilden würden.

d Fotos sind fast immer gestellt und damit so gut wie nie echt. Und selbst wenn es sich um Schnappschüsse handelt, können sie nicht so real sein wie die Welt. Es sind einfach nur Fotos.

Lügen 3

Angenommen, Sie seien Astronom und wüssten als einziger Mensch von einem in Kürze drohenden, unvermeidlichen Meteoriteneinschlag, der das Leben auf der Erde mit höchster Wahrscheinlichkeit auslöschen wird. Was tun Sie?

a Ich sage niemandem ein Wort, verkaufe all mein Hab und Gut, treffe meine Liebsten ein letztes Mal und mache mir mit ihnen eine möglichst schöne Zeit.

b Ich informiere nur meine engsten Freunde und wir leben, als gebe es kein Morgen mehr – was ja auch stimmt.

c Ich wende mich an die Öffentlichkeit: Jeder Mensch hat das Recht, solch eine Information möglichst schnell zu erhalten. Panik und Anarchie müssen dabei in Kauf genommen werden.

Lügen 4

Der zweite Irakkrieg wurde von der Bush-Administration vorrangig mit der Begründung geführt, Saddam Hussein besitze Massenvernichtungswaffen. Diese wurden bis heute allerdings nicht gefunden. Was denken Sie darüber?

a Diese Begründung war eine kriegstreiberische Lüge.

b Auch Regierungen und Geheimdienste machen Fehler.

c Auch wenn es die Waffen nicht gab und die amerikanische Regierung dies wusste, bleibt die Begründung ein vertretbares Mittel, um das amerikanische Volk für die Befreiung des Irak von der Diktatur zu motivieren.

d Ich glaube nicht, dass die Bush-Administration absichtlich die Unwahrheit gesagt hat. Ich glaube vielmehr, dass sie die Wirklichkeit unbewusst so lange verzerrt hat, bis sie gar nicht mehr anders denken konnte.

Lügen 5

Um nicht zu harten Zwangsarbeiten eingesetzt zu werden, gab Arno Schmidt ein falsches Geburtsdatum an, als er in englische Kriegsgefangenschaft geriet.
Das ist …

a … eine eigennützige Lüge und deshalb besonders verwerflich.

b … ein kleiner Trick, um sich das eh schon harte Kriegsgefangenenleben etwas einfacher zu machen. Man kann Schmidt hier keinen Vorwurf machen.

c … eine bewusste Falschaussage, also eine Lüge. Da man jedoch nicht sagen kann, dass Schmidt damit irgendjemandem geschadet hätte, kann man ihm auch keinen Vorwurf machen.

d … eine Lüge, die zwar vielleicht niemandem geschadet hat, durch die sich Schmidt jedoch als moralische Persönlichkeit herabwürdigt.

e … erlaubt, vielleicht sogar geboten. Jemanden zur Zwangsarbeit einzusetzen, ist für sich genommen unmoralisch. Um dem zu entgehen, sind alle Mittel erlaubt – solange sie im richtigen Verhältnis stehen zur angedrohten Zwangsarbeit. Ein falsches Geburtsdatum anzugeben, ist deshalb völlig legitim.

Lügen 6

Warum sollte man die Wahrheit sagen?

a Weil man selbst nicht gern belogen werden möchte.

b Weil man am weitesten damit kommt, wenn man die Wahrheit sagt.

c Es möchte doch niemand gern als Lügner dastehen, auf den die Leute mit dem Finger zeigen.

d Um glaubwürdig zu sein. Wer einmal lügt, dem glaubt man nicht, und wenn er doch die Wahrheit spricht.

e Die Wahrheit zu sagen, fällt unter den Kategorischen Imperativ Kants, der lautet: »Handle nur nach derjenigen Maxime, durch die du zugleich wollen kannst, dass sie ein allgemeines Gesetz werde.« Dieser Imperativ ist verpflichtend, und deshalb muss man die Wahrheit sagen.

f Weiß ich nicht. Ich tue es einfach.

g Aus Egoismus. Eine Gruppe von Menschen, die die Wahrheit sagen, ist auf längere Sicht erfolgreicher als eine Gruppe von Lügnern. Da ich – ganz egoistisch – gern Erfolg habe, sage ich die Wahrheit.

h Weil man sonst ein schlechtes Gewissen hätte.

i Weil es zu den zehn Geboten gehört, die Wahrheit zu sagen.

j Schlicht, weil es gut ist, die Wahrheit zu sagen.

k Ich sage gar nicht immer die Wahrheit. Und man sollte es auch gar nicht. Denn manchmal ist es nicht gut, die Wahrheit zu sagen, weil man anderen damit Schaden zufügt.

l Aus Faulheit. Ich persönlich sage die Wahrheit, um mir die Scherereien mit der Aufrechterhaltung von Lügengebäuden zu ersparen.

m Die Würde des anderen gebietet es, dass man ihm die Wahrheit sagt.

Lügen 7

Das Wahrhaftigkeitsgebot …

a … ist eine regulative Idee. Es besagt als Faustregel, dass man normalerweise die Wahrheit sagen sollte. Die Umstände sind aber immer mitzuberücksichtigen. Ich selbst sage etwa in 95 % aller Fälle die Wahrheit, also nicht immer. Faustregel ist eben Faustregel.

b … gilt uneingeschränkt. Wo kämen wir denn hin, wenn es jedem nach seinem eigenen Geschmack erlaubt wäre, es zu unterlaufen. Dann hätten wir die Verhältnisse der Politik auch im Privaten.

c … ist Schnickschnack. Es hat mit dem Leben nichts zu tun. Bei allem, was man tut oder sagt, kommt es nur darauf an, glücklich zu werden. Das tue ich auf meine Weise, indem ich sage, was ich für richtig halte.

d … ist antiquiert. Wahrhaftigkeit setzt die Existenz von Wahrheit voraus. Was aber ist ›wahr‹? Ich jedenfalls glaube, dass es so etwas wie absolute Wahrheit nicht gibt. Wahrheit liegt – wie wir heute wissen – im Auge des Betrachters. Deshalb bin ich nicht daran gebunden.

e … ist mir eine Herzensangelegenheit. Ich möchte immer echt und ehrlich sein, und dazu gehört es auch, nicht zu lügen. Auch wenn das gegen meine Interessen geht.

f … ist eine Notwendigkeit, wenn man auf das Große und Ganze sieht.

g … ist etwas für jüngere Menschen. Ich meine das ganz pragmatisch. Wenn es keine Wahrheit ›an sich‹ gibt, dann gibt es auch keinen Grund, so etwas wie Wahrheit kundtun zu wollen. Solchen Idealen fühlte man sich vielleicht in der Jugend verpflichtet. Die Lebenserfahrung aber gebietet etwas ganz anderes.

h … ist etwas für die ganz Naiven. Natürlich, wenn sich jeder an das Gebot hielte, dann wäre die Welt vermutlich besser. Wer sich jedoch in unserer Welt voller Lügen an das Wahrheitsgebot hält, ist zwar ehrlich, aber auch dumm. Wir kennen das von einschlägigen Buchtiteln.

Lügen 8

Angenommen, Sie haben Gäste bei sich zu Hause. Die Stimmung ist gut, die Lage leicht alkoholisiert. Als Sie aus Ihrem Sessel aufstehen wollen, stoßen Sie aus Versehen eine fast volle Flasche Rotwein um. Diese ergießt sich komplett auf einen Ihrer sehr teuren seidenen Perserteppiche. Auch die erste, zweite und dritte Reinigung bestätigt, dass Ihr Teppich definitiv ruiniert ist. Wie reagieren Sie?

a Ich beiße mir in den Hintern. Wer so beschwipst war wie ich, der hat es nicht anders verdient. Beim nächsten Mal werde ich entsprechende Vorkehrungen treffen.

b Ich bitte eines der anwesenden befreundeten Paare, diesen Schaden auf seine Kappe zu nehmen und ihn dessen Haftpflichtversicherung zu melden. So hoffe ich, meinen Schaden ersetzt zu bekommen. Gleichzeitig verspreche ich meinen Freunden, im umgekehrten Fall das Gleiche zu tun.

c Weiß nicht genau. Natürlich ist es meine Schuld, die Flasche umgestoßen zu haben. Aber wozu hat man eine Haftpflichtversicherung? Doch wohl dafür, dass sie in solchen Fällen einspringt. Ich habe bereits sehr lange in meine Versicherung einbezahlt, ohne sie in Anspruch zunehmen. Meinen Freunden geht es ebenso. Ich spiele mit dem Gedanken, meine Freunde zu fragen, ob sie nicht den Schaden auf ihre Kappe nehmen wollen. Denn schließlich muss sich das Versicherungssystem für mich auch irgendwann auszahlen.

d Ich verstehe die Frage nicht. Ich tue gar nichts, außer meinen Verlust zu bedauern. So etwas passiert. Will die Frage etwa auf Versicherungsbetrug hinaus?

e Natürlich spiele ich mit dem Gedanken, meine Freunde und deren Haftpflichtversicherung in Anspruch zu nehmen. Ich bin auch guter Hoffnung, dass deren Haftpflichtversicherung den Schaden bezahlt. Gedanken mache ich mir nur für den Fall, dass meine Freunde mich wegen eines ähnlichen Vorfalls einmal in Anspruch nehmen werden. Bei der heutigen Vernetzung der Versicherungen gehe ich davon aus, dass dann unangenehme Fragen auftauchen.

f Ich bitte meine Freunde darum, den Schaden ihrer Haftpflicht zu melden, und hoffe darauf, dass meine Freunde die Gegenleistung tatsächlich nie in Anspruch nehmen.

Lügen 9
Angenommen, Sie wären im Besitz einer Tarnkappe, die Sie von jetzt auf gleich unsichtbar machen kann. Würden Sie diese Tarnkappe benutzen, um unerlaubte Dinge zu tun?

a Klar. Etwas Besseres kann mir gar nicht passieren. Ich könnte überall hingehen, ohne aufzufallen. Ich kann tun, was ich will. Im Zweifelsfall kann man mir für eine Tat keine Schuld geben, eben weil mich niemand gesehen hat.

b Nein. Ich weiß nicht wozu. Ich stehe aufrecht ein für das, was ich getan habe, selbst dann, wenn es keiner gesehen hat. Es ist doch sicher so: Ich bin schuld an einem Schaden, auch wenn es keine Zeugen gibt. Dass niemand die Verursachung beobachtet hat, macht einen Schaden doch nicht ungeschehen. Und für den Schaden werde ich deshalb in jedem Fall einstehen.

c Vielleicht. Ich kann mir vorstellen, dass die Tarnkappe mir viele Vorteile einbringen würde. Aber ganz sicher vor Entdeckun kann ich nicht seing. Das vollkommene Verbrechen gibt es leider nicht, auch nicht mit Tarnkappe.

d Ich hätte sicher Spaß daran, sie zu benutzen, zum Beispiel um andere zu erschrecken. Aber ich kann mir nicht vorstellen, sie so einzusetzen, dass andere dabei zu Schaden kommen.

e Ich könnte mir gut vorstellen, sie im Sinne der Menschheit einzusetzen, zum Beispiel indem ich Verbrecher aushorche.

Lügen 10

In Deutschland wird wegen des drohenden Terrors die Überwachung von größeren Teilen der Privatsphäre angestrebt. Dazu gehört beispielsweise die Registrierung der Telefon- und der Internetverbindungen. Dazu gehört aber auch das kontrollierte Ausspionieren von Rechnern. Was denken Sie darüber?

a Ich habe nichts zu verbergen. Man kann alles von mir wissen. Da ich mich gegen Terror schützen möchte und da die Terroristen ja tatsächlich etwas zu verbergen haben, bin ich uneingeschränkt für die Überwachung entsprechender Kontakte. Wer nichts zu verbergen hat, der hat auch nichts zu zu verlieren, sondern nur zu gewinnen.

b Weiß nicht. Ich habe nichts zu verbergen. Deshalb wird mir vermutlich auch nichts passieren. Ich finde es aber unangenehm, dabei beobachtet zu werden, wie ich ganz ungefährliche Dinge tue. Darum möchte ich auch nicht, dass jemand mich belauscht oder abhört. Aber zugunsten der Gefahrenabwehr werde ich die Überwachung schon dulden.

c Ich tue nichts Böses. Deshalb hat auch niemand das Recht, mich zu überwachen. Ganz im Gegenteil: Weil ich nichts Unerlaubtes tue, muss man die Finger von mir lassen. Und dieses Recht sollte ich gar nicht erst eigens einfordern müssen.

d Manche Dinge, die ich sage, kann ruhig jeder wissen; manche Dinge gehen aber nur wenige Menschen etwas an. Ich habe Geheimnisse. Das sind meine Geheimnisse, basta! Ich fand es schon peinlich genug, dass meine kleine Schwester mich in meiner Pubertät beim Onanieren erwischt hat. Mein Fehler, zugegeben. Aber ich rechne es ihr hoch an, dass sie darüber immer geschwiegen hat. Das geht niemanden etwas an. Meine Schwester hat das begriffen. Anders als der Staat.

e Was ich im Privaten tue, geht niemanden etwas an. Finger weg!

Lügen 11

Sie haben Geburtstag. Ein guter Freund kommt zu Besuch und bringt ein Geschenk mit. Beim Abwickeln des letzten Stücks Papier sind Sie bereits darum bemüht, ein Entgleisen Ihrer Gesichtszüge zu vermeiden. Das Präsent ist so ziemlich das Letzte, was Sie gebrauchen können, geschweige denn schön finden. Wie reagieren Sie?

a Ich bedanke mich herzlich. Schließlich zählt die Geste und nicht der Nutzwert des Präsents. Ich hole es dann zum nächsten Besuch sogar wieder hervor, um zu zeigen, wie viel mir die Geste wert war und ist. Mir geht es dabei darum, dem anderen meine Wertschätzung zu zeigen. Deshalb ist meine Freude durchaus eine ehrliche.

b Ich bedanke mich, spreche mein Missfallen dann jedoch frei aus. Das Lügen aus falscher sozialer Rücksichtnahme ist mir zuwider. Ich will keine Dinge anhäufen, die ich weder gebrauchen kann noch gut finde. Bei passender Gelegenheit bitte ich den Schenkenden auch noch darum, einfach mit Blumen oder ganz ohne Geschenk zu kommen, weil ich mich über seine Anwesenheit allein schon sehr freue.

c Ich bedanke mich und sage ehrlich und direkt, was ich davon halte. Ich halte es aus Prinzip für falsch zu lügen. Selbst wenn sich manch einer in einer solchen Situation zur Notlüge verpflichtet fühlen mag: Für mich ist das eine faule Ausrede, um den bequemen Weg zu gehen.

d Ich bedanke mich herzlich und überlege bereits, wie ich das Ding loswerde. Mein Missfallen würde ich in so einem Zusammenhang nie zeigen – gleichgültig ob man das dann Lüge nennen kann oder nicht.

Lügen 12

Ihr Partner ist sehr schwer erkrankt. Sie sprechen mit dem Arzt, der Ihnen mitteilt, dass die Erkrankung innerhalb von 3 bis 6 Monaten zum Tod führen wird. Sie sind bestürzt und gleichzeitig besorgt, da Sie fürchten, dass eine solche Nachricht beim Betroffenen jeglichen Kampfgeist und Lebensmut vernichten wird. Was tun Sie?

a Ich bitte den Arzt, die Prognose nicht mitzuteilen. Ich halte es für meine Pflicht, meinen Partner zu schützen. Seine letzten Monate versuche ich dann für ihn besonders schön zu gestalten. Ich sehe mich in diesem Zusammenhang in der Pflicht zu lügen.

b Ich bitte den Arzt, die Mitteilung möglichst bald zu machen, aber nur in meinem Beisein. Eine Lüge halte ich für vollkommen unangemessen. Ich brächte meinen Partner damit um die Möglichkeit, bewusst letzte Dinge zu tun.

c Für mich kann es nur darum gehen, die beste Entscheidung für meinen Partner zu finden. Diese hängt von seiner Verfassung ab. Die aber schwankt. Genauso wie meine Entscheidung darüber, ihm die Prognose mitteilen zu lassen oder nicht.

d Bevormundung, gleich wie gut sie gemeint sein mag, lehne ich ab. Es geht mir in diesem Zusammenhang weniger um Wahrheit und Lüge als darum, dem anderen nicht auch noch seine Autonomie zu nehmen.

Sie sind fertig mit dem Themenblock ›Lügen‹.
Ihre Diagnose finden Sie auf den nächsten Seiten.

Diagnose ›Lügen‹

● **−12 bis −10** Der Zweck heiligt die Mittel. Wenn es um ein Recht auf Lüge geht, dann hängt Ihre Bewertung nur davon ab, welche Folgen diese Handlung nach sich zieht. Betrachtungen von der Sorte »Es geht doch ums Prinzip« lehnen Sie ab. Und das nicht nur deshalb, weil Prinzipien und Konsequenzen zwei verschiedene Dinge sind, sondern auch, weil Prinzipien Einzelfällen nie gerecht werden. Sie bevorzugen generell nur Einzelfallentscheidungen.
Konsequentialismus – Pragmatismus – Monismus

● **−9 bis −4** Wenn Sie ein Prinzip haben, dann ist es das, Prinzipienreiterei abzulehnen. Möglicherweise wollen Sie bei der Frage nach der Berechtigung zu lügen keine eindeutige Position beziehen, sondern lieber einen speziellen Fall genau ansehen nach dem Motto »Lügen ist zwar keine feine Sache, aber manchmal ist es unvermeidlich.« Sie sehen bei der Bewertung sowohl die Wahrhaftigkeit (die Ihnen etwas bedeutet!), als auch auf die Konsequenzen einer Lüge. Diese Konsequenzen wiegen – Wahrhaftigkeit hin oder her – manchmal schwerer und rechtfertigen deshalb das Lügen.
Konsequentialismus – Pragmatismus – Aufklärung – Kognitivismus

● **−3 bis 4** Notlügen sind bei Ihnen erlaubt, so viel ist ganz sicher. Schließlich wiegen im entsprechenden Fall die möglichen positiven Folgen einer Lüge so viel mehr als ein kleines Vergehen gegen die Wahrhaftigkeitsforderung. Wo genau allerdings Ihr Toleranzbereich anfängt und wo genau sein Ende ist, das tarieren Sie vor der jeweiligen Entscheidung aus. Denn unwichtig ist Ihnen die Wahrheit in keiner Weise.
Konsequentialismus – Deontologie

● **5 bis 12** Lügen einzusetzen, um ein bestimmtes Ziel zu erreichen, halten Sie für verwerflich. Denn eigentlich ist in Ihren Augen jeder Einzelne der Wahrheit ›nach bestem Wissen und Gewissen‹ verpflichtet. In Einzelfällen jedoch sehen Sie von dieser strengen Form ab – besonders wenn durch eine Lüge jemand geschützt werden kann, der etwa reinen Gewissens und unverschuldet in eine schwierige Situation gekommen ist.
Deontologie – Metaphysik – Pragmatismus

● **13 bis 19** Man lügt nicht. Ganz klar. Und zwar deshalb, weil Lügen an sich schlecht und Wahrheit ein schützenswertes Gut ist. Sie können überhaupt nicht nachvollziehen, dass es Personen gibt, die ihre Lügen durch die guten

Folgen rechtfertigen, welche diese nach sich ziehen. Sie halten das nur für den Weg des geringsten Widerstands.

Deontologie – Metaphysik – Dualismus

▲ **–15 bis –10**

Die Wahrheit zu sagen – also nicht zu lügen –, ist ein Anspruch, den Sie nicht nur an sich selbst stellen, sondern an alle Menschen. Für Sie ist daran auch die Vorstellung von Authentizität geknüpft. Wenn Sie auch nicht so weit gehen zu denken, dass die Wahrheit automatisch die Einhaltung ihrer selbst fordert, so glauben Sie doch, dass alle besser und aufrichtiger miteinander leben können, wenn die Welt möglichst frei von Lügen ist. Außerdem ist es die Achtung vor anderen Menschen, die Sie zur Aufrichtigkeit verpflichtet.

Deontologie – Konsequentialismus – Metaphysik

▲ **–9 bis –4**

Bei der Einhaltung des Wahrhaftigkeitsgebots interessiert Sie der eigene Nutzen weniger. Sie glauben aber, dass es vorteilhaft für alle ist, aufrichtig zueinander zu sein. Das Lügenverbot ist für Sie ein elementarer Bestandteil einer allgemeinen menschlichen Gesetzgebung aus gegenseitiger Achtung und Rücksichtnahme. Kleinere Notlügen sind in Ihren Augen jedoch zugelassen.

Aufklärung – Konsequentialismus – Metaphysik

▲ **–3 bis 3**

Von Kants Kategorischem Imperativ halten Sie nicht allzu viel. Ethische Rigorismen dieser Art sagen Ihnen generell nicht zu. Sie treffen am liebsten pragmatische Entscheidungen, und dabei ist dann nach Ermessen beides möglich: Lügen oder Schweigen. Sie möchten sich Ihren Handlungsspielraum nicht durch generelle Ge- oder Verbote verkleinern.

Pragmatismus – Hedonismus

▲ **4 bis 9**

Das Kriterium für Ihre Entscheidung, ob Sie besser lügen oder die Wahrheit sagen sollen, ist ganz klar. Es ist die Frage: Was ist in dieser Situation besser für mich?

Egoismus – Hedonismus

■ **–20 bis –13**

Für Ideale steht man ein, auch wenn dies Unannehmlichkeiten verursacht. Der Vorwurf, Sie seien dogmatisch, perlt an Ihnen ab: »Zumindest weiß ich, wo ich mit meinen Idealen stehe, und das ist die richtige Seite.«

Metaphysik – Dualismus – Kognitivismus

■ −12 bis −5   Eigentlich steht für Sie fest, was gut, schlecht oder erträglich ist. Kleine Notlügen gehören für Sie in die Kategorie ›erträglich‹. Auch bei den Idealen bestätigen kleine Ausnahmen eben die Regel, und eines ist sicher: Leicht machen Sie sich so eine Entscheidung nicht. Auch wenn Sie sich damit ein schlechtes Gewissen einhandeln.
Dualismus – Kognitivismus – Konsequentialismus

■ −4 bis 3   Sie entscheiden von Fall zu Fall, ob Sie eher dem Wahrhaftigkeitsgebot folgen oder ob Sie den Umständen Rechnung tragen. Sie haben durchaus Ihre ganz konkreten Vorstellungen von der Wahrheit und ihrer Wichtigkeit. Manchmal empfinden Sie die Forderung nach Wahrhaftigkeit jedoch als völlig überbewertet.
Pragmatismus – Kognitivismus – Deontologie – Konsequentialismus

■ 4 bis 10   »Wer zu lange denkt, hat Zeit und Energie verschenkt.« So lässt sich Ihre Haltung knapp charakterisieren. Ihnen ist zwar nicht entgangen, dass es Ideale gibt, für die viele andere Menschen etwas riskieren und viel Herzblut einbringen. Sie werfen Ihren Blick aber lieber zuerst auf die lebenspraktische Seite: Wenn es sich also mit einer Lüge besser regeln lässt als ohne – warum sich im Namen der Ideale quälen? In Bezug auf Ideale sind Sie skeptisch, ohne das zu betrauern.
Naturalismus – Skepsis

■ 11 bis 16   »Nicht theoretisieren, sondern machen!« lautet Ihre Devise. Ihr oberstes Ziel ist es nicht, ein Ideal zu realisieren, sondern vielmehr, für konkrete Fragen Lösungen zu finden, mit denen es sich gut leben lässt. Idealisten gegenüber können Sie Ihr Schmunzeln manchmal kaum verbergen: »Warum machen die es sich denn bloß so schwer?«
Naturalismus – Skepsis – Pragmatismus

◆ −7 bis −3   Aktiv um Wahrheit zu streiten und dafür auch noch vermeidbare Unannehmlichkeiten in Kauf zu nehmen, kommt für Sie nicht in Frage. Schließlich ist Wahrheit hochgradig perspektivenabhängig und verursacht oftmals mehr Schaden als Gutes. Wenn Sie die Kosten Ihrer Aufrichtigkeit als zu hoch betrachten, beißen Sie sich in kritischen Situationen lieber einmal mehr auf die Zunge. Wenn dabei auch noch Ihr ganz persönliches Vorankommen gefördert wird, dann begrüßen Sie das ausdrücklich. In dieser Situation Gewissensbisse zu empfinden, entspricht nicht Ihrer moralischen Konstitution.
Naturalismus – Hedonismus – Egoismus

Manchmal zu schweigen halten Sie für klüger und angemessener als immer genau bekannt zu geben, was Sie wissen oder denken. Als echte Lüge betrachten Sie das jedoch nur in extremen Fällen. In diesem Sinne ist für Sie Reden manchmal eben nur Silber, Schweigen dagegen Gold. Als notorischen Lügner sehen Sie sich deshalb noch lange nicht, denn Sie lügen ja auch nicht immer.

◆ −2 bis 3

Skepsis – Egoismus – Konsequentialismus

Wahrheit ist Ihnen eine Herzensangelegenheit, und Sie bemühen sich deshalb aktiv um Wahrhaftigkeit. Manchmal kommen Ihnen jedoch Zweifel, ob es mit der Beurteilung von Wahrheit so einfach ist wie mit einem Licht, das entweder ein- oder ausgeschaltet ist.

◆ 4 bis 9

Metaphysik – Deontologie

Wahrheit ist für Sie eine Art Mission, für die sich auch das Inkauf-nehmen von Unannehmlichkeiten lohnt. In diesem Sinne sind Sie nicht bereit, sich an der Verbreitung von Unwahrheiten in irgendeiner Form zu beteiligen.

◆ 10 bis 14

Deontologie – Dualismus – Kognitivismus – Egoismus

Gerechtigkeit

Gerechtigkeit 1

Sie lesen gerade dieses Buch hier. Das setzt voraus, dass Sie lesen können und dass Sie sich dieses Buch leisten können. Außerdem haben Sie
die Zeit übrig, weltanschauliche Fragen zu beantworten. Es geht ihnen
also sehr gut. Finden Sie das angesichts der Missstände in der Welt gerecht?

a Vielleicht finde ich es nicht gerecht. Aber ich habe die Welt ja auch
nicht eingerichtet, und ich kann sie auch nicht ändern. Somit bleibt
mein Ungerechtigkeitsempfinden absolut folgenlos. Deshalb arbeite
ich daran, mir dieses Empfinden abzugewöhnen. Es bringt schlicht
nichts.

b Ich finde die Frage unangebracht. Sie will mir ein schlechtes Gewissen einreden für etwas, an dem ich keinerlei Schuld trage.

c Merkwürdig ist es schon, dass die Güter auf dieser Erde so seltsam
verteilt sind. Ich habe das Glück, zu denen zu gehören, die es besser
haben als andere. Dessen bin ich mir bewusst.

d Wieso ungerecht? Gerechtigkeit ist keine Eigenschaft der Welt. Die
Welt und die Gerechtigkeit sind zwei Dinge, die nicht zusammenpas-
sen, weil sie nicht zusammengehören. Es ist so wie es ist.

e Kein Mensch kann etwas dafür, in ärmliche Verhältnisse hinein geboren worden zu sein. Das finde ich ungerecht, und ich möchte etwas
dagegen tun. Zwar lässt sich kein Schicksal aufhalten, doch so manches
Schicksal lässt sich mildern. Dafür bin ich auch bereit etwas zu geben.

f Es ist mir egal, ob das gerecht oder ungerecht ist. Mir wäre es allerdings lieber, auf einer Erde zu wohnen, auf der jeder Mensch sein
Auskommen hat. Nicht, dass ihm das prinzipiell zustünde. Aber ich
stelle mir die Welt dann insgesamt wohnlicher vor. Und in einer solchen Welt würde ich lieber leben.

g Ich lebe nicht in Missständen, sondern im Luxus. Damit ist alles
gesagt.

Gerechtigkeit 2

Dass auf der Welt so viele Menschen Hunger leiden, ist…

a … ungerecht. Wir sollten alles daran setzen, diese Ungerechtigkeit durch Entwicklungshilfeprogramme zu mindern. So könnte man wenigstens im Ansatz versuchen, Gerechtigkeit herzustellen.

b … einfach so. Deshalb ist es auch nicht ungerecht. Es hat eben nie gleiche Startbedingungen für alle gegeben. Ich sehe nicht, wie sich aus der Ungleichheit der Startbedingungen eine Pflicht zur Entwicklungshilfe ableiten lassen sollte.

c … hinzunehmen. Damit eine Sachlage überhaupt ungerecht sein kann, muss es jemanden geben, der dafür verantwortlich ist. Eine solche Person gibt es aber in diesem Fall nicht. Es ist doch einfach so: Die Welt wird von großen Konzernen regiert. In diesen Konzernen sind die Zuständigkeiten und Verantwortlichkeiten so verteilt, dass sich niemand mehr um das Große und Ganze kümmert. So ist auch niemand mehr wirklich verantwortlich für etwas.

d … ist ungerecht, aber nicht zu ändern. Seien wir doch ganz ehrlich: Unser Wohlstand basiert zu einem großen Teil auf der Armut anderer. Deshalb ist es uns auch kein ernstes Anliegen, für Gerechtigkeit zu sorgen. Wir tun es einfach nicht. Unser Gerechtigkeitsideal ist schön und gut. Aber es wird zum reinen Lippenbekenntnis, wenn es um unseren eigenen Vorteil geht.

e … im Grunde doch nur recht und billig. Jeder ist seines eigenen Glückes Schmied. Die Leute, die hungern, strengen sich einfach nicht genug an. Sie machen zum Beispiel zu lange Mittagspause.

Gerechtigkeit 3

Wählen Sie die Gerechtigkeitsvorstellung, die am ehesten auf Sie zutrifft:

a Wenn ich mich in meinem moralischen Empfinden auf irgendetwas bedingungslos verlassen kann, dann ist das mein Sinn für Gerechtigkeit. Ich kann mir nicht vorstellen, dass so ein starker Sinn anerzogen sein soll. Deswegen ist er vermutlich ein Urinstinkt und bei allen Menschen gleich.

b Gerecht zu sein, ist allen Menschen aufgegeben. Selbst wenn sich Zeit unseres Lebens Gerechtigkeit nicht vollständig erreichen lässt, ist es eine Menschenpflicht, Unrecht zu bekämpfen.

c Der so genannte Gerechtigkeitssinn tritt nur in sozialen Verbänden auf. Dort erfüllt er die Funktion, Verteilungsfragen derart zu lösen, dass alle einverstanden sind. Manche Menschen haben diesen Sinn mehr als andere. Was jedoch als gerecht empfunden wird, wechselt von Debatte zu Debatte und von Kultur zu Kultur. Einen alles übergreifenden einheitlichen Gerechtigkeitssinn gibt es nicht.

d Ich glaube, dass fast alle Menschen im Stillen ungerechte Verhältnisse auch für ungerecht halten. Aber öffentlich geben sie das nicht zu, weil sie damit zugleich eingestehen würden, etwas für andere tun zu müssen.

e Gerechtigkeit kümmert einen Menschen nur dann, wenn er selbst betroffen ist. Unter dem Vorwand, Gerechtigkeit anzustreben, versucht er dann, so viel wie möglich für sich selbst herauszuholen.

Gerechtigkeit 4

Was halten Sie von den jüngeren Entwicklungen unserer Wirtschaftsordnung, die von manchen auch als ›Turbokapitalismus‹ bezeichnet wird?

a Der Kapitalismus ermöglicht es jedem, nach seinen Neigungen und Fähigkeiten tätig zu werden. Das ist wesentlich gerechter als etwa eine Planwirtschaft, bei der besondere Leistungen nicht angemessen belohnt werden. Die Aussicht auf persönlichen Wohlstand ist der beste Anreiz für Innovation.

b Der wirklich freie Markt ist die einzige Wirtschaftsordnung, die Gerechtigkeit verwirklicht und gewährleistet. Sie reguliert sich selbst, und sorgt in ihren zahlreichen Win-Win-Situationen dafür, dass alle am Wohlstand teilhaben. Romantische Spinner, die auf die ›Heuschrecken des Turbokapitalismus‹ schimpfen, haben die grundlegenden wirtschaftlichen Mechanismen nicht begriffen.

c Der Turbokapitalismus mag eine Wirtschaftsform sein, die Wohlstand und Fortschritt im Prinzip ermöglicht. Dennoch ist er alles andere als gerecht, weil die Reichen unverhältnismäßig viel mehr absahnen als die Armen. Viele basale Güter werden so zu Luxusartikeln, die sich nur noch die Reichen leisten können: Gesundheit, Bildung, Kultur.

d Es ist prinzipiell ungerecht und unwürdig, Menschen immer und überall im Wettbewerb gegeneinander kämpfen zu lassen. Jedem Menschen sollte – eben weil er Mensch und kein Tier ist – ein Grundgehalt zustehen, das er durch eigene Leistung aufstocken kann. Das ermöglicht jedem Menschen ein Leben in Würde.

Gerechtigkeit 5
Manche Menschen haben besonders gute Startbedingungen; sie verleben eine gelungene Kindheit, sind reich, schön und intelligent. Das ist …

a … Glück.

b … ungerecht. Die Welt ist einfach ungerecht.

c … ist gerecht, denn sie müssen sich im Lauf ihres Lebens genauso anstrengen wie alle anderen auch.

d … so, hat aber mit Gerechtigkeit nichts zu tun.

e … ist ein glücklicher Zufall für sie und Pech für die anderen. Um für Gerechtigkeit zu sorgen, bedarf es deshalb der Herstellung von Chancengleichheit.

Gerechtigkeit 6
Meinen Sie, es gibt so etwas wie ›ausgleichende Gerechtigkeit‹?

a Nein. Die Rede von der ›ausgleichenden Gerechtigkeit‹ ist eine Erfindung von Pfarrern und Diktatoren. Die wollen damit nur die breite Masse ruhigstellen.

b Ja. Irgendwann muss jeder einmal für seine Untaten bezahlen. Entweder in diesem Leben oder danach. Da gibt es kein Entrinnen, auch wenn mancher Übeltäter sich das so wünscht.

c Ja, aber nicht in einem christlichen Sinne. Wer zum Beispiel wiederholt Morde begeht, der kann in meinen Augen keine echte Freude empfinden. Der kann auch kein normales Leben führen und ist getrieben oder abgestumpft. Damit ist er schon auf eine gewisse Art und Weise bestraft. Natürlich muss er aber zusätzlich noch von Gesetzes wegen bestraft werden.

d Nein. Für ein Paar, dessen kleine Tochter von einem Vergewaltiger umgebracht wurde, wird die Welt nie mehr so sein, wie sie einmal war. Auch die Reue des Täters und selbst die Todesstrafe können das nicht mehr gutmachen.

e Die Welt ist nicht gerecht oder ungerecht, es ist auch gar nicht Aufgabe der Welt, gerecht oder ungerecht zu sein. Die Welt ist einfach. Mehr nicht. Wenn Grönemeyer in einem seiner Lieder singt ›Das Leben ist nicht fair‹, dann begeht er sprachlich einen groben Fehler. Das Leben ist schließlich ja auch nicht türkis. Farbe und Fairness sind keine Attribute, die man dem Leben und der Welt sinnvollerweise zuschreiben kann.

f Meistens nicht, manchmal schon. Ich denke dabei an Fälle, in denen jemandem unmittelbar nach einer Missetat zufällig ein Unglück widerfährt. Aber in den meisten Fällen passiert genau das nicht. Ein System steckt nicht dahinter.

Gerechtigkeit 7

»Jede Arbeit hat einen angemessenen Wert und eine angemessene Bezahlung.« – Stimmt das?

a Nein. Den Wert einer Arbeit bestimmt allein der Markt. Stenotypistinnen braucht der Markt nicht mehr. Deshalb hat deren Arbeit auch keinen Wert mehr.

b Ja, und es gibt auf jeden Fall eine Untergrenze der Bezahlung. Gäbe es die nicht, dann könnte es sein, dass man mehr als 16 Stunden am Tag mit Arbeit verbringt, die dennoch die eigene Familie nicht ernährt.

c So etwas wie den ›inneren Wert‹ einer Ware aufgrund der Arbeit, die man in sie hineingesteckt hat, gibt es nicht. Bei wem soll man den Wert auch einklagen, wenn ihn keiner bezahlen will?

d Es kommt nicht darauf an, *was* ein Mensch macht, sondern *dass* er es macht. Was ein Mensch mit seiner Hände Arbeit erarbeitet, das gehört ihm. Sollte er es veräußern wollen, dann muss er auch den Gegenwert für die Arbeit erhalten, und zwar ganz unabhängig von der Art der Arbeit. Es kommt nur auf die Anzahl der Stunden an.

e Ich finde schon, dass eine Zahnärztin besser bezahlt werden sollte als ein Erntehelfer. Der Unterschied ist einfach der, dass die Zahnärztin auch Erntehelferin sein könnte, der Erntehelfer aber in der Regel nicht Zahnärztin. Die Zahnärztin kann einfach mehr.

f Es gibt keinen eigentlichen Wert einer Arbeit. Trotzdem brauchen wir einen Mindestlohn. Denn der Mindestlohn sorgt für sozialen Frieden. Und er sorgt auch dafür, dass mehr Menschen in Würde leben können.

Gerechtigkeit 8
Was sind ›gerechte Verhältnisse‹?

a Unter ›gerechten Verhältnissen‹ verstehe ich vor allem Chancengleichheit. Im Idealfall haben alle Menschen in einer gerechten Gesellschaft am Anfang ihres Lebens die gleichen Rechte und Pflichten. Außerdem haben sie – unabhängig von sozialer Herkunft, Geschlecht, sexueller Orientierung, Hautfarbe, Religion usw. – dieselben Chancen auf die Positionen in der Gesellschaft.

b ›Gerecht‹ heißt so viel wie ›entsprechend‹ oder ›angemessen‹, genauer noch: ›dem Menschen entsprechend‹, ›dem Menschen angemessen‹. Gerecht sind damit Zustände und Verhältnisse, die mit den Menschenrechten im Einklang sind.

c ›Gerecht‹ ist kein Begriff allein aus der Rechtsprechung; das Recht – wir wissen es aus der deutschen Geschichte – kann Recht sein und dennoch mehr als ungerecht. ›Gerecht‹ ist deshalb ein Begriff aus dem übergeordneten Bereich der Moral. Moral ist überpersönlich, das heißt, sie sieht von Einzelpersonen ab. Gerecht sind demnach Zustände, Einrichtungen und Verhältnisse, die im Sinne der Moral davon absehen, wer von ihnen betroffen ist.

d ›Gerecht‹ bezeichnet das Verhältnis zwischen Bürgern und Staat. Der Bürger tut etwas für den Staat bzw. das Gemeinwohl, und im Gegenzug muss der Staat etwas für die Bürger tun. Stehen diese wechselseitigen Aufwendungen in einem vernünftigen Verhältnis, dann ist der Staat ein gerechter Staat.

e Gerecht ist, was Gott gefällt.

Gerechtigkeit 9

Sollte man sich überhaupt um Gerechtigkeit bemühen?

a Man sollte sich nicht um etwas bemühen, was es nicht gibt.

b Ja, weil die Welt dann besser wird.

c Ja, weil die Welt dann schöner und lebenswerter wird.

d Ja, weil die Zukunft unbestimmt ist. Damit ist es auch unbestimmt, ob man vielleicht irgendwann selbst unter die Räder der Ungerechtigkeit kommen wird. In einer gerechten Welt würde das nicht passieren.

e Es gibt andere Ziele, um die man sich viel eher bemühen sollte, zum Beispiel um den Klimaschutz und den Weltfrieden.

f Ja, weil nur eine gerechte Welt auch eine friedvolle Welt sein kann.

g Nein. Gerechtigkeit ist nur etwas für Schwache. Die Schwachen sind es, die im Namen der Gerechtigkeit von den Starken Almosen und Zuwendungen erpressen. Ich bin nicht schwach.

h Ja, weil es die Aufgabe des Menschen ist, eine gerechte Welt herzustellen.

i Es gibt so viele Arten von Gerechtigkeit – etwa vor Gericht, soziale Gerechtigkeit, Generationengerechtigkeit –, dass ich keine eindeutige Antwort geben kann.

Gerechtigkeit 10

»Nicht jeder 85-Jährige braucht noch ein neues Hüftgelenk auf Kosten der Solidargemeinschaft.« – So hört man bisweilen den einen oder anderen Politiker reden. Halten Sie es für gerecht, einem 85-Jährigen ein neues Hüftgelenk ob seines Alters zu verweigern?

a Nein. Das ist nicht gerecht. Es ist entwürdigend, einem Menschen etwas vorzuenthalten, das dieser Mensch benötigt, um angemessen weiterleben zu können. Das Alter ist für die Menschenwürde keine relevante Größe.

b Nein, ich empfinde das als zutiefst ungerecht, offenbar ist Undank wirklich der Welten Lohn. Es waren doch die Menschen jener Generation, die dieses Land aufgebaut und damit überhaupt erst die Möglichkeit geschaffen haben, dass jene undankbaren Politiker Bildung genießen konnten. Zudem haben sie jahrzehntelang in eine Krankenversicherung einbezahlt, von der sie jetzt, im Bedarfsfall, auch profitieren sollen.

c Also ich hielte es für mehr als gerecht, wenn das eingesparte Geld in humanitäre Hilfsprojekte flösse. Die Frage nach neuen Hüften für 85-Jährige halte ich für ein dekadentes Luxusproblem, solange es auf der Welt noch Menschen gibt, die nicht einmal etwas zu essen haben.

d Ich fände das gerecht. Irgendwann hört man ja auch bei einem alten Auto auf, Geld in die Reparaturen zu stecken, jedenfalls dann, wenn sich abzeichnet, dass es den nächsten TÜV nicht mehr schaffen wird. Das Geld ist dann besser in die Bildung der eigenen Kinder investiert. Auch beim Menschen muss man sich überlegen, wie viel Rendite eine Investition erwirtschaftet. Schließlich haben wir kein Geld zu verschenken!

e Ja, es wäre gerecht, aber nicht gut, wenn es so käme. Dennoch ist es wohl die einzig gangbare Lösung. Das klingt zwar kalt und herzlos und sorgt für sozialen Unfrieden. Aber die Jungen können bei den extrem gestiegenen Aufwendungen für medizinische Leistungen nicht mehr für alle Kosten aufkommen, die die Alten verursachen. Traurig, aber wahr.

Gerechtigkeit 11

Marc Dutroux hat im Lauf seiner kriminellen Karriere viele Frauen und Kinder misshandelt, vergewaltigt und einige von ihnen getötet oder verhungern lassen. Er ist zu lebenslanger Haft verurteilt worden. Meinen Sie, das ist eine gerechte Strafe?

 **a** Ich halte die Strafe für gerecht. Ich halte es sogar für geboten, einen solchen Menschen dauerhaft wegzuschließen. Ich meine nämlich, dass auch Dutroux – wie übrigens viele andere Straftäter auch – für ihre Taten nicht voll verantwortlich zu machen sind. Ihr Handeln ist krankhaft. Deshalb dürfen sie anderen Menschen nie mehr in die Quere kommen.

 **b** Die Strafe ist nicht gerecht. Dutroux sollte dieselben Leiden ertragen müssen wie jedes einzelne seiner Opfer. So ist Dutroux viel zu billig weggekommen.

 **c** Die Strafe ist mehr als ungerecht. Man muss sich in einer Gesellschaft auch die Würde erwerben, von den anderen würdevoll behandelt zu werden. Wer sich wie Dutroux selbst aus der rechtschaffenen Gemeinschaft exkommuniziert, der hat es verdient, von eben dieser Gemeinschaft getötet zu werden. Der hat sein Recht auf Leben verwirkt.

 **d** Je mehr ich über die Institution ›Strafe‹ und unser Strafrecht nachdenke, umso weniger weiß ich, was Gerechtigkeit bedeuten soll. Strafe hat doch nur Sinn, wenn man andere durch die Strafandrohung von einer Tat abhalten kann oder wenn man die Gesellschaft durch Wegsperren vor einer erneuten Straffälligkeit schützt. Für Gerechtigkeit ist da gar kein Raum.

 **e** Nein. Sie ist mehr als ungerecht. Ich wünschte mir als Angehöriger eines Opfers diesen Menschen mehr als getötet. Ich will diesem Menschen gegenüber nicht gnädig sein. Diese Kreatur lebt, mein Kind ist tot. Ich begreife nicht, wie sich ein Staat ›Rechtstaat‹ nennen kann, der in einem Fall wie Dutroux auf die Todesstrafe ›aus Gründen der Humanität‹ verzichtet. Wo bleibt denn da die Humanität mir gegenüber?

f Man erkennt die Kultiviertheit einer Gesellschaft an der Art ihres Umgangs mit Straftätern. Aus diesem Grund halte ich die Strafe für gerecht. Denn die Todesstrafe kommt für mich nicht in Frage. Rache und

Vergeltung können nicht zu den Aufgaben eines menschlichen Staates gehören.

Gerechtigkeit 12

Ihre zehnjährige Tochter kommt traurig und entrüstet von den Bundes-jugendspielen nach Hause. Sie hat nur eine Siegerurkunde bekommen, obwohl sie sogar mehr Punkte erworben hat als einige Ihrer Freun-dinnen, die eine Ehrenurkunde erhielten. Der Grund dafür ist schlicht, dass diese Freundinnen nur ein paar Tage jünger sind als ihre Tochter und deshalb weniger Punkte für eine Ehrenurkunde benötigten.
Wie reagieren Sie auf die Entrüstung und Traurigkeit ihrer Tochter?

a Ich sage ihr, dass sie nicht weinen soll. Sie muss sich beim nächsten Mal einfach etwas mehr anstrengen.

b Ich bedaure sie und schimpfe auf die ungerechte Regelung.

c Ich sage ihr, ich könne verstehen, warum sie traurig ist, und erkläre ihr, dass ihr das im Moment zwar ungerecht erscheinen mag, die Re-gelung aber den Zweck hat, für Gerechtigkeit und Vergleichbarkeit im Sport zu sorgen. Dies könne im Einzelfall manchmal als Benachteili-gung empfunden werden. Dann essen wir zusammen Schokoladeneis.

d Ich bekräftige Sie in ihrer Entrüstung und beschwere mich bei Ge-legenheit bei der Sportlehrerin.

e Ich bemerke, dass Sport ohnehin überbewertet ist, besonders wenn dabei das Leistungsprinzip im Vordergrund steht. Ich schlage vor, dass wir im Garten ein faires Fußballturnier veranstalten, bei dem wir die Tore nicht zählen.

Sie sind fertig mit dem Themenblock ›Gerechtigkeit‹.
Ihre Diagnose finden Sie auf den nächsten Seiten.

Diagnose ›Gerechtigkeit‹

–12 bis –9
Sie sind ein Konsequentialist reinsten Wassers. Wenn Ihnen jemand etwas von angeblichen Pflichten erzählt, aufgrund deren man moralisch handeln soll, verdrehen Sie die Augen. Für Sie ist eine Handlung nie in sich oder wegen einer Pflicht gut, sondern nur aufgrund der Konsequenzen, die sie mit sich bringt. Vermutlich stehen Sie auch dem Realismus und Empirismus nahe; in jedem Fall aber sind Sie ein Mensch mit großem moralischem Antrieb, ein konsequentialistischer Idealist.
Konsequentialismus – Realismus – Empirismus – (Deontologie – Metaphysik)

–8 bis –3
Meistens schauen Sie bei dem, was Sie tun sollen, auf die möglichen Konsequenzen Ihrer Handlung. Der Begriff der Pflicht sagt Ihnen eigentlich nicht zu, dafür sind Sie zu pragmatisch. Trotzdem empfinden Sie in manchen Fällen eine Pflicht, etwas zu tun oder zu unterlassen, nämlich dann, wenn die Konsequenzen extrem unangenehm werden. So halten Sie es etwa für Ihre Pflicht, keinen Menschen zu ermorden.
Konsequentialismus – Deontologie – Pragmatismus

–2 bis 4
In vielen ethischen Situationen handeln Sie nach dem gesunden Menschenverstand. Entweder Sie treffen eine Entscheidung aus einem unbegründeten moralischen Gefühl heraus oder Sie interessieren sich nicht weiter für das Problem. Sie stellen keine besonderen moralischen Ansprüche an sich und auch nicht an Ihre Mitmenschen, sie genügen sich selbst und handeln intuitiv – manchmal gemäß eines empfundenen Pflichtgefühls, manchmal wegen der Konsequenzen.
Egoismus – Hedonismus – Pragmatismus

5 bis 10
Sie vertreten einen gemäßigten pflichtethischen Standpunkt. Sie tun manche Dinge einfach deshalb, weil Sie sie für Ihre Pflicht halten, und verlangen das auch von anderen. Gelegentlich treffen Sie aber auch moralische Entscheidungen, bei denen Sie mehr auf die Konsequenzen Ihrer Handlungen blicken als auf die Pflicht.
Deontologie – Konsequentialismus

11 bis 16
Sie vertreten klar einen pflichtethischen Standpunkt. Für Sie sind die meisten, wenn nicht gar alle Handlungen an sich gut oder schlecht. Der Blick auf die möglichen Konsequenzen einer Handlung und der Handlungsalternativen verbietet sich Ihnen. Sie fürchten, dass dann

jeder nach seinem Geschmack und seinem Egoismus das für richtig halten könnte, was er möchte. Sie stellen starke moralische Ansprüche an Ihre Mitmenschen.

Deontologie – Metaphysik – (Konsequentialismus – Egoismus)

▲ −19 bis −13

Sie sind eine stark idealistische Person, die davon lebt oder es wenigstens erhofft, dass es in der Welt mehr gibt als nur egoistische Einzelinteressen. Vermutlich gibt es in Ihrer Welt anspruchsvolle Ziele und die Aufgabe, diese Ziele zu verwirklichen. Für Sie ist der Mensch mehr als ein sprachbegabter Affe, der nur seinen Fress- und Sexualtrieb befriedigen muss. Einem derart plumpen Hedonismus stellen Sie ihre metaphysischen Ansprüche entgegen. In diesem Sinne ist Ihre Haltung anti-naturalistisch.

Metaphysik – Kognitivismus – Teleologisches Denken – Idealismus – (Hedonismus – Naturalismus)

▲ −12 bis −5

Sie vertreten Ideale, aber nicht mit letzter Überzeugung. Sie finden es lohnenswert, diese Ideale zu verfolgen, weil sie zu einer besseren Welt führen. Gleichzeitig sehen Sie ein, dass das Schaffen von finanziellen Anreizstrukturen das Verhalten der Menschen erfolgreichr und schneller ändert als irgendein abstraktes Ideal. Trotz dieser Einsicht achten Sie Menschen weniger, die nur durch Geld bewegt werden. Sie wünschen sich, dass die Welt, in der Sie leben, nicht auf diese Weise verarmt.

Metaphysik – Idealismus – Kognitivismus

▲ −4 bis 4

Sie sind weder besonders idealistisch noch besonders egoistisch. Die Menschen in Ihrem Nahbereich pflegen Sie genauso wie Ihre persönlichen Interessen. Sie achten darauf, dass es Ihnen gut geht, stellen aber keine übertriebenen moralischen Ansprüche an sich oder an andere. Sie haben das Gefühl, Sie würden sich sonst etwas vormachen. Tatsächlich aber würden Sie lieber in einer Welt leben, in der die Güter gerechter verteilt sind. Bis zu einem gewissen Grad wären Sie sogar bereit, dafür etwas von Ihrem guten Leben dafür herzugeben.

Hedonismus – Pragmatismus

▲ 5 bis 11

Sie haben sich Ihren Idealismus abgeschminkt und sind zu einer nüchterneren Einschätzung gelangt. Anders als früher vielleicht sehen Sie jetzt, wie fast alle Menschen in Ihrer Umgebung nichts anderes tun, als ihre eigenen Interessen zu verfolgen. Sie glauben auch nicht mehr, dass es sich lohnt, großen politischen Zielen nachzujagen, weil es die einfach nicht gibt. Außerdem neigen Sie vermehrt dazu, menschliches Verhalten biologisch zu erklären.

Hedonismus – Soziobiologie – Naturalismus

▲ **12 bis 17** Sie vertreten einen starken Egoismus. Allerdings finden Sie das alles andere als verwerflich; sie halten das vielmehr für angemessen, da erstens alles in der Welt nur die jeweils eigenen Interessen verfolgt und es zweitens einen eigenen Bereich moralischen Handelns gar nicht gibt. Mutter Teresas Altruismus halten Sie lächelnd für einen Egoismus, der nur eines im Auge hatte: einen besseren Platz an Gottes Seite. Selbstlosigkeit ist für Sie stets nur der vorgeschobene Mantel des Egoismus.

Egoismus – Hedonismus – Darwinismus – Soziobiologie – Naturalismus – Skepsis

■ **−20 bis −14** Sie sind extrem skeptisch hinsichtlich der objektiven Existenz von Rechten. Rechte sind für Sie immer menschengemacht. Wenn Sie die Wahl haben, dann bevorzugen Sie die naturalistische Redeweise von Interessen gegenüber einem irgendwie eingefärbten moralinsauren Vokabular. Gegenüber der Ethik als eigenständigem Fach (etwa an Universitäten) haben Sie Vorbehalte. Von Menschenwürde sprechen Sie nicht. Wenn Sie aber müssen, dann bevorzugen Sie den Begriff ›Menschenrechte‹.

Emotivismus – Konsequentialismus – Monismus – Naturalismus – Materialismus

■ **−13 bis −6** Den Begriff ›Menschenwürde‹ halten Sie für einen Kampfbegriff am ›Tag der Arbeit‹. Sie halten wenig von der Behauptung, es gebe objektive Rechte. Allerdings kümmert es Sie wenig, ob diese Behauptung tatsächlich auch richtig ist, denn das ist für Ihr praktisches Handeln irrelevant. Von Ihrer Natur aus haben Sie sehr viel dafür übrig, den Menschen das zukommen zu lassen, was sie befriedigt. Dafür brauchen Sie aber weniger theoretische Begründung. Ihnen reichen vielmehr ganz irdische Interessen und praktische Umsetzungen.

Pragmatismus – Naturalismus – Materialismus

■ **−5 bis 3** Sie anerkennen Rechte, aber es ist Ihnen egal, wie die Rechte begründet werden, Hauptsache, sie werden überhaupt eingehalten. Rechte sind für Sie eher Regelungen, die man braucht, um zufriedenstellende Ergebnisse zu erzielen. In dieser Hinsicht denken Sie ganz irdisch pragmatistisch und hedonistisch, bisweilen sogar egoistisch.

Hedonismus – Pragmatismus – Egoismus

Sie sind kein ausgesprochen metaphysischer Charakter, denken aber dennoch, dass es Rechte über das normale positive Recht hinaus gibt. Diese Rechte gehören zur Grundausstattung der Welt. Ihnen leuchtet deshalb auch der Gedanke ein, dass Ihnen Rechte von Natur aus zukommen und diese Ihnen nicht erst von anderen zugebilligt werden müssen. Vermutlich haben Sie eine pflichtethische Grundüberzeugung.

■ **4 bis 10**

Metaphysik – Deontologie

Sie neigen dazu, sich die Welt mit Rechten ausstaffiert zu denken. Rechte sind für Sie nicht etwas, das sich Menschen ausschließlich gegenseitig zubilligen, sondern etwas objektiv Gegebenes, das man erkennen kann und demgemäß man handeln muss. Möglicherweise betrachten Sie sogar die Einhaltung der Rechte als einen Auftrag. Vom Begriff ›Menschenwürde‹ geht für Sie eine besondere Strahlkraft aus. Sie vertreten eine stark naturrechtliche Position mit den einschlägigen Verbindungen zu andern Überzeugungen.

■ **11 bis 16**

Metaphysik – Deontologie – TeleologischesDenken – Essentialismus – Kognitivismus

Sie interessieren sich nicht besonders für den Bereich der Moral. Das kann verschiedene Gründe haben. Vielleicht sind Sie ein Egoist durch und durch, vielleicht denken Sie auch, dass der ganze Bereich der Ethik völlig überbewertet ist und stehen ihm deshalb skeptisch gegenüber. In jedem Fall ist er Ihnen suspekt. Wenn Ihre Mitmenschen Ihnen moralische Trägheit unterstellen, antworten Sie mit einem selbstgewissen »Ja, und?« und wenden sich wieder wichtigeren Dingen zu.

◆ **−10 bis −4**

Egoismus – Hedonismus – Naturalismus – Skepsis

Dem Bereich der Moral gegenüber verhalten Sie sich tendenziell reserviert. Sie kennen zwar einen Gerechtigkeitssinn an sich selbst, schieben aber dessen Stärke und Richtung eher der Jugend und der entsprechenden Sozialisation zu. Auch neigen Sie dazu, moralische Verhaltensweisen ›natürlich‹ zu erklären. Deshalb mögen Sie es auch nicht, wenn Sie sich moralisch echauffieren, weil das im Grunde für Sie nur ein in Aufregung übersetztes Sprudeln Ihres Hormonhaushalts ist.

◆ **−3 bis 3**

Hedonismus – Naturalismus – Skepsis

Sie regen sich leicht auf, wenn Sie meinen, dass Ihnen oder anderen Menschen ein Unrecht zugefügt wird. Sie gehen zwar nicht so weit, das Unrecht der Welt bekämpfen zu wollen, engagieren sich aber in Ihrem

◆ **4 bis 9**

persönlichen Nahbereich. Auch haben Sie vergleichsweise hohe moralische Ansprüche an Ihre Mitmenschen und sind enttäuscht, wenn diese ihnen nicht genügen.

Metaphysik – Deontologie – Kognitivismus

◆ **10 bis 14**   Vermutlich sind Sie ein sehr moralischer Mensch und engagieren sich in dieser Hinsicht. Formen aktiven Widerstands gegenüber bestehendem Unrecht finden Sie prinzipiell sympathisch. Das geflügelte Wort »Wenn Recht zu Unrecht wird, dann wird Widerstand zur Pflicht« ist Ihnen in Fleisch und Blut übergegangen. Sie haben auch einen stark ausgeprägten Gerechtigkeitssinn.

Metaphysik – Deontologie – Kognitivismus

Was darf ich hoffen?

Diesseits

Jenseits

Sinn

Diesseits

Diesseits 1
Gibt es die wahre Liebe?

a Ja. Auch wenn es schwer ist, sie zu finden: Die wahre Liebe existiert.

b Nein. Verlieben kann man sich in viele Menschen. Wenn man Glück hat, wird diese Liebe sehr stark, aber auch das ist nicht ›die eine wahre Liebe‹.

c Nein. Liebe ist nur ein Verrücktspielen der Hormone. Spätestens nach ein paar Jahren ist das vorbei, meist jedoch viel schneller.

d Ich weiß es nicht. Wenn ich sehr stark verliebt bin, dann halte ich es für möglich. Nach einer Trennung aber glaube ich das überhaupt nicht.

Diesseits 2
Wird die Menschheit jemals den Zustand ewigen Friedens erreichen?

a Frieden ist möglich – aber nur dann, wenn er durch eine Supermacht gesichert wird. Solange verschiedene Staaten unorganisiert nebeneinander existieren und konkurrieren, wird es immer wieder Kriege geben.

b Wenn die Menschheit es schafft, sich auf die ihr gegebene Vernunft zu besinnen, dann ist es möglich, Frieden zu schaffen und zu bewahren.

c In der Natur überlebt nur der Stärkere. Das gilt für Menschen und auch für Staaten. Vernunft hin oder her: Kriege wird es geben, solange es die Menschheit gibt, denn in ihnen entscheidet sich, wer der Stärkere ist.

d Der ewige Frieden ist ein schönes Ideal. Es ist zu wünschen, dass es den Menschen irgendwann gelingt, ihn zu erreichen. Es wäre allerdings auch dann schon viel erreicht, wenn es in der Zukunft wenigstens keine Weltkriege mehr gäbe.

e Natürlich. Die Welt entwickelt sich unaufhaltsam in diese Richtung, auch wenn es manchmal nicht den Anschein hat.

f Der Krieg ist der Vater aller Dinge. Gäbe es keine Kriege mehr, dann käme alle Entwicklung zum Stillstand. Deswegen ist ein ewig friedlicher Zustand unerreichbar.

Diesseits 3

Darf man die Gentechnik einsetzen, um eine bessere Menschheit zu schaffen?

a Wenn ›besser‹ bedeutet ›gesünder‹, ›langlebiger‹ und vielleicht auch ›intelligenter‹, dann sollte man alles daran setzen, das zu verwirklichen. Warum nicht auch die Gentechnik?

b Alle bisherigen Versuche, die Menschheit auf ein Ideal hin weiterzuentwickeln, haben zu großen Katastrophen geführt. Stets maßten sich kleine Eliten an, entscheiden zu können, was ›bessere Menschheit‹ heißt, und schufen damit totalitäre Systeme. Wir sollten derartige Versuche in Zukunft tunlichst unterlassen!

c Es sollte von Fall zu Fall entschieden werden, wann gentechnische Methoden zugelassen werden. Gegen eine allgemeine Krebsprävention zum Beispiel kann niemand etwas einwenden, gegen die Selektion besonders intelligenter Kinder per Gendiagnostik allerdings schon.

d Die Gentechnik wird in dieser Hinsicht völlig überschätzt. Selbst wenn wir wüssten, wie ›der bessere Mensch‹ aussieht, sind wir weder theoretisch noch technisch in der Lage, das auf die Gene umzusetzen. Und das ist nicht das einzige ungelöste Problem.

Diesseits 4

»Wohlstand für alle!« – Geht das?

a Man kann vorsichtig optimistisch sein, was das Erreichen dieses Zieles angeht. Die Geschichte zeigt, dass es uns immer besser gelingt, dem Leben vieler Menschen die existenziellen Härten zu nehmen. Allerdings wird es immer Unterschiede in der Verteilung von Besitztümern geben.

b Diese Forderung ist völlig utopisch. Natürlich wäre es schön, wenn es allen Menschen gut ginge, aber die Umsetzung scheitert am Egoismus der Mehrheit der Menschen. Neid, Missgunst, Machtgier usw. werden sich nie bändigen lassen.

c Wohlstand sollte man nicht nur an einer Mindestmenge von Besitz festmachen. Wenn wir Wohlstand als Geisteszustand verstehen, können wir sogar in einem materiell viel kargeren Leben ›Wohlstand für alle‹ erreichen.

d Wohlstand ist kein stabiler Zustand. Wer Wohlstand erreicht hat, wird faul. Und wer faul wird, degeneriert. Das hat uns die Geschichte der Griechen und der Römer gelehrt.

Diesseits 5

Da ist ein Mensch, der sagt Ihnen, wenn er denn schon für seine Zukunft Pläne schmiede und träume, dann träume er immer ganz, ganz ›groß‹. Denn er sei der festen Meinung, bei jedem Menschen gingen im Lauf seines Lebens etwa 5 % aller Träume in Erfüllung. Und 5 % von großen Träumen sei eben mehr als 5 % von kleinen, bescheidenen Träumen. – Überzeugt Sie das?

a Im Wesentlichen ja. Es sind wahrscheinlich aber weit weniger als 5 %.

b Ich halte das für romantische Verklärung. Es gibt Menschen, die haben weder zu essen noch zu trinken. Wenn von deren Träumen 5 % in Erfüllung gingen, dann könnten sie überleben – jedenfalls dann, wenn sie ›groß‹ träumten. Sie sterben aber.

c Ja, es überzeugt mich. Nur wer große Träume hat, kann große Dinge ausrichten. Nur wer große Träume hat, verlangt etwas vom Leben und arbeitet daran, dieses Verlangen auch zu stillen. Mir gefällt an der Vorstellung, dass sie Ansprüche stellt.

d Ich glaube auch, dass Glück und Pech ungefähr gleich auf die Menschheit verteilt sind. Ich glaube aber nicht, dass man diese Verteilung positiv beeinflussen kann. Das wäre gerade so, als würde man in das eigene Schicksal eingreifen. Genau das kann man aber nicht. Das Schicksal wird einem zugeteilt, und manchmal ist es sehr, sehr hart.

Dafür aber kann derjenige, der große Tiefen durchlitten hat, umso größere Höhen erleben. Nur wer einmal einen geliebten Menschen verloren hat, weiß, was das Leben eines anderen wirklich bedeutet. Dieses Wissen ist der Gewinn aus tiefem Leid.

Diesseits 6

Die Evolutionstheorie als fester Bestandteil des Schulunterrichts ist den so genannten Kreationisten ein Dorn im Auge. Sie fordern, dass die biblische Schöpfungsgeschichte in den Lehrplan aufgenommen wird und die Evolutionstheorie aus den Schulbüchern zu verschwinden habe. Wie stehen Sie dazu?

a Die Schöpfungsgeschichte ist wahr, und deshalb befürworte ich dieses Begehren. Die Evolutionstheorie gehört nicht in die Schulbücher.

b Ich habe nichts dagegen, dass die Schöpfungsgeschichte einen festen Platz im freiwilligen Religionsunterricht hat. Sie kann durchaus neben der Evolutionstheorie stehen – eben als religiöses Modell. Dass sie jedoch der Evolutionstheorie vorgezogen werden soll, halte ich für absolut unwissenschaftlich, absurd und gefährlich.

c Religion ist Privatsache. Ich bin der Meinung, dass die Schöpfungsgeschichte überhaupt keinen Platz im Schulunterricht einnehmen sollte. Nicht die Evolutionstheorie sollte als Unterrichtsgegenstand in Frage stehen, sondern Religion als Fach überhaupt. Es gibt ja schließlich auch nicht das Schulfach ›Hexerei‹.

d Solange keine der beiden ›Schöpfungsvorstellungen‹ bewiesen ist, sollten beide gleichberechtigt nebeneinander gelehrt werden dürfen.

Diesseits 7

Die Welt hat im Lauf der Jahrhunderte unterschiedlichste Gesellschaftsformen durchlaufen. Ein weithin akzeptiertes Modell ist die Demokratie. Was sehen Sie für die Zukunft voraus?

a Ich bin der Meinung, dass wir uns in einer stetigen Entwicklung zum Besseren hin befinden. Das Zeitalter des Absolutismus und der Unmündigkeit haben wir ein für allemal hinter uns gelassen. Ich kann zwar das Ende der Fahnenstange noch nicht sehen, bin mir aber sicher, dass es gut werden wird.

b Unsere ach so demokratisch aufgeklärte Kultur ist einer großen Gesellschaftslüge aufgesessen. Man meint zwar, dass man Mitbestimmungsrecht und echte Demokratie hätte, in Wahrheit aber werden wir durch rein wirtschaftliche Interessen manipuliert und gelenkt. Die Entwicklung unserer Gesellschaft geht einher mit einer Entfremdung von unserer eigentlichen Natur und damit von der Natur überhaupt. Das kann nur schlecht sein.

c Ich glaube nicht, dass es im Rahmen unserer Gesellschaftsformen überhaupt eine innere Zielrichtung gibt. Das würde ja bedeuten, dass es so etwas wie ein Ziel gäbe, auf das wir hinsteuern, ohne es genau zu kennen. Das empfinde ich als romantische Schicksalsgläubigkeit. Wir leben doch vielmehr blind vor uns hin und probieren vieles aus. Das ist alles.

Diesseits 8
Das Leben …

a … ist Leiden.

b … ist schön.

c … ist defizitär.

d … ist eines der härtesten und endet meistens mit dem Tod.

e … hält unendlich viele Überraschungen bereit.

f … ist das Beste, was einem Menschen passieren kann.

g … ist nur ein Zwischenzustand.

h … ist ein Geschenk.

i … ist eine tragische Zumutung.

Diesseits 9

Was können Sie im Leben ausrichten?

a Wenig. Wie Heidegger schon richtig bemerkte, bin ich in dieses Leben ›geworfen‹. Und das vielleicht sogar auf der Rückbank eines Ford 17M. Das ist alles. Vielleicht werde ich sogar auf dem Fahrersitz einer übermotorisierten Karre an irgendeinem Baum auf irgendeiner Bundesstraße verenden. Will sagen: Ich bin doch nicht mehr als die Summe meiner Zufälle, also jener Zufälle, die sich während meiner Lebenszeit ereignen.

b Ich kann mich auf das Einzige besinnen, was im Leben zählt: die Liebe.

c Was ich im Leben ausgerichtet haben werde, das wird man erst nach meinem Tod sagen können. Ich denke aber schon, dass ich einiges ausrichten kann, einfach indem ich mich anstrenge. Viele talentierte Menschen denken, sie müssten nur darauf warten, entdeckt zu werden. Doch die werden nie im Leben etwas ausrichten. Man muss auch hart an sich arbeiten und selbst etwas tun. Man darf nicht nur warten. Ein wenig ist das wie in der Lotto-Werbung: Wer nicht mitspielt, hat schon verloren.

d Ich weiß nicht, was ich für die anderen ausrichten kann. Ich weiß auch nicht, ob ich etwas für die anderen ausrichten soll. Aber ich weiß, was ich für mich tun kann: Ich kann meine Sehnsüchte stillen. Das interessiert vielleicht niemanden so wie mich, aber mich macht es glücklich. Und von einem glücklichen Menschen haben auch die anderen mehr.

e Weltbewegende Dinge werde ich vermutlich nie ausrichten, dafür bin ich ein zu kleines Licht. Aber ich kann in meinem Nahbereich wirken: als gutes Vorbild, als Ansprechpartner, vielleicht als Lehrer oder einfach nur als guter Mensch. Ich glaube, ich möchte einfach nur ein guter Mensch sein, und das kann mir auch gelingen.

f Ich werde Kinder zeugen.

g Ich kann dazu nichts sagen. Ich werde den Weg gehen, der für mich vorgesehen ist.

Diesseits 10

Angenommen, Sie befinden sich in einer lauschigen Augustnacht im Süden der Republik. Woran denken Sie am ehesten, wenn sie die Milchstraße und den bestirnten Himmel über sich anschauen und vielleicht einige Sternschnuppen sehen?

a Daran, dass ich den Lebewesen auf der Erde in einzigartiger Weise verpflichtet bin, weil der blaue Planet ein absolut ausgezeichneter Planet ist. Sternschnuppen sind nur kleine Steinkörnchen, die in der Atmosphäre der Erde verglühen. Das ist schön. Auf der Erde aber gibt es Leben. Das ist schöner.

b Nichts.

c Daran, dass die Menschheit vom größten Teil des Universums nie etwas mitbekommen wird, weil es so unermesslich groß ist.

d Daran, dass die Sterne zwar schön sind, sich aber nicht die Bohne für mein Schicksal interessieren. Immerhin sind die Sterne schön. Ich bin dankbar dafür, dass ich die Sterne sehen kann.

e Daran, dass ich und mein Leben und das Leben der Menschen so gar nichts bedeuten. Ich komme mir klein vor. Ich kann mir schwer vorstellen, dass mein für mich ach so bedeutsames Leben für den Rest des Universums völlig unbedeutsam ist.

f Ich bewundere die Schöpfung Gottes.

g Mir fehlen die Worte. Dass ich überhaupt lebe und dass ich angesichts der riesigen himmlischen Leere und Kälte lebe, macht mich fassungslos und glücklich.

h Ich denke an die Harmonie der Sphären, also die Vorstellung, die Planeten würden auf ihren Umlaufbahnen zusammenstimmende Töne hervorbringen. Das hat etwas.

Diesseits 11

Sie sind 17 Jahre alt und haben nur einen großen Traum: Sie möchten Schauspieler(in) werden. Sie setzen alles daran, diesen Traum zu verwirklichen. Sie ziehen nach Hollywood und arbeiten zuerst bei einer Fast-Food-Kette für den üblichen Hungerlohn. Dann werden Sie schlecht bezahltes Model für eine zwielichtige Agentur. Das Ganze nur, um die Schauspielausbildung zu finanzieren. Phasenweise arbeiten Sie 16 Stunden am Tag.

Irgendwann posieren Sie auch noch für ein Schundmagazin; die Bezahlung ist zwar in Ordnung, der Job selbst aber hart an der Grenze. Schließlich lernen Sie doch einen seriösen Regisseur kennen, der Ihnen die Hauptrolle in seinem neuen Film anbietet. Freude durchrauscht Sie. Was denken Sie dabei?

a Ich habe es geschafft. Ich kann stolz auf meine Leistung sein. Ich habe einfach alles getan.

b Ich bin wirklich talentiert und hatte nur einen schlechten Start, weil keiner mich entdeckt hat. Das ist nun vorbei. Auf lange Sicht setzt sich Qualität eben durch.

c Natürlich habe ich alles getan, was man in diesem Business tun muss, um an die Spitze zu kommen. Aber es gehört auch Glück dazu. Wenn ich damals nicht auf diese Party gegangen wäre, wer weiß, was ich dann jetzt tun würde.

d Ich habe einfach nur Glück gehabt. Viel, viel Glück. Andere haben so ein Glück nicht. Und auf das Glückhaben kann man nicht stolz sein. Man kann auch nicht auf einen Lotto-Gewinn stolz sein. Deshalb bin ich auch nicht stolz, weil Glück nicht meine Leistung ist. Froh bin ich aber natürlich doch.

e Ich finde, wer so einen Durchhaltewillen zeigt wie ich, der hat das Glück mehr als verdient. Deshalb bin ich glücklich und froh, ja, und sogar ein wenig befriedigt.

f Mit Gottes Hilfe habe ich es geschafft. Der Weg bis hierher war eine Prüfung. Es musste sich erst zeigen, ob ich es wirklich will.

Diesseits 12

Bei ihrer Aufnahme in die ›Rock 'n' Roll Hall of Fame‹ dankte Madonna nachdrücklich ihrem Ballettlehrer, der ihr in jungen Jahren gesagt hatte, sie sei etwas ganz Besonderes. Damals habe sie sich für alles andere als außergewöhnlich gehalten. Gibt es in Ihren Augen tatsächlich besondere Menschen?

a Natürlich. Madonna ist ein solcher besonderer Mensch, und auch Mutter Teresa war einer. Sie unterscheiden sich von der großen Masse durch Taten oder durch einzigartige Eigenschaften. Leider war auch Adolf Hitler ein besonderer Mensch.

b Nein. Ein Mensch ist nicht mehr als die Summe seiner Zufälle. Bei Madonna haben diese Zufälle zu Berühmtheit und Reichtum geführt. Das ist schön für sie und wegen der Seltenheit ›dieses Schicksals‹ auch etwas Besonderes. Deswegen ist sie aber noch lange kein besonderer Mensch.

c Jeder ist etwas Besonderes.

d ›Besonders‹ ist ein Mensch nicht an sich, sondern immer nur in den Augen eines anderen. Madonna zum Beispiel ist für mich ganz unbedeutend und kein besonderer Mensch. Meine gütige Nachbarin hingegen, die sich um ihren pflegebedürftigen Mann kümmert, ist es sehr wohl.

e Nein. In Myriaden von Jahren wird im Universum schon lange das Licht ausgegangen sein. Dann wird es auch niemanden mehr geben, der die Frage stellen kann: Wer war eigentlich Madonna?

Sie sind fertig mit dem Themenblock ›Diesseits‹.
Ihre Diagnose finden Sie auf den nächsten Seiten.

Diagnose ›Diesseits‹

–21 bis –14   Sie denken idealistisch und stehen zudem für Ihre Ideale ein. Naturen wie die Ihrige sind in der Regel metaphysisch anspruchsvoll, das heißt, Sie besetzen den Himmel Ihrer Welt mit schönen Sternen. Das können sein: hehre moralische Anschauungen und Ziele, ein ausgeprägt romantisches Liebesideal oder die Schönheit sicherer Erkenntnisse. In jedem Fall ist Ihnen eine naturalistische Weltauffassung zu eng und zu sparsam, weil Sie die Fülle des Lebens verkennt.
Metaphysik – Dualismus – Kognitivismus – Deontologie – (Naturalismus)

–13 bis –5   Sie sind idealistisch und haben Ansprüche an sich und die Welt. Vielleicht sind Sie sich nicht in jedem Fall sicher, ob es Ihre Ideale tatsächlich gibt. Sie jedenfalls hängen an Ihnen und würden es gern sehen, wenn sie auch verwirklicht würden. Vermutlich sind Sie ein recht moralischer Mensch mit einem leichten Hang zum Dualismus, zur Deontologie und zur Metaphysik. Allerdings kommt Ihnen auch in diesem Gebiet so manche Behauptung überkandidelt vor.
Metaphysik – Dualismus – Deontologie

–4 bis 3   Sie stehen in der Mitte zwischen Pragmatismus und einer idealistischen Weltauffassung. Sie handeln, wie Sie handeln, und haben keine besonderen Ansprüche an sich, die anderen, die Welt oder Gott. Sie leben Ihr Leben und kümmern sich nicht um die großen Fragen. Diese Fragerei halten Sie im Übrigen für übertrieben. Vielleicht haben Sie auch einen Hang zum Hedonismus.
Egoismus – Hedonismus – Pragmatismus

4 bis 11   In entscheidenden Situationen orientieren Sie sich mehr an der Sache und weniger an abstrakten Ideen: Sie streben gangbare Lösungen an. Meistens halten Sie nichts davon, lange grundsätzliche Überlegungen anzustrengen, um zu einer Entscheidung zu kommen. Sie verfolgen nicht immer nur die eigenen Interessen, wissen aber darum, dass die romantische Inszenierung von Situationen der Steigerung des eigenen Wohlempfindens dienen kann. Trotzdem neigen Sie dazu, sich im Letzten für ein Wesen zu halten, das sich vom Affen hauptsächlich durch sein Großhirn und die Daumenopposition unterscheidet.
Hedonismus – Naturalismus – (Idealismus)

Sie stehen dieser Welt in jeder Hinsicht pragmatisch und pragmatistisch gegenüber. Sie interessiert vor allem, dass es den wirklichen Menschen gut geht, Sie neigen nicht zum Theoretisieren und machen sich vermutlich um das, was die Welt im Inneren zusammenhält, keinerlei Gedanken. Auch in metaphysischer Hinsicht sind Sie anspruchslos, weil dieses Denken in Ihren Augen ebenfalls zu nichts führt.

Pragmatismus – Hedonismus – Materialismus – Empirismus

● **12 bis 17**

Für Sie gibt es einen Sinn in der Welt. Diesen Sinn haben Sie nicht in die Welt hineingelegt, die Welt bringt ihn vielmehr von sich aus mit. Er gehört zu Ihrer Grundausstattung. Wer so denkt wie Sie, hat einen Draht zur Metaphysik und wendet sich gegen die existentialistische Vorstellung, dass höchstens der Mensch seinem Leben einen Sinn verleihen kann. Vielleicht führen Sie sogar manchmal das Wort ›Bestimmung‹ im Munde und verwenden es zur Beschreibung Ihres eigenen Daseins. In jedem Fall aber verfolgt die Welt etwas Großes.

Metaphysik – Essentialismus – Teleologisches Denken

▲ **–12 bis –8**

Trotz Ihrer naturalistischen Grundauffassung haben Sie auch eine metaphysische Seite. Sie suchen schon im Diesseits nach etwas, das Ihrem Dasein im Diesseits Gewicht und Bedeutung verleiht. Es könnte die Liebe sein oder der Weltfrieden. Manchmal zweifeln Sie zwar daran, ob diese Bedeutung unabhängig von Ihnen existiert, aber letztlich finden Sie Geschmack an dem Gedanken, dass es solche Bedeutungen einfach gibt – in welchem Sinne auch immer.

Essentialismus – Metaphysik – Naturalismus

▲ **–7 bis –3**

Wahrscheinlich interessiert Sie die Frage nach dem Sinn der Welt nicht sonderlich. Sie leben gern in dieser Welt; Sie erkennen keinen Sinn in ihr, finden aber auch nicht, dass man sich unbedingt einen höheren Sinn gegeben haben muss, um das Leben geadelt zu verleben. Vielleicht genügt es Ihnen, einfach Spaß zu haben, und vielleicht meinen Sie, dass dies das Beste ist, was es zu erreichen gibt. Denn in Ihren Augen verfolgt die Welt überhaupt kein Ziel. Sie ist einfach da. Genau wie Sie.

Existentialismus – Naturalismus – (Teleologisches Denken)

▲ **–2 bis 2**

Wenn Sie über das Diesseits nachdenken, dann begreifen Sie, dass allein Sie die Anwesenheit in diesem Diesseits durch die Besinnung auf ein bewusstes Leben erträglich oder angenehm machen können. Das ist Ihre existentialistische Seite. Manchmal beschleicht Sie aber auch der Gedanke, dass es darauf gar nicht ankommt. Dann scheint es Ihnen

▲ **3 bis 8**

wichtiger, einfach nur gut und fröhlich und ohne Grübelei zu leben. Müssten Sie sich aber entscheiden, würden Sie das bewusste Leben dem spaßerfüllten vorziehen.

Existentialismus – Aufklärung – Naturalismus – Postmoderne

▲ **9 bis 13**   Sie empfinden die Gewissheit, dass es einen objektiven Sinn in dieser Welt nicht gibt. Sie empfinden aber auch das Bedürfnis, dass das Leben nicht einfach sinnlos vergehen darf, mit Chips auf dem Sofa vor dem Fernseher. Sie spüren, dass nur Sie es sein können, der oder die Ihr Leben sinnvoll machen kann. Mit einem Wort: Sie haben existentialistische Ambitionen.

Existentialismus – Teleologisches Denken

■ **–19 bis –13**   Sie sind ein aufgeklärter naturalistischer Charakter. Für Sie ist die Welt, wie sie eben ist, und Sie halten das nicht für schlimm. Sie sind dazu übergegangen, die Frage nach einem Sinn in der Welt für überflüssig zu halten. Ferner meinen Sie, dass der Mensch kein ausgezeichnetes Wesen ist und die Erde auch kein ausgezeichneter Planet. Sie wollen es sich im Diesseits wohnlich machen, weil es das Jenseits nicht gibt. Die Mittel dafür suchen Sie am ehesten in den Wissenschaften.

Naturalismus – Empirismus – Monismus – Aufklärung

■ **–12 bis –5**   Sie sind ein Mensch der Moderne. Sie neigen dazu, die Welt naturalistisch aufzufassen. Sie neigen auch zur Behauptung, Sie hätten weder eine unsterbliche Seele noch eine unauslöschbare Würde. Ihre Welt kommt ohne Wunder aus und ist mit Ihrem Tod tot. Mehr gibt es zu Ihnen nicht zu sagen – wären da nicht diese gelegentlichen Anflüge, dass das noch nicht alles gewesen sein kann.

Naturalismus – Metaphysik – Aufklärung

■ **–4 bis 4**   Manchmal denken Sie naturalistisch und halten den Menschen nur für eine Bio-Maschine in einem speziellen physikalischen Umfeld. Manchmal aber verklären Sie auch die Welt und Ihre Existenz in der Welt. Das Leben hat für Sie einen fast außerweltlichen Wert, obwohl es sich ganz natürlich erklären lässt; mit der Liebe ist es vielleicht ähnlich. In religiöser Hinsicht sind Sie schwankend. Einerseits halten Sie die Existenz Gottes für sehr unwahrscheinlich, und andererseits ist für Sie eine Welt ohne Gott nur schwer vorstellbar.

Atheismus/Agnostizismus – Naturalismus – Metaphysik

Sie lieben das Leben, vor allem deshalb, weil Sie es mit Bedeutungen versehen haben. Vielleicht ist es richtig, Sie einen ›symbolischen Menschen‹ zu nennen. Ein solcher Mensch legt Wert darauf, dass Gegenstände und Umstände einen eigenen Wert haben, der über ihre materielle Beschaffenheit hinausweist. Sie wissen genau, dass es solche Gegenstände und Umstände gibt, Sie sind sich aber nicht sicher, ob Sie den Dingen Wert verleihen oder ob nicht vielmehr die Dinge von sich aus wertbehaftet sind.

Metaphysik – Naturalismus – Dualismus

■ **5 bis 13**

Sie sind ein metaphysischer Charakter. Ihnen wäre die Welt zuwider, wenn sie nur Welt sein sollte, wenn sie also nichts anderes wäre als ein materiell-energetischer Komplex mit langer Laufzeit. Für Sie muss es rote Rosen regnen; deshalb haben Sie einen Hang, an die Existenz Gottes zu glauben. Sie lieben den Dualismus und halten sich für beseelt. Vielleicht jagen Sie in der Moral einigen liebgewonnenen Idealen hinterher. Für Sie gibt es auch einen Sinn in der Welt.

Metaphysik – Dualismus – Teleologisches Denken – Essentialismus – Theismus

■ **14 bis 21**

Vermutlich sind Sie ein überzeugter Atheist. Sie stehen mit beiden Beinen fest auf dieser Erde und halten überirdische Wesen(heiten) für zwar schöne, aber irreale Erfindungen. Im Übrigen meinen Sie, dass die Welt mit den Mitteln der Physik erklärt werden kann und dass damit alles gesagt ist. Der Metaphysik stehen Sie vermutlich genauso ablehnend gegenüber wie Sie an der Existenz objektiver Rechte oder Werte zweifeln.

Atheismus – Monismus – Naturalismus – Materialismus

◆ **–9 bis –4**

Sie berührt die Frage nach der Existenz Gottes nur in geringem Maße. Vielleicht denken Sie manchmal, dass es da doch so etwas wie ein Schöpfungsprinzip geben muss. Im Alltag aber halten Sie dieses Prinzip für überflüssig und entbehrlich. Vielleicht enthalten Sie sich auch nur vornehm der Stimme, weil niemand die Frage entscheiden kann. Dann sind Sie ein Agnostiker bzw. eine Agnostikerin. Oder vielleicht hat Sie das Leben dazu gebracht, der Frage gegenüber reserviert zu sein. Dann sind Sie Skeptiker.

Atheismus/Agnostizismus – Skepsis – Monismus – (Metaphysik)

◆ **–3 bis 2**

◆ **3 bis 8**   Sie stehen dem Theismus nahe oder glauben an die Existenz Gottes. Folglich tendieren Sie vermutlich zu einer dualistischen Denkweise und nehmen die Existenz von zwei Substanzen an. Für Sie ist eine Welt ohne Gott nur schwer vorstellbar. Aus Ihrer Entscheidung dafür, die Existenz Gottes anzunehmen, lassen sich andere Ihrer Denkneigungen vermuten. Sie finden sie nachstehend:

Theismus – Essentialismus – Metaphysik – Teleologisches Denken – Deontologie – Dualismus

Jenseits

Jenseits 1

Sie sind Vater oder Mutter einer Familie mit Kindern. Der geliebte Hund ist in hohem Alter gestorben. Alle sind traurig, Ihr fünfjähriger Sohn vollkommen aufgelöst. Mit Tränen in den Augen fragt er, wo Bruno denn nun sei. Was erwidern Sie ihm?

a Ich sage, dass Bruno im Himmel ist und dass er dort möglicherweise auch Mühmchen, unser verstorbenes Zwergkaninchen, und Oma trifft. Oma ist auch im Himmel. Ich schätze diese Vorstellung selbst und finde sie außerdem kindgerecht.

b Ich sage, dass Bruno im Himmel ist und dass er dort auch Mühmchen trifft. Ich selbst mache mir zwar keine Illusionen darüber, dass es einen Himmel gibt, aber ich denke durchaus, dass man mit fünf Jahren solche Vorstellungen noch benötigt.

c Ich sage einfach, dass er tot ist und nun auch keine Schmerzen mehr hat. Ich lege keinen Wert darauf, einen Himmel zu entwerfen und halte das sogar für falsch. Damit schafft man nur Illusionen, die man später mühsam richtigstellen muss. Was nie vorhanden war, das kann hinterher auch nicht als Verlust empfunden werden. So gebe ich meinem Sohn die Chance, sich gleich mit der Welt einzurichten, wie sie eben ist.

Jenseits 2

Das Jenseits …

a … kann ich mir jetzt noch nicht vorstellen, aber in jedem Fall gibt es eines, und es wird gut.

b … ist definitiv anders als das jetzige Leben hier. Aber darüber, dass etwas von mir weiterleben und alle Zeit überdauern wird, bin ich mir ganz sicher.

c … – Ich halte es für zeitverschwenderischen Unsinn, sich mit Dingen zu beschäftigen, über die man nur spekulative Aussagen treffen kann. Niemand von uns war je im Jenseits. Und man bekommt auch keine Post von da.

d … gibt es nicht.

Jenseits 3

Viele Menschen berichten von Erlebnissen, bei denen sie das Gefühl der Entgrenzung hatten oder den Eindruck, mit dem Weltganzen eins zu sein. Deutet das nicht auf ›eine Welt hinter der Welt‹ oder wenigstens auf ›unbekannte Ebenen unserer Wirklichkeit‹ hin?

a Ich möchte mich einer Antwort enthalten. Wir wissen einfach nicht, ob da etwas ist oder nicht!

b Solche Erlebnisse lassen sich neurologisch hervorragend als vorübergehende Störung desjenigen Areals in unserem Gehirn erklären, das die Empfindung unserer Körpergrenzen verwaltet. Wer sich ›eins mit dem Weltganzen‹ fühlte, hatte also eine ganz normale temporäre Wahrnehmungsstörung. ›Tiefere Ebenen der Wirklichkeit‹ oder Ähnliches lassen sich dadurch jedenfalls nicht belegen.

c Ja natürlich! Seit Jahrtausenden gibt es Menschen, die solche Erfahrungen machen. Es gibt viel mehr, als man sieht und als die Wissenschaft erklären kann.

d Ich kenne das Gefühl. Wer es einmal gehabt hat, der weiß, dass es wahr ist.

Jenseits 4

Viele Menschen halten die Idee eines Lebens nach dem Tod für eine tröstliche Vorstellung. Wie steht es mit Ihnen?

a Dieser Trost ist für mich ein Pseudotrost und nur Ausdruck von Feigheit und Schwäche. Wer noch ein Leben nach dem Tod haben möchte, wagt nicht, sein jetziges Leben so zu leben, dass es ihm genug ist. Und: Wer hofft, dass seine toten Lieben noch in einer anderen Welt herumgeistern, der ist zu schwach, die Endgültigkeit des Todes zu akzeptieren.

b Ich persönlich halte diese Vorstellung für unbegründet und falsch. Das braucht aber niemanden daran zu hindern, an ihr festzuhalten, wenn ihm das Leben dadurch leichter wird.

c   Ich persönlich halte diese Vorstellung für unbegründet und falsch. Trotzdem stelle ich mir ein Leben nach dem Tod manchmal vor.

d   Ich bin nicht der Meinung, dass ein Leben nach dem Tod nur eine bloße Vorstellung ist. Mich tröstet das.

Jenseits 5

Epikur ist der Ansicht, man müsse den Tod nicht fürchten. Er meint: »Mit dem Tod habe ich nichts zu schaffen. Bin ich, ist er nicht. Ist er, bin ich nicht.« – Überzeugt Sie Epikurs Meinung?

a   Ja. Sie gefällt mir durch und durch. Der Tod ist eben kein Bestandteil des Lebens. Deshalb interessiert er mich auch nicht sonderlich. Genauso wenig, wie mich die Zeit vor meiner Geburt interessiert.

b   Ich glaube, Epikur macht einen Fehler. Es geht nicht darum, dass ich den Zustand des Totseins fürchte. Ich fürchte den Verlust des Lebens, also das Nicht-mehr-haben-Können von irgendwelchen anderen Zuständen. Tot zu sein, ist der Totalverlust von Zuständen, die man eben nur innerhalb des Lebens haben kann.

c   Epikurs Argumentation hat etwas, das finde ich auch. Ich finde sie sogar überzeugend. Aber das richtet gar nichts aus gegen meine Furcht vor dem Tod. Die ist nach wie vor da, und zwar ganz unabhängig davon, ob Epikur recht hat oder nicht.

d   Epikur macht es sich zu leicht. Er vergisst die positive Funktion des Todes. Die Vorstellung meines sicheren Todes gemahnt mich nämlich ständig an das, was ich wirklich in diesem Leben ausrichten möchte. Deswegen will ich durchaus etwas mit meinem eigenen Tod zu schaffen haben.

e   Ich fürchte den Tod nicht, ich begrüße ihn vielmehr. Nicht dass ich ihn deshalb suche. Aber für mich ist er die Möglichkeit, Dinge, für die ich mich schäme, oder Dinge, die ich nicht erreicht habe, zu ›vergessen‹. Wenn ich tot bin, werde ich auch nie mehr an den frühen Unfalltod meines geliebten Sohnes denken müssen. Das ist beruhigend.

Jenseits 6

Halten Sie das Wirken übernatürlicher Kräfte in unserer Welt für möglich?

a Nein! Es geht in dieser Welt alles immer und überall mit rechten Dingen zu. Die Naturgesetze werden an keiner Stelle und zu keiner Zeit verletzt.

b Wir können nicht ausschließen, dass derartige Kräfte irgendwann und irgendwo wirken könnten. Bisher ist aber kein glaubwürdiger Nachweis darüber erbracht worden. Bis dies geschieht, gehe ich davon aus, dass es solche Kräfte nicht gibt.

c Schon oft hat es Wunder gegeben, und was sind Wunder anderes als der Eingriff einer höheren Macht in den Lauf der Welt? Auch wenn die Bezeichnung ›Wunder‹ heute vielleicht altmodisch klingen mag: Sie bezeichnet durchaus reale Phänomene.

d Ich denke schon, dass es solche Kräfte gibt. Ich meine auch, dass es besondere Menschen gibt, die sie aktivieren und steuern können.

e Es gibt so etwas wie Vorsehung.

f Es gibt auf jeden Fall Menschen, die über unerklärliche Kräfte verfügen, die der normale Mensch nicht hat.

Jenseits 7

Was wäre für Sie am schwersten zu ertragen?

a Die ewige Wiederkunft des Gleichen, also die Vorstellung, in einem Kreislauf dahinzuvegetieren. Noch unzählige Male Weltkriege, Massenmorde und Genozide – das wäre unerträglich.

b Unsterblich zu sein, egal was ich mir antue. Ich möchte sterben können.

c Sterben zu müssen und irgendwann tot zu sein. Alle Lust will Ewigkeit. Ich weiß, was Glück bedeutet, ich möchte das Glück in Händen halten, und zwar für immer. Dass ich das nicht kann, ist für mich der schlimmste Gedanke.

● ▲ ■ ◆

d   Wenn es keinen Gott gäbe, niemanden, der mich beschützt, niemanden, der sich um mich kümmert, niemanden, der sich um meine Seele bemüht. Und der Gedanke, meine Kinder nie mehr sehen zu können nach meinem Tod.

» ⩘ » ◆

e   So lange leben zu müssen, dass ich all meine Lieben unter die Erde gebracht habe. Ich möchte mindestens sterben bevor meine Kinder sterben.

● ▲ ◁ ◆

f   Bis zu meinem Tod nicht mehr glücklich sein zu können.

◁ ▲ ■ ◆

Jenseits 8

Welches Argument spricht für die Existenz eines Schöpfergottes?

a   Keines.

« ⩘ « »

b   Dass die Welt so intelligent eingerichtet ist. Man schaue sich nur einmal ein Ökosystem an und wie dort ein Rädchen in das andere greift. Das kann kein Zufall sein.

» ▲ ▷ ◆

c   Die Existenz des Menschen.

» ▲ » ◆

d   Wenn es ein Argument gibt für ein transzendentes Wesen, dann für ein teuflisches: Auschwitz/Birkenau, Aids …

◁ ⩘ ■ ◆

e   Dass der Schöpfergott sich mir offenbart hat.

» ⩘ » «

f   Der Schöpfergott braucht keine Argumente zugunsten seiner Existenz. Gott ist nicht von dieser Welt, er ist nicht an seiner Schöpfung erkennbar. Man muss an ihn glauben.

» ⩘ » «

g   Dass alle Kulturen eine Religion ausgebildet haben. Wenn es keinen Gott gäbe, dann gäbe es das nicht.

» ▲ ▷ ◆

h   Weil die Moral und das Zusammenleben der Menschen sonst kein Fundament hätte.

» ▲ » ◆

i Weil das Leben sonst sinnlos wäre.

j Die Schönheit.

Jenseits 9
Was ist für Sie die ›Seele‹?

a ›Seele‹ ist eine altertümliche Bezeichnung für die Gesamtheit der psychischen Vorgänge eines belebten Systems, das in der Lage ist, sich selbst einen Namen zu geben. Diese ›Seele‹ verschwindet mit dem Verschwinden des Seelenträgers, also mit dem Gehirn.

b Etwas Ätherisches, das einen belebten Körper erst zu einem Wesen macht, das sich seiner selbst bewusst ist. Die Seele ist nicht materiell, und sie kann den Tod des Körpers überstehen.

c So etwas wie ein ganz allgemeines Lebensprinzip. Der augenfälligste Unterschied zwischen einem Stein und einer Maus ist doch der, dass die Maus lebendig ist. Deshalb ist die Maus auch beseelt. Das Lebensprinzip, das in der Maus wirkt und sie lebendig macht, ist dasselbe, das auch in anderen Lebewesen wirkt. Auch nach einem fürchterlichen Atomkrieg wird dieses Prinzip noch da sein, selbst wenn es keinen Körper mehr geben sollte, in dem es noch wirkt.

d Die Seele ist das Vermögen, das einen Menschen erst zum Menschen und zu einer eigenen Persönlichkeit macht. Die Seele wird einem Menschen von Gott eingehaucht und kehrt nach dem körperlichen Tode wieder zurück zu Gott. Sogar die Seele von Verbrechern.

e ›Seele‹ ist eine andere Bezeichnung für die Güte eines Menschen.

Jenseits 10
Was würden Sie sagen: Hatte Adolf Hitler eine Seele?

a Ein Massenmörder wie der hat per se keine Seele. Denn wer eine Seele hat, kann kein Massenmörder sein.

b   Natürlich. Seine Handlungen waren zwar abscheulich, sie weisen aber deutliche kognitive Spuren auf.

c   Also, wenn er eine Seele hatte, so wird diese doch bestimmt nicht zurückkehren zu Gott.

d   Jeder Mensch hat eine Seele, auch Adolf Hitler. Obwohl ich glaube, dass er selbst im Fegefeuer nicht fähig ist, Reue zu zeigen.

e   Jeder Mensch ist ein Abbild Gottes, auch Adolf Hitler. Also hat auch Adolf Hitler einen Funken göttlichen Wesens in sich. Freilich hat er gründlich versucht, diesen Funken zu ersticken. Aber das kann selbst ihm nicht gelingen.

f   Wenn Adolf Hitler eine Seele hatte, dann trete ich auf der Stelle aus der Kirche aus.

Jenseits 11
Wünschen Sie sich ein Leben nach dem Tod?

a   Nur wenn ich darüber bestimmen dürfte, wie es sein wird. Sonst müsste ich ja womöglich den ganzen Mist noch einmal erleben.

b   Meine Wünsche spielen doch ohnehin keine Rolle.

c   Das ist mir egal. Wenn ich tot bin und es keines gibt, dann werde ich darüber auch nicht traurig sein. Gibt es eines, so kann ich mich dann noch früh genug darüber ärgern oder freuen.

d   Ja, natürlich wünsche ich mir das. Und natürlich stelle ich es mir paradiesisch vor: den ganzen Tag Lieblingsspeisen, gute Musik und Beisammensein mit allen meinen Freunden.

e   Ja, ich wünsche mir das sehr. Es müsste auch nicht paradiesisch sein. Ich kann und will mir nicht vorstellen, einfach tot zu sein.

f Nein. Ich bedaure Menschen sogar, die sich so etwas wünschen. Der Begriff ›Leben nach dem Tod‹ ist nichts anderes als eine Erfindung von Leuten, die davon profitieren, dass andere an eben dieses Leben glauben – ein Bauerntrick.

g Ich glaube, dass es neben unserer materiellen Welt noch eine andere gibt, eine spirituelle von mir aus, oder eine geistige – der Name ist eigentlich egal. In diese Welt wird meine Seele übersiedeln nach meinem Tod. Dort werde ich weiterleben.

Jenseits 12

Sie sind in einem religiösen Haushalt aufgewachsen. Im Lauf der Zeit bekommen Sie Zweifel an den scheinbar unumstößlichen Wahrheiten des Christentums. Sie fühlen sich dem Atheismus zugeneigt und treten schließlich aus der Kirche aus. Dann bekommen Sie ein Kind. Ihr Partner ist selbst religiös und wünscht sich sehr, dass ihr Kind getauft wird. Wie verhalten Sie sich?

a Ich stimme zu. Schließlich hat die Taufe mir und meiner Entwicklung auch nicht geschadet. Wenn die Taufe meinem Partner zudem auch noch ein wichtiges Anliegen ist, dann habe ich erst recht nichts dagegen. Der Einfluss der Kirche wird ohnehin überschätzt.

b Trotz gelegentlicher Zweifel bin ich immer religiös geblieben. Ein Weg aus der Kirche heraus kommt für mich überhaupt nicht in Frage. Deshalb bin ich überhaupt nicht aus der Kirche ausgetreten und werde es auch nicht tun. Selbstverständlich wird mein Kind getauft.

c Die Tatsache, ein Kind zu haben, verweist mich so sehr auf meine eigenen Wurzeln, dass ich einer Taufe bedenkenlos zustimmen kann. Ich habe das Gefühl, dass Taufen etwas Gutes ist, etwas, das ich meinem Kind zukommen lassen kann – unabhängig von meinem eigenen Denken.

d Ich werde dafür streiten, dass mein Kind nicht getauft wird. Ab einem gewissen Alter kann es dann selbst darüber entscheiden. Vorher möchte ich alles daran setzen, dass mein Kind auch ohne Berührung mit der Kirche ein guter Mensch wird. Ich möchte das vorleben, was mir wichtig ist, unabhängig von religiösen Praktiken. Weshalb sollte ich mein Kind durch eine ›Schule‹ schicken, von der ich selbst mich erst mühsam lösen musste?

e Die Kirche hat in meinen Augen die besten Bildungseinrichtungen. Um in deren Genuss kommen zu können, muss mein Kind getauft sein. Also lasse ich es taufen.

Sie sind fertig mit dem Themenblock ›Jenseits‹.
Ihre Diagnose finden Sie auf den nächsten Seiten.

Diagnose ›Jenseits‹

● **-17 bis -11**   Die Existenz Gottes ist für Sie nicht mehr als eine antiquierte Idee. Sie stehen auf einem stark atheistischen Standpunkt. Für Menschen, die das Gegenteil behaupten, haben Sie wenig Verständnis, und Sie vertreten Ihre Position mit einiger Vehemenz.
Atheismus – Naturalismus – Materialismus

● **-10 bis -4**   Sie vertreten einen gemäßigten Atheismus. Für eine Gottesvorstellung ist in Ihrem Weltbild also kaum noch Raum. Dennoch verstehen Sie, weshalb manche Menschen dieser Vorstellung zugeneigt sind, und Sie tolerieren dies auch. Persönlich sind Sie allerdings anderer Meinung.
Atheismus – Naturalismus – Materialismus

● **-3 bis 3**   Bezüglich des Glaubens an die Existenz einer göttlichen Macht sind Sie unentschieden, Sie hören tolerant die Argumente sowohl der Atheisten als auch der Theisten, geben aber keiner Seite den Vorzug. Ihre Position in dieser Frage ist also der Agnostizismus.
Atheismus/Agnostizismus – Theismus – Skeptizismus

● **4 bis 11**   Sie hegen Sympathie für die Idee einer übergeordneten Macht jenseits der menschlichen Sphäre. Sie haben also durchaus eine *theistische* Ader. Trotz der Einwände gegen die Existenz eines Gottes setzen Sie Vertrauen auf Ihren Glauben.
Theismus – Metaphysik – Transzendenz

● **12 bis 18**   Auch in unserer weitgehend säkularisierten Zeit liegt Ihnen viel an der Idee eines übergeordneten Wesens, eines Gottes. Ohne Gott als Bezugspunkt erschiene Ihnen das Leben leer und sinnlos, zumindest aber weniger sinnhaft. Auf die Aussicht auf ein Leben nach dem Tod möchten Sie ebenfalls nicht verzichten. Sie sind also deutlich theistisch eingestellt.
Theismus – Metaphysik – Transzendenz – Deontologie

▲ **-21 bis -15**   Sie geben Ihrem Intellekt ganz klar den Vorzug gegenüber einem spirituellen Zugang zu unserer Welt. Vielleicht gehen Sie sogar so weit zu sagen, eine Erfahrung, die sich nicht auf Begriffe bringen lässt, sei gar keine echte Erfahrung. Damit vertreten Sie deutlich eine rationalistische Position in dieser Frage.
Rationalismus – Kognitivismus – Idealismus – Aufklärung

In den meisten Fragen geben Sie Ihrem Intellekt den Vorzug vor spirituellen Erfahrungen. Sie sind auch nicht bereit, sich spirituellem Erleben unhinterfragt zu öffnen. In diesem Punkt nehmen Sie also einen gemäßigt intellektualistischen Standpunkt ein.
Rationalismus – Kognitivismus – Aufklärung

▲ **–14 bis –6**

Sie stehen sowohl dem intellektuellen als auch dem spirituellen Zugang zu unserer Welt offen gegenüber und akzeptieren beide als legitime Wege, sich in ihr zu orientieren.
Rationalismus – Kognitivismus – Metaphysik – Transzendenz

▲ **–5 bis 3**

In einigen Lebensbereichen neigen Sie dazu, der Spiritualität einen gewissen Platz einzuräumen. Der reine Intellekt scheint Ihnen manchmal nur eingeschränkt anwendbar zu sein. Eine gewisse Form spirituellen Erlebens halten Sie für notwendig, um die Welt vollständig erfahren zu können.
Metaphysik – Transzendenz – Irrationalismus

▲ **4 bis 11**

Das Spirituelle gehört für Sie in einigen Bereichen zum Leben dazu. Sie geben ihm wahrscheinlich auch in bestimmten Fragen den Vorzug gegenüber der bloß weltlichen Rationalität, mit der sich Ihrer Meinung nach nicht alle Ebenen unserer Wirklichkeit erfassen lassen.
Irrationalismus – Metaphysik – Transzendenz

▲ **12 bis 17**

Jegliche Idee eines Jenseits – einer Welt hinter oder nach der Welt – ist für Sie völlig abwegig. Menschen, die auf diese Vorstellung bauen, halten Sie für naiv. Ihre Überzeugung, dass diese Welt die erste und einzige ist, in der wir leben werden, und dass wir mit dem Tod einfach erlöschen und für immer verschwinden, ist stark naturalistisch.
Naturalismus – Materialismus – Monismus

■ **–21 bis –14**

Es erscheint Ihnen unwahrscheinlich, dass es neben der jetzigen, diesseitigen Welt eine andere, jenseitige Welt geben könnte. Wahrscheinlich halten Sie eine solche Vorstellung für einen alten, beruhigenden Mythos, der mit dem Siegeszug der modernen Wissenschaft unhaltbar geworden ist. Damit vertreten Sie einen gemäßigt naturalistischen Standpunkt.
Naturalismus – Materialismus – Monismus

■ **–13 bis –5**

■ **−4 bis 5**   Ob es eine weitere Welt neben oder nach der jetzigen gibt, ist für Sie eine offene Frage. In Bezug auf ein mögliches Jenseits sind Sie also agnostisch eingestellt.
Skeptizismus – Agnostizismus – Naturalismus

■ **6 bis 14**   Der Vorstellung einer Welt nach der jetzigen sind Sie nicht abgeneigt. Auch wenn Sie sich über deren Form vielleicht nicht sicher sind, ein Leben nach dem Tod erscheint Ihnen sehr wünschenswert. Damit vertreten Sie eine gemäßigt metaphysische Position.
Metaphysik – Dualismus – Transzendenz

■ **15 bis 21**   Die Vorstellung, unsere jetzige Welt könnte die erste und einzige sein, in der wir je leben werden, sagt Ihnen in keiner Weise zu. Möglicherweise haben Sie sogar konkrete Vorstellungen davon, wie eine Welt nach der jetzigen aussehen könnte. Sie nehmen damit in dieser Frage eine stark metaphysische Position ein.
Metaphysik – Dualismus – Transzendenz

◆ **−19 bis −13**   Ohne die Welt des Geistes miteinzubeziehen, erscheint Ihnen das Verständnis unseres Daseins unmöglich. Geist und Bewusstsein sind für Sie mehr als bloße Gehirnfunktionen. Beide zeichnen den Menschen in Ihren Augen sogar vor anderen Lebewesen aus, beide können allein mit den Mitteln der empirischen Wissenschaften nicht vollständig beschrieben werden.
Dualismus – Metaphysik – Rationalismus – Idealismus

◆ **−12 bis −5**   Es erscheint Ihnen nur schwer möglich, den Menschen vollständig zu verstehen, wenn man dabei keinerlei Bezug auf eine von physikalischen Gegebenheiten unabhängige geistige Ebene nimmt. Die bisherigen Versuche, Bewusstsein und Geist über die Funktionsweise des Gehirns zu erklären, greifen Ihnen wahrscheinlich zu kurz.
Dualismus – Metaphysik – Rationalismus – Idealismus

◆ **−4 bis 4**   Ob Geist und Materie nur zwei Seiten einer Medaille sind oder ob es zu ihrem Verständnis tatsächlich zweier unabhängiger Ebenen bedarf, ist für Sie eine offene Frage. Wahrscheinlich halten Sie beide Ansätze für problematisch und mögen sich deshalb nicht festlegen.
Monismus – Dualismus – Skeptizismus

Auch wenn Sie eine Schwierigkeit darin sehen, die Phänomene ›Geist‹ und ›Bewusstsein‹ allein aus der physikalischen Beschreibung unserer Wirklichkeit heraus zu erklären, so sind Sie wahrscheinlich doch überzeugt, dass dies prinzipiell möglich ist und auch irgendwann geleistet werden wird.

◆ **5 bis 12**

Monismus – Naturalismus – Materialismus

In Ihren Augen gibt es nur eine Welt, und zwar die physikalische Welt, in der wir leben. Eine darüber hinausgehende ›Welt des Geistigen‹ oder ›der Seele‹ halten Sie wahrscheinlich für ein veraltetes Konstrukt aus der Zeit vor der Einsicht, dass das Denken im Gehirn stattfindet und fest an neuronale Voraussetzungen gebunden ist.

◆ **13 bis 20**

Monismus – Naturalismus – Materialismus

Sinn

Sinn 1

Wenn Ihnen jemand sagte, Sie seien nichts anderes als ein Kohlenstoff-haufen auf einem netten Planeten am Rande einer eher durchschnitt-lichen Spiralgalaxie inmitten eines mit Milliarden von Galaxien ange-fülltem Universums – was würden Sie antworten?

a Was willst du mir damit sagen? Dass ich nichts bin?

b Ich würde ihm entgegen: »Das stimmt. Aber was soll daraus folgen? Dass gar nichts mehr einen Wert hat? Vielleicht leben wir tatsächlich an irgendeiner Ecke im Universum. Aber die Erde ist schon ein beson-derer Platz. Das ersieht man an dem bloßen Faktum, dass wir leben.«

c So ist es. Glück gehabt.

d Physikalisch betrachtet ist die Erde kein besonderer Ort im Uni-versum. Aber die Erde ist der einzige belebte Planet. Das ist wirklich einmalig. Diesen Schatz gilt es zu bewahren. Das ist meine Aufgabe.

e Dass die Erde belebt und sogar von Menschen belebt ist, kann kein Zufall sein. Warum ist der Rest des Universums so trist, leer und kalt? Dafür gibt es einen Grund, und der hat auch dafür gesorgt, dass es auf der Erde Leben, Menschen und schließlich mich gibt. Diesen Grund muss ich suchen.

Sinn 2

Gibt es einen Sinn des Lebens?

a Ich hoffe, dass es so ist, und ich suche ihn.

b Der Sinn des Lebens ist es, einen Zustand zu erreichen, in dem man nicht mehr nach ihm fragt, wie zum Beispiel in Momenten großen Glücks oder tiefer Ruhe.

c Ich denke, diese Frage ist nicht zu beantworten.

d Sinn ist das, was ich meinem Leben als Sinn gebe. Bei der Wahl bin ich frei.

e Die Frage nach dem Sinn ist Unsinn!

f Nein.

g Der Sinn meines Lebens sind meine Kinder.

h Der Sinn des Lebens ist die Liebe. Eine Welt ohne Liebe wäre eine kalte Welt, eine Welt, die wirklich niemand braucht. Und solange es Liebe in der Welt gibt, so lange ist sie nicht vergeblich.

i Mein Leben hat dann einen Sinn, wenn ich in eine große Aufgabe eingebettet bin, zu deren Bewältigung mein Leben – richtig gelebt – einen kleinen Beitrag leistet. Es gibt diese große Aufgabe.

j Ich will Spuren hinterlassen, von denen man später auch noch spricht. Nicht so wie mein Urgroßvater, der nichts zurückgelassen hat als meine Urgroßmutter und meinen Großvater. Und auch die sind schon verstorben.

Sinn 3

Samstagabend. Sie treffen einen guten Freund auf ein Bier in Ihrer Lieblingskneipe. Ihr Freund erscheint Ihnen angeschlagen. Auf Nachfrage gesteht er Ihnen seine Sorge: »Es ist doch alles sinnlos! Die Dinosaurier sind ausgestorben und heute höchstens noch für Paläontologen und Kinder interessant. Genauso werden wir aussterben. Nichts von dem, was wir – geschweige denn ich – Zeit unseres Lebens tun, wird in einer Million Jahren noch Bedeutung haben. Wozu also das alles hier?« – Was entgegnen Sie ihm?

a Das Hinterfragen bringt dich nicht weiter. Halte es lieber mit Oliver Kahn: »Weitermachen, immer weitermachen! Niemals aufgeben!« Eine andere Wahl haben wir da nicht.

b Es ist nicht entscheidend, ob etwas allgemeine oder übergeordnete Bedeutung hat. In unserem Leben sind allein wir das Maß aller Dinge. Sinnlos ist das Leben nur, wenn wir es als sinnlos bewerten.

c Es ist noch viel schlimmer. Die Welt ist absurd, alles ist einerlei. Aufstehen, arbeiten, essen, arbeiten, essen, fernsehen, schlafen. Dann das Ganze wieder von vorn. Wenn man zu lange darüber nachdenkt,

 dann ist es zum Verzweifeln. Es gibt einfach überhaupt nichts, was zu irgendeinem Zeitpunkt Bedeutung hätte.

d Das Leben ist nicht sinnlos! Manchmal können wir den Sinn vielleicht nicht sehen, denn wir sind ja nur kleine Rädchen im Getriebe.  Eine Ameise wird auch nie eine vollständige Perspektive auf den Ameisenhaufen gewinnen. Mit uns ist das genauso.

e Freu dich doch! Mit dem Sinn fällt auch jede Last von dir ab. Du  kannst tun, was du willst.

Sinn 4

»Weil Sterben auch Leben ist«, so lautet der Leitgedanke der Deutschen Hospiz Stiftung. Mit dieser Formulierung soll dem Sterben ein Sinn zugesprochen werden. Stimmen Sie einem solchen Ansinnen zu?

a Für sich genommen ist das Sterben nicht sinnhaft, aber man kann es sinnhaft gestalten: durch Zurückblicken und Ordnen, durch Zusammensein mit geliebten Personen, durch das bewusste Genießen von  Augenblicken – als Abschied vom Leben.

b Sterben gehört zum Leben, das versteht sich von selbst. Sinn hat es deshalb aber noch lange nicht, denn mit meinem Leben endet alles, was für mich überhaupt Sinn haben kann. Die Tatsache, dass ich sterbe,  zeigt mir nur einmal mehr die Sinnlosigkeit des ganzen Daseins auf.

c Sterben gehört zum Leben, das versteht sich von selbst. Sinn hat es deshalb aber noch lange nicht. Mein Leben hat gewiss Sinn, mein Sterben dagegen ganz bestimmt nicht. Schließlich beendet es mein Leben.

d Dem Sterben und sogar dem Leiden im Sterben Sinn zuzusprechen, ist eine sehr seltsame Vorstellung. Zwar wird sie von vielen Menschen geteilt, letztlich ist sie aber nur eine feige Ausflucht, um sich der Wirklichkeit nicht stellen zu müssen. Stattdessen versuchen diese Menschen, ihren Schmerz in grenzenloser Demut zu ertränken.

e Gott hat das diesseitige Leben so eingerichtet, dass es endlich ist. Das Sterben ist dessen gottgewollte Endphase. Selbst wenn wir das Sterben nur schwer ertragen können, kann sich genau in dieser Prüfung unsere Stärke zeigen.

Sinn 5

Heutzutage hört man oft, jeder müsse seinem Leben selbst und immer wieder aufs Neue einen Sinn geben. Ist das so?

a Nein. Es gibt einen Sinn des Lebens. Die gegenwärtige Beliebigkeit in der Sinngebung zeigt nur, dass die Menschen fälschlicherweise die Suche nach dem wahren Sinn aufgegeben haben. Das ist schädlich für den Einzelnen und die Gesellschaft. Wir müssen alles daran setzen, den eigentlichen Sinn des Lebens zu erkennen, denn er ist verbindlich für alle.

b Das soll jeder halten wie er mag. Wenn es einen Sinn des Lebens gibt, so scheint er mir nicht erkennbar zu sein. Über die Jahrtausende wurden unzählige Vorschläge gemacht, und es ist nichts dabei herausgekommen. Wir tun also gut daran, einfach möglichst fröhlich zu leben.

c Diese ganze Sinnfragerei ist völlig verfehlt, überflüssige Selbstquälerei! Es gibt keinen Sinn in unserem Leben, und das gilt es auszuhalten!

d Der Satz ist völlig zutreffend. Der Mensch ist ein sinnverwiesenes Wesen, er kann also ohne Sinn nicht existieren. Folglich muss er sich Sinn-Ressourcen erschließen. Da ein allgemeinverbindlicher Lebenssinn nicht vorhanden ist, kann er sich selbst einen erwählen.

e Nein. Der Sinn des Lebens ist es, stark im Glauben zu sein und mit Gott zu leben. Wem das nicht aufgegangen ist, der kann nur den Irrlichtern folgen.

Sinn 6

Es hat in der Geschichte immer wieder Versuche gegeben, den Geschicken der Menschheit einen letztgültigen Sinn zu geben. So wollte man den wahren Gott lehren oder die globale Herrschaft des Proletariats errichten. Was halten Sie von diesen Versuchen?

a Der Ansatz war richtig, die Ziele aber falsch. Deshalb mussten diese Unternehmungen scheitern. Es bleibt zu hoffen, dass es in Zukunft gelingt, der Menschheit zu ihrer Bestimmung zu verhelfen.

b Solche Versuche sind immer Ideologien einer Gruppe von macht-besessenen Menschen, um andere Menschen zu unterjochen. Es ist ein Glück, dass sich mittlerweile Freiheit und Meinungsvielfalt als einzige Menschheitsziele immer stärker durchsetzen.

c Es ist ein Jammer, dass es nie gelungen ist, die Menschheit unter ein gemeinsames Ziel zu vereinen. Die heutige Pseudofreiheit führt in unser aller Untergang, weil jeder macht, was er will.

d Die Welt mit ihren Versuchungen hat die Menschheit vom rechten Pfad abgebracht. Je schneller wir dahin zurückfinden, desto besser.

Sinn 7

Was ist Ihrer Meinung nach die beste sinngebende Instanz für Ihr Leben?

a Gott.

b Der Konsens möglichst vieler Menschen.

c Die Natur.

d Ich.

e Nichts und niemand.

f Die Liebe.

Sinn 8

»Wo komme ich her?«
Ist es wichtig für Sie, auf diese Frage eine Antwort zu haben?

a Nein. Denn ich werde nie eine abschließende Antwort auf diese Frage finden können.

b Nein. Ich halte es da eher mit Monty Python: Ich komme aus dem Nichts und ich gehe ins Nichts. Ich habe also eine Antwort auf die ge-stellte Frage, aber diese Antwort ist siche alles andere als ›besonders wertvoll‹.

c Ja. Denn wenn ich nicht weiß, woher ich komme, dann weiß ich auch nicht, wer ich bin und wohin ich gehe. Zukunft braucht Herkunft.

d Nein. Selbst wenn ich eine hätte, würde das kein einziges lebensweltliches Problem lösen.

e Ja. Ich möchte sogar mehr. Ich will, dass die Antwort mich zufrieden macht.

Sinn 9

Was wäre, wenn die Welt sinnlos wäre?

a Alles wäre sinnlos. Einfach alles. Auch jede einzelne meiner Anstrengungen. Meine Existenz wäre genauso sinnlos wie die Existenz meiner Kinder. Es käme auf nichts mehr an.

b Das Schöne an der Welt ist, dass sie sinnlos ist. Da kann ich machen, was ich will, denn niemand schreibt mir etwas vor.

c Es befreit. Die Abwesenheit eines fremdbestimmten Sinns macht mich frei für politisches Handeln. Dadurch begreife ich, dass ich es bin, der für die Gestaltung der Welt mitverantwortlich ist. Die Abwesenheit von Sinn macht mich frei zur Übernahme von Verantwortung.

d Kein schöner Gedanke. Ich bin mir zwar nicht sicher, was genau der Sinn ist, aber es wäre schade, wenn es einen solchen Sinn nicht gäbe. Das würde alles entwerten.

e Alles in der Welt hat seinen Sinn. Ich glaube deshalb, dass die Frage falsch gestellt ist. Für mich muss die Frage nicht lauten »Was wäre, wenn es keinen Sinn gäbe?«, sondern »Was wäre, wenn ich keinen Sinn erkenne?« Und darauf lautet die Antwort: nichts. Das ist der Zustand, in dem ich mich oft befinde.

Sinn 10

Sinnangebote gibt es viele. Welches kommt Ihrer Vorstellung von einem sinnvollen Leben besonders nah?

● ⧫ ◀◀ ◆   **a** Familie haben, Freunde treffen, Freizeit genießen.

● ▲ ◀◀ ◆   **b** Karriere machen, erfolgreich sein.

⧫ ▲ ■ ◆   **c** Mich weiterbilden und lernen. Herausfinden, wer ich bin.

◀ ⧫ ◀◀ ◆   **d** Glücklich sein.

● ▲ ■ ◆   **e** Andere glücklich machen.

▶ ▲ ▶▶ ◆   **f** Einer höheren Sache dienen.

◀ ⧫ ◀◀ ◈   **g** Einfach nur leben.

▶ ▲ ▶ ◆   **h** Meine Aufgabe finden und sie gut ausfüllen.

● ▲ ◀ ◆   **i** Ich möchte mich einfügen.

Sinn 11

Was ist Schicksal für Sie?

▶ ▲ ▶ ◆   **a** Weiß nicht. Es ist jedenfalls mehr als naturgesetzliche Bestimmung.

● ⧫ ▶▶ ◈   **b** Das, was für einen Menschen als Lebensweg vorgesehen ist.

◀ ▲ ◀ ◆   **c** Der Lebensweg eines Menschen, von seiner Geburt bis zu seinem Tod. Ist der Mensch gestorben, dann hat sich sein Schicksal vollendet.

▶ ⧫ ◀ ◆   **d** Das Faktum, dass ich sterben muss; die Unentrinnbarkeit des Todes.

◈ ⧫ ◀◀ ◈   **e** Schicksal gibt es nicht. Wenn überhaupt, dann gibt es Lebensläufe. Mehr nicht.

▶ ▶▶ ◀◀ ◈   **f** Die Vergeblichkeit jeder menschlichen Anstrengung.

Sinn 12

Wie reagieren Sie auf Situationen, in denen Sie die Dinge nicht ändern können?

a Mit dem Gefühl der Ohnmacht. ❯▲◀◆

b Ich füge mich und versuche zu lächeln. Ich habe ja keine Wahl. ◀▲◀◆

c Mich überfällt der Gedanke des Absurden. Meine Wünsche an die Welt sind groß, aber die Welt ist meinen Wünschen gegenüber gleichgültig. Ich wünsche mir dann, dass ich keine solchen Wünsche hätte. ❯❯▲◀◀◆

d Ich werde aggressiv und verfluche mein Dasein. ●▲◀◆

e Ich denke, dass alles schon seinen Sinn haben wird, und versuche, mich damit abzufinden. ●▲▶◆

f Ich sage mir, dass auch wieder bessere Zeiten kommen werden. Mein Optimismus ist unzerstörbar. ◀«◀◆

g Mit Angst. ❯▲■◆

Sie sind fertig mit dem Themenblock ›Sinn‹.
Ihre Diagnose finden Sie auf den nächsten Seiten.

Diagnose ›Sinn‹

● **−19 bis −13** Die Frage nach dem Sinn stellen Sie nicht oder nicht mehr. Probleme, welche die Welt betreffen, finden Sie durch die Naturwissenschaften beantwortet. Darüber hinaus bleiben lediglich Detailfragen offen, deren Klärung Sie für möglich und wahrscheinlich halten. Ständigen Grüblern und Zweiflern stehen Sie irritiert bis genervt gegenüber – schließlich gibt es wichtigere Dinge, mit denen man sich beschäftigen kann, als die regelmäßige Selbstbespiegelung.
Naturalismus – Materialismus

● **−12 bis −5** »Ohne Sinn und trotzdem glücklich?« Eine Frage, die Sie für sich mit einem klaren ›Ja‹ beantworten können. Das geht sogar so weit, dass Sie eigentlich schon die Frage als unberechtigt empfinden und beinahe irritiert sind, dass so viele Menschen in ›Sinn-Krisen‹ stecken. Sie nämlich stehen mit beiden Füßen fest in einer Welt, die genau das ist, was der Fall ist. Was sollte es da also noch zu grübeln geben?
Naturalismus – Materialismus

● **−4 bis 2** Vermutlich sind Sie einer der beiden nachfolgenden Typen:
a) Die Erkenntnisse der modernen Naturwissenschaften sind nicht spurlos an Ihrer Weltsicht vorübergezogen. Seither stecken Sie möglicherweise in einer manifesten Sinnkrise. Denn nur weil die Welt gewisse Dinge, nach denen Sie suchen, nicht bereitstellt, sind Sie noch lange nicht bereit, von Ihren Ansprüchen an die Welt zurückzutreten. Häufig quält Sie folgende Not: Nichts birgt in sich einen Sinn, den Sie erkennen könnten, und damit ist nichts von dauerhaftem Bestand.
Naturalismus – Metaphysik – Nihilismus
b) Die Erkenntnisse der modernen Naturwissenschaften werden von Ihnen durchaus wahrgenommen und möglicherweise auch geschätzt. Dass daraus jedoch weltanschauliche Konsequenzen gezogen werden müssten, ist eine Auffassung, die Sie überhaupt nicht teilen können. Weshalb sollten Sie auch im Zuge des Fortschritts der Wissenschaften Ihre Sinnansprüche hinterfragen? Sinnfragen sind für Sie Glaubensfragen. Und weil Glaube für Sie hier im positiven Sinn nicht Wissen ist, kann er durch einen wissenschaftlichen Weltzugang auch nicht erschüttert werden.
Theismus – Transzendenz – Metaphysik

Der Sinn, nach dem Sie möglicherweise lange gesucht haben, ist, wie Sie bedauernd feststellen mussten, nicht in der Welt selbst zu finden. Dennoch möchten Sie nicht darauf verzichten. Deshalb suchen Sie ihn nun in sich selbst. Sinnstiftend können erfüllende Arbeit sein, Beziehungen, Familie, Kinder und letztlich auch der Wunsch, einfach ein gutes Leben zu führen. Die Möglichkeiten sind vielgestaltig, wenn man sie erstmal erkannt hat.

Existentialismus – Materialismus – Hedonismus

● **3 bis 9**

Möglicherweise war der Weg bis hierher lang und beschwerlich – vielleicht haben Sie es auch niemals anders kennen gelernt: Nicht die Welt selbst erscheint Ihnen absurd, sondern das Stellen von Ansprüchen an die Welt. Sie sehen nicht, weshalb Sie auf Sinn verzichten müssten, nur weil die Welt keinen bereitstellt. In Ihrem Leben sind Sie es, der Sinn gibt. Das empfinden Sie mittlerweile sogar als besser als einen allgemeinen ›Sinn des Lebens‹ oder einen ›Sinn der Welt‹. Sie sind schließlich nicht darauf angewiesen zu nehmen, was Sie kriegen können, sondern Sie können Ihren Sinn selbst setzen. Das ist Freiheit. Und die würden Sie auch nicht mehr freiwillig tauschen.

Existentialismus – Materialismus

● **10 bis 15**

An der Welt zu verzweifeln ist eine Gefahr, von der Sie weit entfernt sind. Sie gehen in Bezug auf Sinnfragen gelassen durch die Welt, und das kann zwei Gründe haben:

1. Sie haben für sich Sinn und das Fragen danach abgeschafft und kommen hervorragend zurecht, weil Sinnfreiheit für Sie auch ›Befreiung‹ bedeutet.

2. Sie haben den Sinn gefunden – in der Welt oder auch außerhalb. Deshalb sind Sie gelassen.

Pragmatismus – Naturalismus – Theismus

▲ **−20 bis −14**

Eine sinnfreie Welt ist in Ihren Augen zwar nicht unbedingt eine besonders schöne oder wünschenswerte Welt. Auf Ihr persönliches Lebensgefühl hat das aber dennoch keine allzu großen Auswirkungen. Das Leben ist eben kein Wunschkonzert, da nimmt man lieber, was man kriegen kann. Und schließlich gibt es viele und wichtigere Dinge zu tun als zu grübeln.

Pragmatismus – Naturalismus

▲ **−13 bis −5**

▲ **−4 bis 4** Sie verzweifeln zwar nicht an einem Leben, das möglicherweise keinen Sinn für Sie bereithält. Aber fröhlich stimmt Sie das auch nicht gerade. In jedem Fall ist Ihnen der Zweifel ein vertrauter Begleiter.
Skeptizismus

▲ **5 bis 12** Wenn es nichts von dem gibt, woran Sie einmal geglaubt haben, kein Ziel, keinen Sinn, keinen Gott und erst recht nicht die Welt als Ganzes – dann stellt sich für Sie die quälende Frage: Wozu das alles? Sich einen Sinn nur innerhalb einer solchen sinnlosen Welt selbst zu setzen, ist Ihnen viel zu wenig.
Nihilismus – Metaphysik – Atheismus

▲ **13 bis 20** Wenn nichts ewig ist und es dabei noch nicht mal einen Sinn gibt, dann bedeutet alles nichts. Sie leiden an der Welt, wie sie ist, und können nicht umhin, alles nach Kriterien wie ›Sinn‹ und ›Ewigkeit‹ zu beleuchten. Die Bewertung fällt schlecht aus – und Ihre Wut, Traurigkeit oder Resignation nimmt stetig zu.
Nihilismus – Metaphysik – Atheismus

■ **−21 bis −15** Der Sinn ist keine Eigenschaft der Welt und es gibt auch keine Unter-, Über- oder Hinterwelt, die eine Sinnstiftungsaufgabe übernehmen könnte. So viel ist sicher für Sie. Selbst wenn Ihnen das manchmal vielleicht nicht gefällt – den Boden der Tatsachen verlassen Sie trotzdem nicht. ›Abfinden und Aushalten‹ oder ›Schönfinden und Selbstsetzen‹ sind mögliche Haltungen, die Sie in Bezug auf die Sinnfrage ausloten – sofern Sie überhaupt eine ›Sinnlücke‹ empfinden.
Naturalismus – Materialismus – Existentialismus

■ **−14 bis −6** Große Aufgaben, hehre Ziele und allumfassende Prinzipien sind nichts für Sie. Die Welt ist, wie sie ist – und wenn es überhaupt einen Sinn zu finden gibt, dann ist der irdischer Natur und eine Frage Ihrer Wünsche und Präferenzen, nicht eine Eigenschaft der Welt. Eigentlich ist Ihnen das ganze ›Sinngeschwafel‹ zu viel – schließlich gibt es wichtigere Dinge, um die man sich kümmern kann, ohne sie unter ein Prinzip zu stellen.
Naturalismus – Existentialismus

■ **−5 bis 4** Sie suchen immer wieder nach dem, was man eben den ›Sinn des Lebens‹ nennt. Die Möglichkeit allerdings, dass er vielleicht nichts Überirdisches ist, lässt Sie manchmal auch daran zweifeln, ob es den Sinn überhaupt gibt. Vermutlich haben Sie sich deshalb konkrete Ziele und

Aufgaben gesucht. Sie möchten zum Beispiel ›die Liebe‹ finden oder Sie möchten so stark wie möglich im Heute leben. Beides jedenfalls gehört zu den Dingen, die für Sie sicher und sinnvoll sein können – selbst wenn beides ganz und gar ›von dieser Welt‹ ist.

Existentialismus – Aufklärung

Wenn es einen Sinn gibt, dann muss er für Sie mehr sein als nur ein selbstgesetztes Ziel. Vielleicht zweifeln und suchen Sie immer wieder neu – klar ist in Ihren Augen jedoch, dass der Sinn in einem Prinzip zu finden ist, das größer ist als Sie selbst und vielleicht auch nicht ganz von dieser Welt.

■ **5 bis 13**

Transzendenz – Metaphysik

»Es gibt da so viel mehr als man sieht«, würden Sie möglicherweise antworten, wenn man Sie nach Ihrer Weltsicht fragte. Selbst wenn Sie hin und wieder nicht ganz sicher sein sollten, wie genau sich der Sinn nun fassen oder erklären lässt – dass es ihn gibt, daran hegen Sie keinen Zweifel. Außerdem verhält es sich mit den wirklich großen Dingen des Lebens eben nicht so, dass sie sich nach einer simplen Formel erklären lassen. Möglicherweise finden Sie Ihren Sinn im Glauben an Gott oder in einem höheren Prinzip. So viel jedoch ist sicher: Was Ihrem Leben Sinn gibt, übersteigt den Bereich des Irdischen.

■ **14 bis 21**

Transzendenz – Metaphysik – Theismus

Sinnfragen sind für Sie – sofern sie überhaupt eine Rolle spielen – keine Fragen der religiösen Orientierung. In dieser Hinsicht sind Sie absolut weltlich eingestellt und lehnen christliche oder religiöse Sinnvorstellungen allgemein ab. Vielleicht weil Sie dies als falschen Trost aus einer Haltung der Schwäche heraus betrachten, vielleicht weil Sie es einfach restromantisch und albern finden.

◆ **−21 bis −14**

Atheismus – Naturalismus – Materialismus

Bei so vielen Naturgesetzmäßigkeiten, die in der Welt Gültigkeit haben, bleibt für Sie kein Platz für Gott oder eine vergleichbare Sinngebungsinstanz. Sinnfragen beantworten Sie, ohne dabei Glaubensfragen aufzuwerfen. Obwohl Sie in einer christlich geprägten Kultur groß geworden sind, suchen Sie in der Religion keine Hilfe in Sinnangelegenheiten.

◆ **−13 bis −5**

Atheismus – Naturalismus – Materialismus

◆ **−4 bis 4**   Ihre tendenziell naturwissenschaftliche Orientierung hat auch in Sinnangelegenheiten Gültigkeit. Sie kennen daneben aber wahrscheinlich auch noch Erklärungsmodelle, die im Glauben an Gott eine Sinngebungsinstanz erkennen. Diesen Modellen stehen Sie auch nicht unbedingt ablehnend gegenüber.
Theismus – Aufklärung – Naturalismus

◆ **5 bis 12**   Sie würden es möglicherweise nicht so ausdrücken, aber ein großer Teil Ihrer Wert- und Sinnvorstellungen ist christlich geprägt. Diese Vorstellungen haben und behalten Sie gern. Eine naturwissenschaftliche Ausrichtung in anderen Bereichen steht für Sie mit dieser Haltung aber nicht im Widerspruch. Sinnfragen sind eben nichts, was die Naturwissenschaft befriedigend beantworten könnte.
Theismus – Aufklärung – Metaphysik

◆ **13 bis 20**   Wenn vielleicht auch nicht unbedingt religiöse Praxis, so sind es doch religiöse Wertvorstellungen, die in Ihrem Leben eine große Rolle spielen, Ihnen bei der Beantwortung von Sinnfragen eine große Stütze sind und Ihnen Zuversicht geben.
Eine tendenziell naturwissenschaftliche Ausrichtung in anderen Lebensbereichen steht für Sie mit dieser Haltung nicht im Widerspruch. Sinnfragen sind eben in erster Linie Glaubensfragen und damit nichts, was in den Zuständigkeitsbereich der Naturwissenschaften fällt. Glauben heißt nicht Wissen.
Theismus – Metaphysik – Aufklärung

Was kann ich wissen?

Kosmos

Weltwissen

Sprache

Kosmos

Kosmos 1

Im Universum gibt es neben den Sternen auch noch uns Menschen. Menschen sind Gebilde, die nicht einfach nur existieren wie Sternhaufen oder Karpfen, sondern die das Universum außerdem noch als Universum erkennen können. Welche Folgerungen ziehen Sie daraus?

a Das Universum will erkannt werden.

b Zufall. Die Existenz des Menschen ist rein zufällig, seine Erkenntnisfähigkeit zudem überschätzt. Außerdem wird es nicht immer Menschen geben.

c Die Natur hat es möglich gemacht, dass Menschen existieren. Offensichtlich sind deshalb die Naturkräfte und Naturkonstanten von eben der ›Bauweise‹, dass sie die Existenz erkennender Wesen erlauben. Das ist nicht selbstverständlich und hätte deshalb auch anders sein können.

d Die Natur strebt danach, erkennende Wesen hervorzubringen. Ich kann mir sonst nicht erklären, wie die Welt und unser Bild der Welt zueinander passen. Andernfalls könnten wir uns doch theoretisch die tollsten und farbigsten Bilder von der Welt machen, wie auf einem Drogentrip. Bilder, die nichts mit der Welt zu tun haben. Das tun wir aber nicht.

e Ich halte die Erde und unsere Stellung auf der Erde für privilegiert. Wir können das Universum als Universum erkennen. Davon können Karpfen und Sternhaufen noch nicht einmal träumen. Für dieses Privileg muss es einen Grund geben. Ich bin geneigt, unsere privilegierte Stellung einem Prinzip zuzuschreiben, das uns dieses Privileg verliehen hat. Ich nenne es ›Gott‹, andere nennen es ›Weltgrund‹.

f Ich schließe daraus: Die Existenz des Menschen ist ein Systemfehler. Wenn ein System etwas hervorbringt, das dieses System erkennt, und wenn dieses Etwas – wir Menschen – das System so sehr zum Nachteil zu verändern vermag, dass es das System gefährdet, dann kann etwas nicht richtig sein. Die Natur ist in dieser Hinsicht fehlerhaft.

Kosmos 2

Gibt es einen Anfang des Universums?

a Ja. Soweit wir wissen, ist es der Big Bang, aus dem die Galaxien und Sterne entstanden.

b Ja. Aber auch der Big Bang muss eine Ursache gehabt haben. Diese Ursache kann nicht innerhalb des Kosmos liegen, denn den gab es noch gar nicht. Folglich ist diese Ursache extra-kosmisch. Manche nennen diese Ursache ›transzendent‹, andere ›Gott‹. Das ist der Anfang des Universums.

c Weiß nicht. Man kann doch bei jedem Anfang fragen, was vor dem Anfang da war. Wenn also der Big Bang der Anfang des Universums ist, kann man fragen: Was war vorher? Und wenn man dann antwortet: »Gott«, kann man wieder fragen, was war vorher. Deshalb gibt es vermutlich keinen echten Anfang des Universums.

d Nein. Wenn es einen wirklichen Anfang gäbe, dann müsste der ja aus dem Nichts gekommen sein. Das kann ich mir nicht vorstellen. Deshalb nehme ich an, dass es dieses Universum wirklich erst seit dem Big Bang gibt. Aber irgendetwas anderes gab es schon immer. Auch vor dem Big Bang.

e Die Frage ist sinnlos. Man nimmt heutzutage doch an, dass erst mit dem Big Bang die Naturgesetze und die Zeit entstehen und damit auch erst die Möglichkeit für Wesen, welche die Frage nach einem Anfang überhaupt stellen können. Deshalb weiß ich nicht, was die Frage nach dem ›Davor‹ überhaupt bedeuten soll. Es gab ja keine Zeit davor, wie es die Frage voraussetzt.

f Wir Menschen können bei allem und jedem nach dem Anfang fragen, also auch nach dem Anfang des Anfangs. Dieses Immer-weiter-fragen-Können nimmt bisweilen bizarre Formen an, und die Fragen müssen dann nicht mehr unbedingt etwas mit der Welt zu tun haben. Deshalb kann ich die Frage nicht beantworten.

g Wenn es keinen Anfang hatte, wo kommt es denn her?

Kosmos 3

Warum gibt es überhaupt irgendetwas und nicht vielmehr nichts?

a Weiß nicht.

b So kann nur ein Philosoph fragen.

c Es ist einfach so. Der Mensch kann nicht für alles Gründe oder Ursachen angeben. Es gibt Fragen, auf die man keine Antwort bekommt. Diese hier ist so eine.

d Die Wege des Herrn sind unergründlich. Gott wollte, dass etwas existiert. Warum, das weiß nur er.

e In der Natur gibt es Vorgänge, die überhaupt keine Ursache haben. Vielleicht gibt es auch keine Ursache dafür, dass etwas existiert.

f Gott hat die Welt aus Liebe gemacht.

g Ich bin mir nicht sicher, ob das eine sinnvolle Frage ist.

Kosmos 4

Nietzsche schreibt in einem vielzitierten Werk über den kosmischen Wohnort des Menschen und sein Erkenntnisvermögen: »In irgend einem abgelegenen Winkel des in zahllosen Sonnensystemen flimmernd ausgegossenen Weltalls gab es einmal ein Gestirn, auf dem kluge Tiere das Erkennen erfanden. Es war die hochmütigste und verlogenste Minute der ›Weltgeschichte‹: aber doch nur eine Minute. Nach wenigen Atemzügen der Natur erstarrte das Gestirn, und die klugen Tiere mussten sterben.«

Beurteilen Sie die kosmische Situation des Menschen ähnlich lakonisch?

a Ja, ausnahmslos.

b Wir mögen zwar in einem abgelegenen Winkel leben, tatsächlich aber sind wir der einzige Planet, auf dem es Leben gibt. Deshalb sind wir ausgezeichnet. Nietzsche hatte unrecht.

c   Nietzsche hat ganz und gar unrecht. Insbesondere hat er mit seiner Auffassung von Erkenntnis unrecht. 2 und 2 ist vier, und der Satz des Pythagoras gilt in jedem rechtwinkligen Dreieck, auch dann, wenn alle Menschen tot sind. Und zwar auch in allen noch so abgelegenen Winkeln dieses Universums. Es war der Mensch, der das erkannte.

d   Auf eine gewisse Art hat Nietzsche ja recht, auf eine gewisse andere aber auch unrecht. Selbst wenn ich dem Universum ganz egal bin, so bin ich doch mir selbst nicht egal. Und selbst wenn manche Menschen die so genannte Erkenntnis zu fragwürdigen oder hochmütigen Dingen benutzen, so ist sie doch ein Weg, etwas über die Natur herauszubekommen.

Kosmos 5

Wenn Sie wählen könnten, auf welche Art und Weise sollte dann die Welt Ihrer Meinung nach stimmig begriffen werden?

a   Mit den Mitteln der Wissenschaft.

b   Sexuell.

c   Mit den Mitteln der Phantasie.

d   Musikalisch.

e   Mich interessiert nicht die Auffassung der Welt, mich interessiert die Welt.

f   So, dass es mit dem eigenen Weltbild am meisten übereinstimmt.

g   Mit den Mitteln der bildenden Künste.

Kosmos 6

Angenommen, man würde irgendwo im All Leben entdecken. Hätte das irgendwelche weltanschaulichen Konsequenzen für Sie?

a   Nein. Eigentlich erwarte ich sogar, dass es anderswo noch Leben gibt. Erst wenn man nachweislich nirgendwo im Universum Leben fände, würde ich das als Zeichen betrachten und mich fragen, was das über die Erde und über mich sagen soll.

b Es würde mich persönlich schon etwas stören. Aber größere weltanschauliche Konsequenzen? Ich glaube nicht.

c Vielleicht. Der Gedanke, dass wir auf einem ausgezeichneten Planeten leben (eben auf dem blauen), bekäme eine Schramme. Anderes Leben im All – das würde die Bedeutsamkeit der Existenz von Leben überhaupt nivellieren.

d Ich erkenne keinen Grund, warum Leben nur an einem Ort entstanden sein soll. Im Gegenteil. Alles spricht dafür, dass das an vielen Orten geschah. Die Natur ist in sich selbst fertil, also fruchtbar.

e Ich glaube schon. Es bedeutet etwas für mich, zu leben und kein Stein zu sein. Und es bedeutet auch etwas für mich, dass es nicht überall im Universum Leben gibt, sondern nur hier.

f Ich weide mich nicht gerade an der Vorstellung irdischer Exklusivität. Es hätte auch durchaus anderswo im Universum Leben geschaffen werden können. Sicher. Aber wenn die Erde einer unter unzähligen Planeten mit Leben wäre, dann fühlte ich mich weniger geborgen und vom Schöpfer weniger gewollt.

Kosmos 7

Ein Horrorjahr, es beginnt relativ harmlos: Ihre Pflanzen sind allesamt von Läusen befallen, und Sie bekommen die erwartete Beförderung nicht. Anfang Februar geht Ihr Auto kaputt, und Sie erhalten eine horrende Nachzahlungsforderung für Nebenkosten. Kurz darauf verstirbt einer Ihrer besten Freunde bei einem Unfall, Sie brechen sich bei der Beerdigung ein Bein, und wegen des komplizierten Bruchs müssen Sie einige Zeit im Krankenhaus verbringen. Ihr(e) Partner(in) kommt Sie regelmäßig besuchen und verliebt sich im Lauf der Besuche in einen der Krankenpfleger. Als Sie nach Wochen nach Hause kommen, liegt die Kündigung für Ihre Wohnung vor der Tür.
Sie setzen sich an den Tisch Ihrer Küche, gießen sich vielleicht einen Schnaps ein und holen tief Luft. Was denken Sie dabei?

a Das kann kein Zufall mehr sein. Die ganze Welt hat sich gegen mich verschworen – da muss ein Plan dahinter stecken!

b So viel Pech reicht mindestens für den Rest des Jahres und die folgenden zehn. Jetzt kann es nur noch besser werden!

c Ich habe Angst. Bisher dachte ich immer, dass Glück und Pech irgendwie einigermaßen gerecht verteilt werden, aber das kann nicht stimmen.

d Das hat alles einen Sinn. Möglicherweise hat da jemand Prüfungen für mich vorgesehen und noch einiges mit mir vor. Die Zeichen sagen mir deutlich, dass ich diese Stadt verlassen, mein Leben ändern und etwas ganz Neues anfangen muss.

e Mal sehen, was der morgige Tag an Überraschungen bereit hält.

Kosmos 8

Vielerorts ist ›Natur‹ ein Thema: Der Vertrieb von Bioprodukten boomt, die Zerstörung der Natur und ihr möglicher Schutz ist ein Politikum. Es gibt vermehrt Personen, die sich für ein bewusstes Leben in und mit der Natur entscheiden, und sei es nur im Urlaub. Wie stehen Sie zu dem, was hier als ›ursprüngliche Natur‹ so hoch bewertet wird?

a Ich liebe die Natur sehr. Die Plastikwelt mit ihren Ferienparks und Einkaufsmeilen kommt mir falsch vor. Ich würde mir wünschen, dass wir einen natürlicheren Umgang mit der Welt pflegen. Wir haben uns nämlich wirklich von dem entfremdet, was wir eigentlich sind. Mit dem Gedanken ›auszusteigen‹ sympathisiere ich sehr.

b Ich empfinde dieses Naturgerede als absolut albern. Schließlich sind wir Menschen in allem, was wir tun, Teil der Natur und können uns also nicht unnatürlich verhalten. Außerdem: Jeder, der schon einmal eine Sturmflut, einen Waldbrand oder auch nur ein schweres Gewitter in den Alpen erlebt hat, müsste seine romantische Naturvorstellung hinterfragen und erkennen, dass es in der Natur lange nicht so kuschelig zugeht, wie es einem so viele Kräuterteetrinker gern weismachen wollen.

c Auch wenn ich weiß, dass die Entwicklung unserer Gesellschaft im Prinzip keine unnatürliche sein kann, weil wir selbst Teil der Natur

 sind, bin ich mir sicher, dass alles besser hätte laufen können. Deshalb müssen wir alles daran setzen, dass es wieder besser wird.

d Der Punkt ist doch weniger, dass ›früher alles besser‹ und ›ursprünglicher‹ war, sondern vielmehr, dass die Ausbeutung der Umwelt und die Entfremdung des Menschen von der Natur uns mittlerweile in Probleme stürzt, die wir bald nicht mehr lösen können. Romantisierung hin oder her, die Ressourcen werden kleiner, das Ozonloch größer, und wie wir die Probleme mit dem Klimawandel lösen sollen, das weiß auch niemand so  richtig. Oberflächliches Gutmenschentum hilft da nicht weiter.

Kosmos 9

Stellen Sie sich vor, Sie seien in der Situation von Will Smith in ›I am Legend‹: Eine Virusepidemie hat die Weltbevölkerung ausgelöscht und die Menschen in Zombies verwandelt. Sie haben gute Gründe anzunehmen, dass Sie der letzte Mensch auf der Welt sind. Dennoch haben Sie die Hoffnung noch nicht ganz verloren, dass es weitere Menschen gibt und dass ein Mittel gegen die Viren gefunden werden kann. Seit langer Zeit schon leben Sie allein und forschen nach Heilungs- und Präventionsmöglichkeiten. Ihr letzter Freund, ein Hund, wurde infiziert, so dass Sie ihn töten mussten. Gelegentlich rücken Ihnen die Zombies mächtig zuleibe und Sie können nicht sicher sein, wie lange sich Ihre letzte Bastion, ein Hochsicherheits-Haus, noch halten lässt. Wie würden Sie in der Folge verfahren?

a Die Hoffnung stirbt zuletzt. Ich würde weiterforschen, bis ich ein Heilmittel finde, und mich dann auf die gefährliche Suche nach Überlebenden begeben. Schließlich liegt der Fortbestand der Menschheit in meiner Verantwortung. Ich würde alles in meiner Macht Stehende tun, selbst wenn ich einsam und traurig wäre und mir vielleicht sogar gelegentlich wünschte, auch schon tot zu sein. Meine Aufgabe jedoch ist 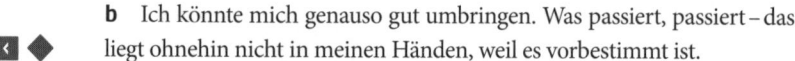 größer als ich selbst, deshalb ist es meine Pflicht weiterzumachen.

b Ich könnte mich genauso gut umbringen. Was passiert, passiert – das 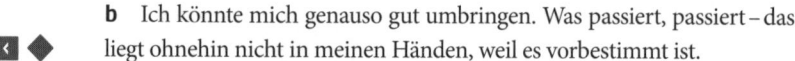 liegt ohnehin nicht in meinen Händen, weil es vorbestimmt ist.

c So etwas geht nur im Film gut aus. Ich denke, ich wäre irgendwann so mutlos und depressiv, dass ich aufgeben würde. Schließlich sprechen alle Wahrscheinlichkeiten gegen eine mögliche Rettung der Welt. Da  bräuchte ich gar nicht erst zu versuchen, den Helden zu spielen.

d Ich denke, wenn ich mich in so einer Situation wiederfinden würde, dann müsste ich einfach alles geben. Ein Überleben in einer solchen Hölle wäre ein Zeichen dafür, dass man auserwählt ist für Höheres. Diese Aufgabe würde ich annehmen, auch wenn ich dabei leiden müsste.

e Es liegt in der Natur des Menschen, überleben zu wollen. Genau das würde ich tun. Dafür würde ich auch alle Energie aufwenden – aber bestimmt nicht darauf, ein Heilmittel für eine Menschheit zu finden, die bereits als ausgelöscht betrachtet werdn kann. Ich würde versuchen, es mir selbst möglichst sicher und komfortabel einzurichten, und keine Gedanken an abstruse Heldentaten verschwenden.

Kosmos 10

Im ›Kreislauf der Natur‹ (geboren werden, sterben, zerfallen) stehen organische Stoffe wieder und wieder als Nährstoffe für neues Wachstum zur Verfügung. Man könnte sagen, nichts geht dabei wirklich verloren. Nach einer Zerstörung der Erde könnten Sie sich also als irgendwie geartete Materiekonfiguration auf einem fernen Stern wiederfinden. Was denken Sie bei dieser Vorstellung?

a Grauenhaft. Das hat nichts mehr mit mir zu tun. Ich bin schließlich mehr als eine ›irgendwie geartete Materiekonfiguration‹. Als ›Rest‹ gedanken- und ichlos irgendwo vorhanden zu sein und nicht einmal mehr sagen zu können, dass ich existiere, empfinde ich als absolut indiskutabel.

b Beruhigend. Alles nimmt seinen Lauf. Wenn ich in meiner jetzigen Form nicht mehr sein werde, dann eben in einer anderen. Und eines kann ich vorab wohl genau sagen: Es wird mich dann sicher nicht mehr interessieren.

c Es handelt sich dabei ja nur um die x-fache Transformation meiner materiellen Seite – über meine Seele sagt das noch nichts aus. Und die ist schließlich entscheidend.

d Mir gefällt die Vorstellung der durchgehenden Weiterverwendung organischer Stoffe so sehr, dass ich mich dabei als ein ›Teil des Weltganzen‹ fühle. An der Entwicklung der Welt und des Universums werde ich in gewisser Weise also immer teilhaben.

 **e** Das ist mir egal. Ich bin zu Ende, wenn ich tot bin.

Kosmos 11

Wie beurteilen Sie die Behauptung: »Das Ganze ist mehr als die Summe seiner Teile.«?

 **a** Das stimmt. Aber es ist nicht so, dass aus den Teilen etwas ganz Neues entsteht, auch wenn es auf den ersten Blick so scheint. Das Ganze ist nämlich immer aus seinen Teilen erklärbar.

 **b** Stimmt. Das Ganze ist aber nicht nur mehr, es lässt sich auch nicht aus seinen Teilen erklären. In diesem Sinne ist es völlig neu. Nur eine ganzheitliche Betrachtung kann hier zu echtem Verständnis führen.

 **c** Romantischer Unsinn. Genau wie in einem Puzzle wird das Ganze über die Summe seiner Teile bestimmt. Das ist alles.

 **d** Das ist richtig. Ein Auto ist auch nicht die Summe seiner Räder, seiner Antriebsteile und seiner Karosserie. Damit ein Auto ein Auto ist, müssen seine Teile geordnet und strukturiert ineinander greifen. Der Begriff ›Summe‹ gibt das aber nicht unbedingt her.

Kosmos 12

Führen Sie sich den Verlauf der Menschheitsgeschichte vor Augen. Kann man darin eine zielgerichtete Entwicklung entdecken?

 **a** Ja. Die Menschheit entwickelt sich in Richtung einer freien, demokratischen und immer besser aufgeklärten globalen Gesellschaft.

b Es ist das Ziel der Menschheit, eine gottgefällige Lebensform anzunehmen. Derzeit bin ich jedoch sehr pessimistisch, ob sie sich auf einem guten Weg dorthin befindet.

c Die Menschheitsgeschichte ist ein ständiges Werden und Vergehen. Gesellschaften und Kulturen entstehen, kämpfen um ihr Überleben und verschwinden wieder. Die einzige Konstante ist die ständige Veränderung.

d Es lässt sich im Rückblick eine recht allgemeine Entwicklungsrichtung zuschreiben. Die Menschen haben es im Lauf der Zeit immer besser geschafft, ihr Überleben zu sichern und sich die Härten des Lebens zu lindern. Ob das in Zukunft aber auch so sein wird, ist völlig ungewiss.

e Was passiert, passiert. Das ist alles. Hinter dem, was passiert, gibt es kein Ziel.

f Die Geschichte der Menschheit ist eine Verfallsgeschichte. Wir haben uns von der hohen Kultur der Griechen zu einer dekadenten und stumpfen Spaßgesellschaft entwickelt. Der Niedergang ist offensichtlich.

Sie sind fertig mit dem Themenblock ›Kosmos‹.
Ihre Diagnose finden Sie auf den nächsten Seiten.

Diagnose ›Kosmos‹

● **−21 bis −14**   Ohne metaphysische Erklärungen, die den Bereich der Naturwissenschaften überschreiten, scheint Ihnen unser Kosmos unverständlich zu sein. Sie legen Wert darauf, dass es mehr zwischen Urknall und Wärmetod gibt, als das bloße Funktionieren der ›Weltmaschine‹.
Metaphysik – Transzendenz – Irrationalismus

● **−13 bis −5**   Eine rein naturwissenschaftliche Sicht auf unseren Kosmos scheint Ihnen zu begrenzt zu sein. Metaphysische Erklärungen, die sich außerhalb dieser Grenze bewegen, beziehen Sie gern in Ihre Überlegungen mit ein.
Metaphysik – Transzendenz

● **−4 bis 4**   Ob letztlich die Natur alle unsere kosmologischen Fragen beantworten wird oder ob es nicht doch über die Natur hinausgehender Antworten bedarf, ist für Sie eine offene Frage.
Skeptizismus

● **5 bis 13**   Sie nehmen in kosmologischen Fragen eine gemäßigt naturalistische Haltung ein. Für Sie liefert die Natur die besten Antworten auf unsere Fragen. Alternativen Erklärungen stehen Sie zwar skeptisch gegenüber, Sie sind aber durchaus bereit, diese zu hören und kritisch zu prüfen.
Naturalismus – Realismus – Materialismus

● **14 bis 21**   In kosmologischen Fragen ist für Sie einzig und allein die Natur maßgebende Instanz, und diese wird durch die Naturwissenschaften beschrieben. Erklärungen, die sich außerhalb des Bereichs der Naturwissenschaften bewegen, halten Sie für bloße Spekulation, wenn nicht sogar für abwegigen Humbug. Damit vertreten Sie hier einen starken – vielleicht sogar dogmatischen – Naturalismus.
Naturalismus – Realismus – Materialismus – Monismus

▲ **−5 bis −2**   Sie sind skeptisch, ob die Rede von einer ›objektiven Realität‹ in allen Bereichen sinnvoll ist. Der Einfluss subjektiver Wahrnehmung auf unsere Beschreibung der Welt scheint Ihnen so stark zu sein, dass das Konzept der Unabhängigkeit von Denken und Welt fragwürdig wird. Damit nehmen Sie einen subjektivistischen Standpunkt ein.
Konstruktivismus – Idealismus – Rationalismus – Kognitivismus – Postmoderne

Sie scheinen sich nicht ganz sicher zu sein, ob unser Bild der Welt das Abbild einer objektiven Realität ist oder ob jeder die Welt ein Stück weit im Denken mitkonstruiert. Manchmal könnten Sie sogar soweit gehen, die Welt und die Erkenntnis der Welt aus einer skeptischen Warte zu betrachten.
Konstruktivismus – Kognitivismus – Skeptizismus

▲ −1 bis 3

Sie nehmen einen gemäßigt objektivistischen Standpunkt ein. Abgesehen von kleineren Verzerrungen durch menschliche Wahrnehmung, Perspektiven und Denkweisen scheint Ihnen die Realität eine objektiv erkennbare Gegebenheit zu sein.
Realismus – Naturalismus

▲ 4 bis 10

Die Realität ist für Sie fast komplett unabhängig von unserem Denken. Sie nehmen eine stark objektivistische Haltung ein. In erkenntnistheoretischer Hinsicht sind für Sie die realen Gegebenheiten das Maß aller Dinge, nicht der Mensch.
Realismus – Naturalismus

▲ 11 bis 17

Bei Ihnen hat eindeutig die Vernunft den Vorzug, wenn es darum geht, unsere Welt zu beschreiben und zu verstehen. Damit nehmen Sie eine deutlich rationalistische Haltung ein. Vernunft und Welt stehen bei Ihnen in so enger Wechselwirkung, dass Sie Schwierigkeiten haben mit der Antwort auf die Frage: Ist die reale Welt noch ein unabhängiges Korrektiv für das, was wir denken, oder bestimmt das Denken unser Weltbild so sehr, dass man gar nicht mehr von ›der realen Welt‹ sprechen kann?
Rationalismus – Idealismus – Konstruktivismus

■ −10 bis −7

Sie vertreten einen gemäßigten Rationalismus. Das heißt, Sie geben häufig dem Verstand und der theoretischen Betrachtung den Vorzug gegenüber der direkten Beobachtung der Welt. Natürlich ist Verstehen ohne Verstand unmöglich, aber können Sie sagen, ab wann eine vernünftige Theorie nur noch bloße Spekulation ist?
Rationalismus – Idealismus

■ −6 bis −3

Für Sie sind Beobachtung und Überlegung zu gleichen Teilen wichtig, um den Aufbau und die Funktionsweise unserer Welt zu verstehen. Die reine Beobachtung von Phänomenen ohne eine ausführliche theoretische Reflexion scheint Ihnen nicht zu genügen. Genauso sind Ihnen

■ −2 bis 2

solche Theorien zu spekulativ, die sich nicht an der Erfahrung überprüfen lassen.

Empirismus – Naturalismus – Rationalismus

■ 3 bis 7 Gegenüber erkenntnistheoretischen Fragen nehmen Sie eine gemäßigt empiristische Haltung ein. Sie geben also der direkten Beobachtung eher den Vorzug gegenüber theoretischen Ansätzen, wenn es darum geht, unsere Welt zu verstehen. Dabei sind Sie allerdings bereit, sich ein Stück weit auf rein theoretische Überlegungen einzulassen. Wie weit dürfen aber Ihrer Meinung nach Theorien den Bereich des direkt Beobachtbaren verlassen?

Empirismus – Naturalismus

■ 8 bis 12 Bei der Beantwortung kosmologischer Fragen zeigen Sie einen starken Hang zu empiristischen Antworten. Für Sie stehen also die genaue Beobachtung der Welt und das Sammeln von Fakten im Vordergrund. Theorien, die über die Beschreibung des direkt Beobachtbaren hinausgehen, erscheinen Ihnen schnell als zu spekulativ. Könnte es sein, dass Sie dabei übersehen, dass jede Beobachtung immer schon durch theoretische Annahmen beeinflusst ist?

Empirismus – Naturalismus

◆ –17 bis –11 Sie sind davon überzeugt, dass unsere Erkenntnisfähigkeit ausreicht, um die Welt in all ihren Facetten zu verstehen. Auch wenn wir noch ein Weilchen brauchen werden, um dieses Ziel zu erreichen – erreichbar scheint es Ihnen auf jeden Fall.

Aufklärung – Idealismus

◆ –10 bis –4 Sie sind vorsichtig optimistisch, was das Leistungsvermögen menschlicher Erkenntnis betrifft. Ob wir die Welt, in der wir leben, jemals vollständig verstehen können, bleibt für Sie eine offene Frage. Sie denken aber, dass wir sie zumindest so gut verstehen können, dass wir in ihr zurechtkommen (und vielleicht sogar noch ein Stückchen mehr).

Pragmatismus – Idealismus

◆ –3 bis 2 »Abwarten und Tee trinken!«, Das ist Ihre Devise, wenn Sie nach der Leistungsfähigkeit menschlicher Erkenntnis gefragt werden. Sie möchten sich da – vielleicht vorerst? – nicht festlegen.

Skeptizismus – Pragmatismus

Sie sind skeptisch, was die Erkenntnisfähigkeit des Menschen anbe- ◆ **3 bis 7**
langt. Unser Wissen um die Welt scheint Ihnen weitgehend vorläufig,
unsicher und unzulänglich. Sie hegen auch Zweifel, ob sich dieser Zustand ändern lässt. Es erscheint Ihnen durchaus möglich, dass wir für
alle Zeit unwissend bleiben.

Skeptizismus

Weltwissen

Weltwissen 1

Unter Ärzten kursiert das flapsig wirkende Bonmot: »Wer heilt, hat recht.« Ist aber dieses Bonmot vielleicht mehr als flapsig, und steckt in ihm möglicherweise mehr als ein Körnchen Wahrheit?

a Nein. Ich möchte nicht falsch verstanden werden. Heilungen sind besser als Nicht-Heilungen. Keine Frage. Aber ich glaube, es war Albert Einstein, der gesagt hat: Nichts ist so praktisch wie eine gute Theorie. Ich bestreite also nicht, dass man auf kurze Sicht mit irgendetwas Erfolg haben kann, mit Zureden, mit Handauflegen, von mir aus auch mit Iris-Diagnostik – auch wenn ich das für eine ganz schlechte Methode halte. Allein, ich meine, dass man mit einer guten und das heißt wahren Theorie die größeren Erfolge haben wird. Und deshalb ist das ärztliche Bonmot zwar löblich, aber nicht wahr. Deshalb muss es heißen: »Wer weiß, wird heilen. Und wer heilt, hat recht.« Also hat derjenige recht, der weiß.

b Es kommt überhaupt nicht darauf an, was wahr ist. Wissenschaft und Medizin dienen allein dem Wohl des Menschen; sie sind keine Dienerinnen der Wahrheit. Deshalb ist es einzig und allein wichtig, ob man das Ziel – das Wohl des Menschen – erreicht oder nicht. *Wie* man es erreicht, ist demgegenüber belanglos. Wenn ich durch Akupunktur oder durch das Lesen in Hühnerknochen von meinem Bauchspeicheldrüsenkrebs geheilt werde, dann sind beides einfach großartige Methoden.

c Der Wissenschaft als Ganzes, aber insbesondere der Medizin, ist nicht zu trauen. Die Mediziner haben sich so sehr der Wahrheit und der Schulmedizin verschrieben, dass sie darüber das Wohl des Patienten vergessen haben. Ich glaube gern, dass viele der schulmedizinischen Erkenntnisse wahr sind. Aber sie nutzen nichts, weil die Patienten Menschen sind und nicht einfach nur Körper, an denen man mit blanker Technik raffinierte Therapien vornehmen kann. Es kommt wesentlich darauf an, dass ein Arzt den erkrankten Menschen und sein Umfeld ganzheitlich begreift und nicht bloß seine biochemischen Vorgänge analysiert. Folglich gilt: Nur wer heilt, hat recht. Schulmedizinische Wahrheit ist nicht nur überflüssig, sondern hinderlich.

d Ich weiß nicht. Natürlich kann man nicht sagen: Wer heilt, hat unrecht. Insofern ist der Satz richtig. Mir scheint aber der Erfolg wenig
zu tun zu haben mit der Wahrheit. Die Geschichte der Wissenschaften
zeigt, dass man auch mit falschen Theorien sehr erfolgreich sein kann.
Ebenso kann man mit wahren Theorien überhaupt keinen Erfolg haben, zum Beispiel, weil man sie nicht richtig anzuwenden versteht.
Wenn man dies bedenkt, ist der Satz »Wer heilt, hat recht« nicht in
Gänze richtig.

e Es gibt keine Wahrheit, die nur im Singular steht und nicht im Plu-
ral. Will sagen: Wahrheit für sich gibt es nicht. Heilungen aber kann
man erreichen und feststellen. Deshalb ist der Satz »Wer heilt, hat
recht« natürlich richtig. Aber er sagt auch dann nichts über Wahrheit,
denn die gibt es ja nicht. Der Satz sollte deshalb richtigerweise lauten
»Wer heilt, ist ein guter Arzt.«

Weltwissen 2

Pippi Langstrumpfs Äußerung »Ich mach' mir die Welt, wiedewiedewie
sie mir gefällt« könnte man auch auf die Wahrnehmung anwenden. Alles, was überhaupt wahrgenommen wird, läuft durch den persönlichen
Filter der eigenen Wahrnehmungen, der ein Produkt der eigenen Geschichte, Sozialisation und Bewertung ist. Damit wird die Welt, die ich
wahrnehme, zu meinem Produkt.
Welcher der folgenden Positionen können Sie zustimmen?

a Astrid Lindgren hatte recht, Pippi Langstrumpf das sagen zu lassen. Schließlich ist meine Perspektive auf die Welt entscheidend dafür,
wie sie mir erscheint. Über diese Wahrnehmung hinaus kann ich selbst
dann nicht gelangen, wenn ich mich anstrenge. Es gibt keine objektive
Wirklichkeit.

b Pippis Anarchismus hat mit mir nichts, aber auch gar nichts zu tun.
Die Welt ist, wie sie eben ist. Sie ist das, was der Fall ist – unabhängig
davon, wie sie mir manchmal erscheinen mag.

c Ich gebe zu, dass die Welt, die ich wahrnehme, immer auch An-
teile von mir hat. Manchmal hat sie sogar sehr große Teile von mir.
Ich merke das oft daran, dass meine Perspektive stark verzerrt. Diese
Verzerrung kann ich aber üblicherweise im Gespräch oder auch durch
Zeitung- und Bücherlesen korrigieren. Ich glaube deshalb durchaus

daran, dass es eine objektive Wirklichkeit gibt. Ich kann sie nur nicht immer sehen. Pippi Langstrumpf ist eine schöne Geschichte – aber eben nur eine erfundene. Die Welt ist anders.

Weltwissen 3

Manche Philosophen behaupten, dass unser Wissen über die Welt zwar im Großen und Ganzen vorläufig und unsicher ist; gleichzeitig behaupten sie jedoch auch, die Welt sei mindestens teilweise erkennbar. Teilen Sie diese Meinung?

a Nicht alles ist erkennbar, natürlich. Ich weiß zum Beispiel nicht, wie blaues Licht unabhängig von meiner Wahrnehmung aussieht, es ist halt einfach blau für mich, aber wohl nicht an sich. Aber auf einer abstrakten Ebene kann ich die Strukturen der Welt erkennen, zum Beispiel die Bahnen unseres Planetensystems und die Wirkung der Gravitation auf eine Rakete, die ich zum Mond schieße. Die Kenntnis dieser Strukturen und deren abstrakte Beschreibung in der Mathematik ermöglichen es uns, zum Mond zu fliegen. Gerade bei den vielen erfolgreichen menschlichen Großprojekten ist es mir unerklärlich, wie sie hätten erfolgreich sein können, wenn die verwendeten Theorien nicht einige tatsächlich vorhandene Strukturen der Welt ›eingefangen‹ hätten.

b In Fragen der Erkenntnis schiebt sich zwischen die Menschen und die Welt immer die Sprache. Es gibt keine direkte nichtsprachliche Erkenntnis der Welt für den Menschen. Da aber für den Menschen die Grenzen seiner Sprache gleichzeitig die Grenzen seiner Welt sind, ist höchstens das für den Menschen erkennbar, was sprachlich gefasst werden kann. Da aber zugleich die Sprachen der Welt grundverschieden und vom Lebensumfeld der jeweiligen Menschen geprägt sind, gibt es so viele erkannte Welten, wie es Sprachwelten gibt. Eine gemeinsame Struktur dieser Sprachwelten gibt es nicht. Deshalb ist die Welt nicht objektiv erkennbar, auch nicht teilweise.

c Das Gehirn ist dasjenige menschliche Organ, das die so genannten Erkenntnisse bereitstellt. Dieses Gehirn arbeitet nun aber gar nicht mit der Welt oder mit Abbildern der Welt, sondern mit elektrischen Strömen. Es arbeitet vor sich hin und vor sich hin und vor sich hin, und so ist es ihm eigentlich egal, was da draußen passiert. Ich sehe nicht, wie die Strukturen der Welt in dieses Gehirn hineinkommen können, das nur mit Strömen arbeitet. Deshalb gibt es auch keine teilweise Erkenntnis der Welt, sondern höchstens Gehirne von dieser Art und Gehirne von jener Art.

d   Das Gehirn ist ein erfolgreiches Produkt der biologischen Evolution. Wir Menschen haben als Art nur deshalb überleben können, weil wir die Welt ›richtig‹ interpretiert haben, soweit es für unser Überleben notwendig war. Und das bedeutet auch, dass wir die Welt richtig erkannt haben. Folglich: Ja, die Welt ist teilweise erkennbar; der Mensch kann teilweise, vielleicht sogar in Gänze wissen, was die Welt im Innersten zusammenhält.

e   Ich weiß nicht, woher diese Philosophen ihren Optimismus beziehen. Erstens ist unser Wissen immer vorläufig und unsicher; zweitens: Wenn aber unser Wissen vorläufig und unsicher ist, woher kann ich denn dann wissen, dass ich die Welt in irgendeinem Teil teilweise erkannt habe? – Gar nicht, finde ich. Ich bin da jedenfalls skeptisch.

Weltwissen 4
Gibt es nach Ihrer Meinung Sätze über die Natur, die immer und überall zutreffen?

a   Ja. Naturgesetze sind zum Beispiel solche Sätze!

b   Ja. Es ist zwar prinzipiell möglich, solche Sätze zu finden und zu formulieren. Aber selbst wenn wir sie gefunden haben, werden wir nie sicher wissen, ob sie tatsächlich wahr sind. Denn wir können ihre Gültigkeit nicht in jedem Einzelfall überprüfen.

c   Das werden wir nie wissen! Wir brauchen solche Sätze aber auch nicht, um in unserer Welt gut zurechtzukommen.

d   Nein! Solche Sätze gibt es nicht. Dazu sind die Perspektiven, die wir Menschen auf die Natur haben, viel zu unterschiedlich. Was für mich notwendig wahr ist, muss für andere noch lange nicht stimmen.

Weltwissen 5
Meinen Sie, es lässt sich ein für alle Mal sagen, was Liebe ist oder was Geist oder was Intelligenz?

a Die Liebe ist als Phänomen so alt wie die Menschheit. Vielleicht verstehen nicht alle Menschen dasselbe unter ›Liebe‹, das mag richtig sein. Aber es verstehen auch nicht alle Menschen dasselbe unter dem Wort ›Buche‹ oder ›Knurrhahn‹. Doch ganz unabhängig von jedem Verständnis gibt es daneben auch noch tatsächliche Knurrhähne und Buchen, und über die kann jedenfalls ein Biologe genaue Aussagen treffen. Genauso ist es in Liebes- oder Geistesangelegenheiten. Deshalb lässt sich auch in diesem Sinne abschließend sagen, was Liebe oder was Geist ist.

b Ich weiß nicht. Ich habe den Eindruck, dass ein Christ und ein Rationalist und ein Atheist und ein Buddhist jeweils andere Eindrücke davon haben, was Geist oder was Seele ist. Ich glaube auch, dass es da keine Instanz geben kann, die ein für alle Mal entscheidet, was richtig ist.

c Wenn ein antiker Grieche über Geist redet, dann ist das etwas ganz anderes, als wenn ein moderner Europäer heute darüber redet. Wir wissen heute viel mehr, wir haben die Geistesgeschichte hinter uns, und wir haben die Aufklärung genossen. Deshalb können wir heute viel besser sagen, was unter den Begriffen zu verstehen ist. Ich weiß zwar nicht, ob wir schon den Stein der Weisen gefunden haben, aber ich kann mir vorstellen, dass man ihn irgendwann ein für alle Mal finden wird.

d Ein einzelner Mensch oder eine einzelner Wissenschaftler wird das sicherlich nie wissen können, denn es ist die Gesellschaft, die mehr oder weniger festlegt, was Liebe oder Geist ist. Die Gesellschaft macht diese Festlegung zum Beispiel durch die *Bravo* oder durch Filme, in denen sie unabsichtlich Beispiele für ›richtige Liebe‹ oder ›richtigen Geist‹ zeigt, predigt oder vorlebt. Da aber Gesellschaften immer im Wandel sind, wird man niemals endgültig sagen können, was ›Geist‹ oder was ›Liebe‹ ist. Das kann höchstens bei so einfachen Begriffen gelingen wie ›Wasser‹ und ›Elektronegativität‹, also bei Begriffen aus der Physik oder Chemie.

Weltwissen 6

Viele Wissenschaftler und auch viele Philosophen meinen, die empirischen Wissenschaften (Physik, Chemie, Biologie, Psychologie …) hätten bei der Erforschung der Welt einen privilegierten Zugang und seien deshalb anderen Wissensarten überlegen. Stimmen Sie dieser Behauptung zu?

a Ja sicher. Es ist doch ganz offensichtlich, dass es verschiedene Arten von Erkenntnissen gibt: solche, von denen man denkt, sie seien wahr, weil man von Kindesbeinen an sie gewöhnt ist; solche, von denen man denkt, sie seien wahr, weil man den Menschen traut, von denen man sie gehört hat; solche, von denen man denkt, sie seien wahr, weil man sie im Fernsehen gesehen hat; oder solche, von denen man denkt, sie seien wahr, weil man sie am eigenen Leib erfahren hat. Aber: Tatsächlich wahr müssen alle diese so genannten Erkenntnisse deshalb noch lange nicht sein. Nur in der Wissenschaft bemüht man sich, Unsicherheiten und persönliche Erfahrungen außen vor zu lassen. Deshalb sind die Erkenntnisse der Wissenschaften überpersönlich. Damit ist der wissenschaftliche Zugang ein privilegierter Zugang zu echtem, zu richtigem Wissen. Ja.

b Die empirischen Wissenschaften behaupten das Privileg des besonderen Zugangs doch nur, um vom Steuerzahler Mittel für Personalstellen zu bekommen. Das machen alle, die behaupten, sie seien einzigartig und überlegen. ›Chauvinismus‹ ist ein anderes Wort für den Glauben an die Überlegenheit der eigenen Gruppe. In diesem Sinne sind Wissenschaftler Chauvinisten. Und Wissenschaftlerinnen auch.

c Das kommt darauf an. Man muss sich klarmachen, dass die Welt der empirischen Wissenschaften nicht die ganze Welt ist, sondern nur ein Ausschnitt der Welt. Für diesen Ausschnitt mögen die Wissenschaften der beste Zugang sein. Für den Rest aber nicht. Die Wahrheit in einem Klavierstück von Claude Debussy oder einem Gedicht von Paul Celan kann die empirische Wissenschaft überhaupt nicht erfassen. Insofern hat die Wissenschaft zwar einen privilegierten Zugang zu einem Teil der Welt, aber auch nur zu einem vergleichsweise kleinen.

d Es ist mir ganz egal, was die Wissenschaften über die Qualität ihres Zugangs zur Welt behaupten. Fest steht, dass selbst dann, wenn alle wissenschaftlichen Probleme gelöst sind, immer noch kein einziges meiner Lebensprobleme gelöst ist. Die Wissenschaft sagt mir nicht, ob ich Kinder bekommen soll. Die Wissenschaft sagt mir nicht, ob ich Angst vor dem Tod haben soll. Und was Glück ist, sagt sie mir auch nicht. Also lasse ich die Wissenschaftler behaupten, was sie wollen. Es interessiert mich nicht, weil es für mich nicht relevant ist.

Weltwissen 7

Aus welchen Quellen stammt unser Wissen? Woher wissen wir zum Beispiel, dass die Erde rund ist?

a Ob die Erde rund ist oder nicht, darüber kann man lange nachdenken. Aber ohne entsprechende empirische Untersuchungen ist diese Frage unentscheidbar. Die Welt ist der Ausgangspunkt jeglicher Erkenntnis – nicht ein Gehirn. Wer meint, dass die Geistestätigkeit allein überhaupt zu Erkenntnis führen kann, hat den Boden der Tatsachen wohl schon lange verlassen.

b Man hat lange angenommen, die Erde sei eine Scheibe. Ob diese Annahme tatsächlich richtig ist, ließ sich nur schwer prüfen. Die Erfahrungswelt jedenfalls schien die Annahme zu belegen. Trotzdem war sie falsch. Ausschlaggebend für die Korrektur war der rationale Zweifel. Jeder, der meint, die Erfahrungswelt sei der entscheidende Ausgangspunkt für das Erkennen und darüber hinaus auch noch für die Zuverlässigkeit der Erkenntnis, ist wohl noch nie einer optischen Täuschung erlegen.

c Es ist vollkommen abwegig, die Erscheinungen der Erfahrungswelt von der Rationalität zu trennen. Beide wirken zusammen. Das eine ist ohne das andere bedeutungslos. Die Frage danach, was den Anspruch auf den ersten Platz hat, ist schon falsch gestellt. Um über Sachverhalte und Erscheinungen überhaupt reflektieren zu können, benötige ich mein Gehirn, das mit Strukturen ausgestattet ist, die es überhaupt erst erlauben, Erfahrungen zu machen. Gleichzeitig bleiben diese Strukturen jedoch leer, wenn es nichts gibt, was sie füllt. Das Erkennen von Naturgesetzen beispielsweise kann niemals aus mir selbst heraus geschehen, weil diese Gesetzmäßigkeiten in der Natur liegen und nicht in meinem Kopf.

Weltwissen 8

Was halten Sie von der Idee, dass das, was Sie als rot wahrnehmen, von jemand anderem zwar auch als ›rot‹ bezeichnet wird, obwohl dieser es tatsächlich als blau sieht?

a Da ich auf die Wahrnehmung des anderen keinen Zugriff habe, sie also nicht direkt mit meiner eigenen vergleichen kann, halte ich dies durchaus für möglich.

b Ich halte dies durchaus für möglich und denke sogar, dass dies auch in anderen Bereichen, zum Beispiel beim Geschmack, der Fall sein könnte.

c Da wir beide Menschen mit vergleichbar strukturierten Gehirnen und Augen sind, halte ich diese Idee für bloße Gedankenspielerei.

d Solange unter allen Menschen Einigkeit darüber besteht, was wir mit ›rot‹ und was mit ›blau‹ bezeichnen, ist es unerheblich, welche Wahrnehmung jeder für sich hat.

Weltwissen 9

Denken Sie, dass es möglich ist, durch bloßes Nachdenken, wie es in der reinen Mathematik und der Logik getan wird, zu richtigen Theorien über die Natur zu gelangen?

a Ja, das ist möglich. Gerade die großen Genies der Wissenschaften wie Einstein oder Hawking sind ein guter Beleg dafür.

b Durch bloßes Nachdenken kann man zwar nichts über die physische Welt herausfinden, dafür aber über unsere Art, diese physikalische Welt zu verstehen. Man kann auf diese Weise also so etwas wie die ›Naturgesetze des Denkens‹ erforschen.

c Durch bloßes Nachdenken – egal über was – kommen wir stets nur zu rein spekulativen Aussagen. Ob diese brauchbar oder unbrauchbar sind, zeigt sich immer erst, wenn wir sie mit der Wirklichkeit vergleichen.

d Um zu richtigen Aussagen über die Natur zu gelangen, muss man die Natur genau beobachten und studieren. Wer dies lange genug tut, dem zeigen sich ihre Gesetzmäßigkeiten von selbst.

Weltwissen 10

Was bedeutet es für Sie, ›einen Begriff von etwas zu haben‹?

a Ich habe ein richtiges Bild gewisser Dinge oder Vorgänge.

b Ich habe ein einigermaßen zutreffendes Modell davon, was in dem entsprechenden Teil der Welt der Fall ist.

c   Ich habe eingesehen, dass etwas nur genau so sein kann, wie es ist, und nicht anders.

d   Ich habe das Wesen des entsprechenden Dings oder Vorgangs erfasst.

Weltwissen 11

Wie erklären Sie sich, dass wir alle ein ähnliches Bild von der Welt zu haben scheinen?

a   Wir alle verfügen über die gleiche Vernunft.

b   Gott hat die Menschen geschaffen und mit dem natürlichen Licht der Vernunft ausgestattet.

c   Wir sind alle Produkte der biologischen Evolution. Deshalb haben wir vergleichbar strukturierte Gehirne und somit auch vergleichbare Gedanken.

d   Das stimmt gar nicht! In anderen Kulturen haben die Menschen ganz andere Vorstellungen davon, wie die Welt funktioniert. Unsere Bilder der Welt sind nur dann ähnlich, wenn wir in derselben Gesellschaft groß geworden sind.

Weltwissen 12

Stellen Sie sich vor, Sie seien als kleines, aber unglaublich kluges Kind auf einer einsamen Insel gelandet. Außerdem haben Sie alle Zeit der Welt, weil Sie garantiert 100 000 Jahre leben werden. Daneben gibt es noch einen Wunschbrunnen, der Ihnen binnen Sekunden jedes beliebige technische Instrument schenkt. Bücher gibt es allerdings nicht.
Meinen Sie, Sie hätten so allein auf sich gestellt die Chance, aus dem Nichts so etwas hervorzubringen wie die Wissenschaft abendländischer Prägung?

a   Außer einem Mangel an Intelligenz auf meiner Seite sehe ich keinerlei Probleme. Aber da ich ja als unglaublich kluges Kind auf die Welt gekommen bin, habe ich dieses Problem nicht. Ich bräuchte lediglich etwas länger als das Abendland, denn da haben schließlich verschiedene Wissenschaftler gleichzeitig gelebt und gearbeitet. Ich hingegen müsste eines nach dem anderen denken und erledigen. Dafür aber hätte ich ja genügend Zeit

b Wenn ich wirklich so klug bin, wie die Annahme es mir zubilligt, dann verbrächte ich meine Zeit nicht damit, die abendländische Wissenschaft auf einer einsamen Insel zu erfinden. Ich glaube, ich würde meine ganze Kraft darauf verwenden, ein technisches Vehikel herzustellen, das es mir erlaubt, endlich von dieser unselig langweiligen Insel zu verschwinden, um wieder unter Leute zu kommen. Ich würde sonst vor Langeweile eingehen.

c Ich glaube nicht. Wissenschaft ist ein soziales Unternehmen. Es lebt davon, dass sehr unterschiedliche Charaktere ihre Ideen zusammenbringen. Ich kann mir zwar vorstellen, dass es für mich kein theoretisches Problem gibt, dass ich nicht durchschauen könnte. Aber ich kann mir nicht vorstellen, all diese unterschiedlichen Charaktere simulieren zu können. Deshalb werde ich trotz meiner Klugheit nicht alle Ideen haben, die in der Wissenschaftsgeschichte aufgekommen sind. Sorry.

d Nein, vermutlich nicht. Wissenschaft ist auch ein sprachliches Unternehmen. Ich glaube nicht, dass ich ohne die anderen in der Lage wäre, überhaupt eine geeignete Sprache auszubilden. Ich kann mir nicht vorstellen, dass man als einsamer Robinson und sprachloser Kaspar Hauser in einer Person die Wissenschaft des Abendlandes noch einmal erfinden könnte.

e Nein. Wissenschaft ist auf Sprache angewiesen. Selbst wenn ich in meiner prägenden Phase eine Sprache gelernt hätte, würde ich diese Sprache wieder verlieren, wenn mich niemand korrigiert – und auf einer einsamen Insel ist niemand zum Korrigieren da. Früher oder später, vielleicht nach 200, 300 Jahren, würde ich es nicht einmal mehr bemerken, wenn ich einen Begriff falsch benutze; »falsch« heißt bei mir: anders, als ich es in der Vergangenheit getan habe. Nein, als Solitär würde ich die Wissenschaft nicht erfinden können.

Sie sind fertig mit dem Themenblock ›Weltwissen‹.
Ihre Diagnose finden Sie auf den nächsten Seiten.

Diagnose ›Weltwissen‹

● **−17 bis −11**   Den besten Zugang zu einem Verständnis unserer Erkenntnisfähigkeit sehen Sie in der empirischen Erforschung unseres Gehirns und seiner Entwicklungsgeschichte, in der Evolution. Wer meint, durch bloßes Nachdenken Wesentliches über unsere kognitiven Funktionen herausfinden zu können, erscheint Ihnen wahrscheinlich als idealistisch und weltfremd.
Monismus – Materialismus – Naturalismus – Empirismus

● **−10 bis −5**   Unser Denken findet für Sie vor allem im Gehirn statt. Und dieses Organ lässt sich mit den entsprechenden Diagnoseapparaten untersuchen. So können wir Aufschluss über unsere Art zu denken erlangen, auch wenn wir dabei die Selbstbeobachtung beim Denken keinesfalls vernachlässigen sollten.
Monismus – Materialismus – Naturalismus – Empirismus

● **−4 bis 3**   Ob nun der empirischen Erforschung des Gehirns oder dem Nachdenken über unser Denken der Vorzug gegeben werden sollte, wenn wir unser Erkenntnisvermögen untersuchen wollen, lassen Sie offen. Wahrscheinlich halten Sie eine geschickte Verbindung beider Methoden für das Beste.
Empirismus – Rationalismus – Monismus – Dualismus

● **4 bis 9**   In erkenntnistheoretischen Fragen sind Sie gemäßigt rationalistisch eingestellt. Sie können sich also durchaus vorstellen, dass die empirische Untersuchung des Gehirns uns einiges über unsere Art zu denken verraten kann. Noch mehr können wir darüber allerdings erfahren, wenn wir uns beim Denken beobachten.
Rationalismus – Dualismus – Idealismus

● **10 bis 14**   In erkenntnistheoretischen Fragen vertreten Sie einen starken Rationalismus. Für Sie werden also mögliche Grenzen unseres Weltwissens eher durch die Begrenzungen unseres Denkens bestimmt als durch empirische Gegebenheiten. Kurz: Wer etwas über unser Erkenntnisvermögen herausfinden möchte, sollte in Ihren Augen vor allem nachdenken und nicht Gehirne untersuchen.
Rationalismus – Dualismus – Idealismus

▲ **−12 bis −8**   Den Schluss von dem, was wir wahrnehmen, auf eine von uns unabhängige Realität halten Sie für sehr zweifelhaft. Sie denken eher, dass

unsere Wahrnehmungen und Gedanken die einzige Grundlage für unsere Weltbeschreibung sind. Von einer ›Außenwelt‹ kann deshalb nicht die Rede sein. Damit vertreten Sie einen starken Konstruktivismus.
Konstruktivismus – Rationalismus

Sie gehen davon aus, dass wir vorsichtig sein müssen, was die Behauptung einer wahrnehmungsunabhängigen Realität angeht. In Ihren Augen gibt es Hinweise darauf, dass unsere Wahrnehmung zumindest in einigen Bereichen auch Realität schaffen könnte. Damit vertreten Sie einen gemäßigten Konstruktivismus. ▲ −7 bis −3
Konstruktivismus – Rationalismus – Skeptizismus

Die Frage, ob die Welt unabhängig von unserer Wahrnehmung beschrieben werden kann, lassen Sie unbeantwortet. ▲ −2 bis 5
Skeptizismus

Was die Frage nach der Existenz einer von unserer Wahrnehmung unabhängigen Wirklichkeit angeht, sind Sie vorsichtig realistisch eingestellt. Zwar muss man subjektive Verzerrungen durch die menschliche Perspektive berücksichtigen, eine Beschreibung der Welt, wie sie wirklich ist, halten Sie jedoch in den meisten Bereichen für möglich. ▲ 6 bis 13
Realismus – Naturalismus – Materialismus

Sie vertreten einen starken Realismus. Die Welt ist Ihrer Ansicht nach von unserer Wahrnehmung weitestgehend unabhängig. Die Frage, ob man sich wirklich sicher sein könne, dass die Welt außerhalb unserer Wahrnehmung existiert, halten Sie höchstwahrscheinlich für eine philosophische Spitzfindigkeit. ▲ 14 bis 20
Realismus – Naturalismus

»Wir werden das schon irgendwann erklären können! Wenn nicht gleich heute oder morgen, dann halt übermorgen oder in 100 Jahren.« Vermutlich sagen Sie dies oder Vergleichbares recht oft. Ihr Optimismus scheint kaum zu bremsen, wenn es um die Verstehbarkeit unserer Wirklichkeit geht. Kein Problem scheint Ihnen so schwer, dass es nicht irgendwann durch solide Wissenschaft lösbar wäre. ■ −21 bis −13
Naturalismus – Idealismus

Was die vollständige Verstehbarkeit der Welt durch die Mittel der Wissenschaft angeht, sind Sie guter Dinge. Natürlich sehen Sie hier und dort Schwierigkeiten auftauchen, die diesem Vorhaben Steine in den ■ −12 bis −5

Weg legen. Dass dieser Weg im Vergleich zu anderen Methoden der Wissensgewinnung jedoch die meisten Vorzüge bietet, darin sind Sie sich sicher.

Naturalismus – Idealismus

■ **−4 bis 3**   Wissenschaft ist in Ihren Augen wahrscheinlich eine recht gute Sache. In der Frage, ob Wissenschaft es uns ermöglicht, die Wirklichkeit in allen Facetten zu verstehen, nehmen Sie jedoch eine abwartende Haltung ein.

Skeptizismus – Postmoderne

■ **4 bis 10**   Den Ergebnissen der Wissenschaft trauen Sie nur in begrenztem Maße. Wahrscheinlich denken Sie, dass die Wissenschaft dort, wo sie sich betätigt, auch einigermaßen verlässliche Resultate hervorbringen kann. Dass diese Resultate uns jedoch wirklich dabei helfen, unsere Welt umfassend zu verstehen, erscheint Ihnen zweifelhaft.

Skeptizismus

■ **11 bis 15**   Wissenschaft dient in Ihren Augen der Beschreibung begrenzter Bereiche unserer Wirklichkeit. Das vermeintliche Wissen, das dabei erarbeitet wird, erscheint Ihnen aber, vorsichtig gesagt, als vorläufig, unsicher und nur beschränkt verallgemeinerbar. Zusätzlich sind Sie sehr skeptisch, ob sich dieser Befund jemals verbessert.

Skeptizismus

◆ **−12 bis −8**   Es ist Ihnen zuwider, Erkenntnis nur als Mittel zum Zweck zu verstehen. Es geht Ihnen vielmehr immer auch um richtige Ideen, Begriffe und Theorien. Sie lieben die Wahrheit und vertreten in erkenntnistheoretischen Fragen einen anspruchsvollen Idealismus.

Idealismus – Metaphysik – Rationalismus

◆ **−7 bis −3**   In erkenntnistheoretischen Fragen vertreten Sie einen gemäßigten Idealismus. Sie sind also der Meinung, dass in den Begriffen, die sich Menschen von der Welt machen, mehr als nur ein Körnchen Wahrheit steckt. Einer rein pragmatischen Erkenntnishaltung stehen Sie skeptisch gegenüber.

Idealismus – Rationalismus

Sie stehen in der Mitte zwischen Pragmatismus und Idealismus. Eine gesunde Mischung aus praktischem Versuchen und theoretischem Erörtern halten Sie deshalb in den meisten Fällen für die Methode der Wahl.

Pragmatismus – Idealismus

◆ **−2 bis 2**

Sie vertreten einen gemäßigten Pragmatismus. Mit Erörterungen erkenntnistheoretischer Fragen, so wichtig sie auch sein mögen, sollte man sich Ihrer Meinung nach also nicht allzu lange aufhalten. Praktisches Ausprobieren halten Sie da oft für den fruchtbareren Ansatz.

Pragmatismus

◆ **3 bis 8**

Langwieriges Nachsinnen über erkenntnistheoretische Fragen und besonders über Wahrheit halten Sie oft für hinderlich. Sie interessiert vor allem, wie es praktisch weitergehen kann. In diesem Sinne vertreten Sie einen starken Pragmatismus.

Pragmatismus

◆ **9 bis 13**

Sprache

Sprache 1

Wenn jemand zu Ihnen sagte: »Das erste Prinzip der Natur ist der wesenheitsvergessene Geist«, was wäre Ihre Reaktion?

a Ich würde sagen: »Und das erste Prinzip des geistesvergessenen Naturwesens ist die Heiterkeit«, mich umdrehen und gehen.

b Ich würde den Sprecher bitten, mir zu erklären, was er mit ›erstes Prinzip‹, ›Natur‹, ›wesenheitsvergessen‹ und ›Geist‹ meint.

c Ich würde mir den Satz einprägen und versuchen, im Lauf der Zeit die richtige Interpretation dieser Worte zu finden.

d Ich würde den Sprecher darauf hinweisen, dass sein Satz für mich verdächtig nach Wortgeklingel klingt. Dann würde ich ihn bitten, mir eine realistische Situation zu schildern, in der er sagen würde, dass sein Satz falsch ist.

Sprache 2

Zu welchem Zweck wurde die Sprache ›erfunden‹?

a Sie wurde erfunden, um das, was in der Welt der Fall ist, richtig beschreiben zu können. Um (wieder) mit Einstein zu sprechen: Nichts ist so praktisch wie eine gute Theorie. Lebewesen, die gute Theorien finden konnten, waren anderen überlegen. So kam die Sprache in die Welt.

b Sie wurde gar nicht erfunden. Sie wurde uns mitgegeben, um miteinander sprechen zu können und Gemeinschaft zu erleben.

c Sie wurde erfunden, damit wir einander besser täuschen können. Nichts funktioniert leichter, als den anderen durch Sprache zu täuschen. ›Sprachliche Täuscher‹ sind den ›Sprachlich Naiven‹ überlegen.

d Die Sprache wurde erfunden, damit wir Menschen Vorgehensweisen und Szenarien durchspielen können. Das ist kostengünstiger und weniger gefährlich als sie ›in echt‹ durchspielen zu müssen.

e Ohne die Sprache würde es keine Gemeinschaft und erst recht keine Gesellschaft geben. Wir Menschen können vieles, aber eines können wir nicht: nicht kommunizieren. Wir brauchen die Sprache vor allem, um als soziale Wesen überhaupt existieren zu können.

f Die Sprache ist ein Versehen der Biologie. Sie hat bestenfalls eine Verwendung in der Wissenschaft. An die wahren und wichtigen Erkenntnisse des Lebens reicht die Sprache nämlich nicht heran. All diese Erkenntnisse und Erlebnisse sind nichtsprachlich. Zen-Buddhisten wissen das.

g Gott ist das Wort. Wir können sprechen, weil wir göttlicher Abkunft sind.

h Die Sprache wurde nicht erfunden. Sie hat sich aus Grunzlauten entwickelt und dann viele Funktionen übernommen.

i Damit nicht so auffällt, dass wir eigentlich allein sind. Ganz allein.

Sprache 3

Man erzählt sich, die Inuit verfügten über 37 verschiedene Begriffe für Schnee. Man erzählt sich genauso, die Deutschen brächten es durchschnittlich nur auf zwei verschiedene Begriffe. Einmal angenommen, das stimmt – welche Folgerungen ziehen Sie daraus?

a Ehrlich gesagt, gar keine. Aus der Tatsache, dass der Stahlarbeiter 46 verschiedene Arten von Stahl kennt und benennen kann, ich aber nicht, ziehe ich auch keine weiteren Folgerungen.

b Die Inuit betrachten die Schneewelt mit schärferen Augen als ich. Sie können dort Unterschiede sehen, wo ich nur ›eine weiße Pracht‹ oder Schneematsch sehe. Deshalb ist ihre Welt in Sachen Schnee auch vielgestaltiger als meine.

c Wir leben primär nicht in der physikalischen Welt, sondern in der Welt unserer Wahrnehmung. Da die Welt unserer Wahrnehmung an unser sprachliches Unterscheidungsvermögen gekoppelt ist, bin ich der Ansicht, dass die Inuit, was Schnee angeht, in einer anderen Welt leben als ich.

Sprache 4

Wie stellen Sie sich Bedeutungen vor? Was ist für Sie Bedeutung oder die Bedeutung eines Wortes?

a Ich weiß es nicht genau. Bedeutungen haben immer etwas Ätherisches. Auf die meisten Dinge, die man benennt, kann man zeigen. Auf Bedeutungen nicht. Sie sind etwas Gedankliches.

b Mit dem Begriff ›Bedeutung‹ ist es wie mit vielen anderen philosophischen Begriffen: Wenn man nicht darüber nachdenkt, weiß man genau, was es ist. Wird man aber nach ihm gefragt, ist alles weit weg, so weit weg, dass man sich fragt, ob es das, was man früher so genau wusste, überhaupt gibt. Ich bin verwirrt.

c Ich stelle mir den Namen eines Dings vor wie ein kleines unsichtbares Etikett, das an diesem Ding klebt. Das, was auf dem Etikett steht, das ist der Name des Dings. Das, woran das Etikett klebt, ist die Bedeutung des Namens. Der Name bedeutet das Ding, an dem das Etikett klebt.

d Wittgenstein sagt, die Bedeutung eines Wortes ist sein Gebrauch in der Sprache. Ich glaube das auch. Ich weiß zwar nicht bis ins Letzte, was Wittgenstein damit meinte, aber mir ist an dieser Ansicht sympathisch, dass sie so ganz ohne geistige Verstehensakte auskommt. Sprechen ist ein Können, nicht eine abstrakte Wissensspeicherung.

e Erstens sind Bedeutungen tatsächlich etwas Abstraktes. Deshalb kann man sie nur gedanklich erfassen. Zweitens *müssen* Bedeutungen aber auch abstrakt sein. Denn sonst wäre es nicht erklärlich, wie die vielen sehr unterschiedlichen existierenden Tische alle unter den Begriff ›Tisch‹ fallen können. Aus beiden Gründen ist für mich die Bedeutung eines Wortes nichts anderes als die Menge aller Eigenschaften, welche die Dinge bestimmen, die ich mit dem Wort benenne.

Sprache 5

Wenn Sie abends im Bett den Tag Revue passieren lassen, denken Sie dann in Wörtern, in Bildern oder noch anders? Anders gefragt: Wie verhalten sich Sprache und Gedanken eigentlich zueinander?

a Wenn ich denke, dann denke ich immer in Wörtern, Satzfetzen oder auch ganzen Sätzen. Ich glaube, ich kann gar nicht anders denken. Denken ist für mich (wie) lautloses Sprechen.

b Ich kann es nicht genau sagen. Natürlich denke ich manchmal in Wörtern und Sätzen. Aber wenn ich besonders intensiv nachdenke – zum Beispiel wenn ich eine wichtige Entscheidung fällen soll –, dann kommt es mir so vor, als träfe ich diese Entscheidung nur aus einem sprachlosen Gefühl heraus. Tatsächlich ist es so, dass schon mein Abwägen nicht-sprachlich gefärbt ist; das Gefühl ist immer am Anfang da, und die sprachliche Form kommt erst später hinzu.

c Meine wichtigsten Erfahrungen mache ich in Gedanken, auf eine spirituelle Art. Um diese Art spiritueller Erfahrung haben zu können, muss ich mein Sprechen und sprachliches Denken zwingend abschalten. Die Sprache behindert das Denken, wenn es um die wirklich wichtigen Erfahrungen und Gedanken geht.

Sprache 6

Stellen Sie sich vor, Sie müssten ohne Dolmetscher nach Papua-Neuguinea fliegen mit dem Auftrag, die Sprache der Einheimischen dort zu lernen. Meinen Sie, Sie könnten das?

a Im Prinzip ja. Natürlich werde ich die Sprache als Nichtmuttersprachler niemals so gut sprechen wie meine eigene Muttersprache. Aber mit der Zeit werde ich immer mehr die Nuancen des dortigen Sprachgebrauchs erlernen und mich immer weniger von den Menschen unterscheiden.

b Ich weiß es nicht. Um dort beim Bäcker diejenigen Brötchen kaufen zu können, die ich haben möchte – dafür wird es sicherlich reichen. Ich glaube aber trotzdem, dass mir wesentliche Teile der Sprache unzugänglich bleiben werden. Es geht hier schließlich nicht darum, Italienisch zu lernen, oder Portugiesisch oder einen anderen dieser ›europäischen Dialekte‹. Mit Italienern und Portugiesen verbindet mich eine Kultur, auch eine sprachliche. In Papua-Neuguinea hingegen ist mir alles fremd. Eine Sprache zu verstehen, ohne die Kultur der Sprachgemeinschaft zu kennen, das scheint mir ein Ding der Unmöglichkeit zu sein.

c Nein. Ich würde versuchen, die dortige Lebensform nach dem Muster zu begreifen, das ich in Europa kennengelernt habe. Ich glaube aber nicht, dass das möglich ist, weil sich die Lebensform dort von unserer massiv unterscheidet. Lebensform und Sprache gehören zusammen, deshalb werde ich die Sprache auch nie richtig sprechen können. Vielleicht gelingt es mir mit Hilfe von Büchern, einen besseren Eindruck zu gewinnen; aber selbst das wird mein Verständnis nur wenig weiterbringen.

Sprache 7

Manch einer versteht die Mathematik als ein Mittel, um mehr oder weniger komplizierte Sachverhalte auszudrücken, nämlich als eine besondere Form von Sprache. Was halten Sie davon?

a Wie jede Sprache besteht die Mathematik aus Begriffen und Regeln dafür, wie man diese Begriffe miteinander kombinieren darf. Was diese Begriffe bezeichnen sollen, das können wir frei bestimmen. Ich kann also voll zustimmen.

b Die Mathematik ist mehr als bloß Sprache. Sie ermöglicht es uns nämlich, einen Einblick in gewisse Grundstrukturen der Welt zu gewinnen. Deshalb ist Mathematik anders als normale Sprache nicht willkürliches Menschenwerk.

c Die Mathematik ist tatsächlich eine Art Sprache, aber ohne soziale Funktion. Sie ist die Sprache unseres mathematischen Denkens. Durch sie zeigt sich ein Teil der Möglichkeiten, die wir haben, um die Welt zu beschreiben.

Sprache 8

Was halten Sie von dem Satz »Die Grenzen meiner Sprache sind die Grenze meiner Welt«?

a Der Satz stimmt. Ich kann logischerweise nur in den Begriffen denken, die ich zur Verfügung habe. Ich bin also gewissermaßen ›blind‹ gegenüber Phänomenen, die ich nicht auf Begriffe bringen kann.

b Der Satz ist eingeschränkt richtig. Zwar kann man bei Menschen eine Art ›Betriebsblindheit durch Alltagssprache‹ erkennen, einen ›eingefahrenen Denkhorizont‹. Menschen sind aber jederzeit in der Lage, sich neue Begriffe zu bilden, wenn sie auf etwas ihnen bisher Unbekanntes stoßen.

c Der Satz ist falsch und irreführend. Von einer klaren ›Grenze meiner Welt‹ kann ich gar nicht sprechen. Ich habe doch die Möglichkeit, in mir unbekannten Bereichen, also in Bereichen, in denen mir die Begriffe fehlen, Wissenschaftler oder andere Experten zu fragen. Irgendwann komme ich dann an die Grenze des bisher Bekannten, aber doch nicht an die Grenze der Welt!

d Der Satz stimmt. Sprache schafft erst Realität und damit Welt. Außersprachliche Weltzugänge gibt es nicht.

Sprache 9
»Dieser Satz ist falsch.«

a Das stimmt.

b Das ist falsch!

c Das ist eine Halbwahrheit.

d Der obige Satz ist gar kein Satz. Er verstößt gegen die logisch-syntaktischen Regeln der Sprache. Damit ist er ein sinnloses sprachliches Gebilde und kann weder wahr noch falsch sein.

e Der obige Satz kann durchaus sinnvoll sein. Sein Sinn hängt davon ab, in welchem logischen Rahmen er betrachtet wird. In unserer üblichen Wahr-Falsch-Logik führt er zwar immer zu einem Widerspruch, das liegt aber eben an der Begrenztheit dieser Logik.

f Der Satz ist typisch für die deutsche Sprache. Man kann im Deutschen Sätze bauen, die nur eines tun: Sie verwirren den menschlichen Geist. Ein anderer solcher Satz wäre: »Das Nichts nichtet.«

Sprache 10

Der Satz »Das Glubschgulasch beklagt den Wintersonnensaft.« ergibt auf den ersten Blick keinen Sinn. Können Sie sagen, was einen Satz zu einem sinnvollen Satz macht?

a Ein Satz ist sinnvoll, wenn man ihn eindeutig auf einen Sachverhalt beziehen kann.

b Ein Satz ist dann sinnvoll, wenn er von mindestens einer Person verstanden wird.

c Ein Satz ist dann sinnvoll, wenn man seinen Sinn auch mit anderen Worten wiedergeben kann.

d Sätze sind niemals an und für sich sinnvoll. Der Sprachgebrauch bestimmt über ihren Sinn.

Sprache 11

›Oublier‹ ist nie ›vergessen‹, behauptet Gottfried Benn in seinem Marburger Vortrag ›Probleme der Lyrik‹ – obwohl es sich um die richtige Übersetzung des französischen Wortes ins Deutsche handelt. Benn spielt dabei auf Klang, Druckbild und das ›Rauschpotenzial im Wort‹ an. Halten Sie das für intellektuelle Verrücktheit oder würden Sie sich ihm anschließen?

a Das ist Quatsch und eine seltsame Form von Sprachpurismus. Schließlich geht es in erster Linie um die Bedeutung von Wörtern. Und wenn ich an die Stelle von ›oublier‹ in der deutschen Übersetzung ›vergessen‹ setze, dann kann ich die Bedeutung genau erfassen.

b Selbstverständlich kann ›oublier‹ nie ›vergessen‹ sein. Ein Wort ist mehr als seine Bedeutung im Kontext eines Satzes. Es ist immer auch Klang und Bild und spricht bei manchem eine individuelle Wortempfindung an. Damit hat es eine eigene Ästhetik, die über seine Funktion im Satzzusammenhang hinausgeht.

c Selbstverständlich ist ›oublier‹ nie ›vergessen‹. Ich würde sogar noch weiter gehen und behaupten, dass über das, was Worte eigentlich bedeuten, nicht sinnvollerweise kommuniziert werden kann. Das kann nur jeder für sich selbst wissen.

d Man kann natürlich sinnvoll darüber sprechen, was ein Wort bedeutet. Aber man darf damit nicht die Hoffnung verbinden, man könne die Bedeutung des fremdsprachlichen Begriffs in der eigenen Sprache vollständig einfangen. Dazu müsste man in nichtsprachlicher Form über Sprache kommunizieren können. Und das geht nicht.

Sprache 12

Sicher haben Sie schon einmal in einem Gespräch bei Ihrem Gegenüber nachgefragt, ob er oder sie versteht, was Sie ›meinen‹. Wahrscheinlich waren Sie sogar froh, wenn Sie sich verstanden gefühlt haben. Aber: Kann man wirklich jemals von anderen verstanden werden?

a Ja, ich kenne solche Situationen zur Genüge und bin tatsächlich immer froh, wenn man sich einig werden kann.

b Oh ja, solche Situationen kenne ich. Manchmal habe ich jedoch Zweifel, ob ich tatsächlich verstanden worden bin. In manchen Situationen im Anschluss musste ich schon erkennen, dass da wohl etwas schiefgelaufen ist.

c ›Wirkliches‹ Verstehen ist eine Illusion, der viele anheimfallen. Der ›Ort des Verstehens‹ ist die Sprache, nicht ein irgendwie weitergehendes geistiges ›Meinen‹. Es gibt kein ›Meinen‹ im Geist und kein ›Verstehen‹ außerhalb von Regeln, nach denen wir kommunizieren. Mein mentaler Zustand hat in diesem Zusammenhang überhaupt keine Funktion, sofern er überhaupt als solcher existiert und nicht selbst Teil des Spiels ist.

d Ja, ich kenne solche Situationen. Aber die Behauptung, den anderen verstanden zu haben, ist keine Garantie für echtes Verstehen. Für das echte Verstehen bedarf es noch zusätzlich einer Art Seelenverwandtschaft.

Sie sind fertig mit dem Themenblock ›Sprache‹.
Ihre Diagnose finden Sie auf den nächsten Seiten.

Diagnose ›Sprache‹

–9 bis –7 Wenn jemand Ihnen sagt, die Hauptfunktion der Sprache bestünde darin, die Welt abzubilden, dann lächeln Sie nur. Sie denken eher daran, dass die Sprache ein Mittel ist, um auf andere einzuwirken oder sie zu manipulieren. Sie meinen zudem, dass die Sprachen sehr verschieden sind. Falls in diesen Sprachen doch so etwas wie Abbilder der Realität auftreten, dann müssen diese Abbilder in Ihren Augen zwangsläufig auch sehr verschieden sein.
Pragmatismus – Postmoderne – Konstruktivismus – Emotivismus

–6 bis –3 Sie haben eine Ahnung davon, dass Sprache eine Fülle von Funktionen hat. Sie glauben auch, dass Ihre Sprache in kleinerem Ausmaß Ihr Denken präformiert. Vermutlich aber meinen Sie, dass diese Präformationen korrigierbar sind. Vielleicht haben Sie nicht 37 verschiedene Begriffe für Schnee wie ein Inuit, doch deshalb leben Sie nicht schon in einer anderen Welt als er. Sie können die Arten von Schnee ja immerhin beschreiben, auch wenn Sie dafür mehr Wörter brauchen als er.
Realismus – Pragmatismus

–2 bis 3 Sie benutzen Sprache einfach und sind sich vermutlich intuitiv darüber im Klaren, dass man mit ihr ganz verschiedene Dinge machen kann. Manchmal benutzt man die Sprache zur Beschreibung von Sachverhalten, manchmal dazu, Dinge in der Welt zu verändern, zum Beispiel, indem man Befehle gibt oder Schwüre ablegt. Für Sie ist es hilfreich zu studieren, wie unterschiedlich die Auffassungen über die Hauptfunktion der Sprache sind.
Realismus – Idealismus – Postmoderne

4 bis 9 Sie wissen zwar, dass eine sprachliche Äußerung wie ein »Ja, ich will.« an der falschen Stelle hohe Anwaltskosten nach sich ziehen kann. Sie betrachten diese Fälle von Sprachbenutzung aber als Randerscheinungen. Denken Sie über Sprache nach, dann halten Sie sie für ein sehr gutes Werkzeug, um damit die Welt zu beschreiben. Sie kennen auch den Unterschied zwischen einer direkten Weltbeschreibung und der Beschreibung der Welt in Modellen. Sie nehmen diesen Unterschied aber nicht so wichtig. Mit einem Wort: Sie lieben die Vorstellung der Sprache als Abbild der Welt. Damit die Sprache überhaupt ein Abbild herstellen kann, benötigt sie in Ihren Augen eher sinnliche Erfahrung als abstrakte Ideen.
Realismus – Empirismus – (Idealismus – Konstruktivismus)

Sie hängen stark dem Gedanken an, dass die Hauptfunktion der Sprache darin besteht, wie eine Fotokamera ein richtiges Bild von der Welt zu liefern. Sprache und Welt gehen für Sie ineinander über, im Grunde halten Sie eine Unterscheidung von Sprache und Welt sogar für überflüssig. Vermutlich sind Sie auch Vertreter eines starken Realismus, nicht eines Idealismus und auch nicht eines Konstruktivismus.

Realismus – (Idealismus – Konstruktivismus)

● **10 bis 15**

Sie halten die Fahne des Realismus hoch. Wenn Ihnen jemand sagt, echtes Verstehen gebe es nur relativ zu einer Sprache, dann lächeln Sie. Sie mögen es nicht, dass die Wirklichkeit in der Auffassung dieser Sprachrelativisten gar keine Rolle mehr spielt. Sie fragen sich auch, warum diese Menschen so beharrlich den Bäumen ausweichen, die vor ihnen erscheinen – schließlich sind diese Bäume doch nur etwas Relatives zu einem Sprachrahmen. Man braucht also nur den passenden Sprachrahmen zu wählen, und die Bäume sind weg. Wie auch immer: Ihr ›natürlicher Feind‹ sind die Postmoderne und der radikale Konstruktivismus.

Realismus – (Postmoderne – Konstruktivismus)

▲ **−18 bis −12**

Ihnen ist die Postmoderne suspekt. Für Sie verschließt die starke Konzentration auf die Sprache und die Betonung der Gleichwertigkeit von Sprachspielen den Blick auf die Wirklichkeit. In Ihren Augen diktiert die Wirklichkeit unser Denken mehr als wir denken. Davon, dass sich die Wirklichkeit nach unserem Denken richten muss, halten Sie nichts. Zugleich ist Ihnen aber auch klar, dass manche Äußerungen nur vom sprachlichen Hintergrund verstehbar sind, vor dem sie getätigt werden. Sie sind ein gemäßigter Realist.

Realismus – (Postmoderne – Konstruktivismus)

▲ **−11 bis −5**

Ob echtes Verstehen möglich ist oder ob man Texte zum Beispiel aus dem Englischen verlustfrei ins Deutsche übertragen kann, ist für Sie eine zweitrangige Frage. Die Lektüre der deutschen Harry-Potter-Bände zeigt Ihnen, dass die Verluste nicht allzu groß sein können, schließlich wurden Sie davon komplett in Bann gezogen. Sie lieben die ›objektiven‹ Beschreibungen genau wie Sie um manches Verstehensproblem zwischen Ihnen und Ihrem Partner wissen. Man könnte Ihre Haltung ›pragmatistisch‹ nennen.

Pragmatismus – (Realismus – Konstruktivismus)

▲ **−4 bis 3**

▲ 4 bis 9 Ihr Vertrauen in die Sprache als Abbild der Wirklichkeit ist entweder gar nicht da oder verschüttet. Sie sind es gewöhnt, alles sprachlich und kulturell relativ zu betrachten. Vielleicht interessieren Sie sich besonders für andere Völker. Ohne dass Sie groß darüber nachgedacht hätten, ist die Abbildfunktion der Sprache für Sie zwar nicht ausgeschlossen, hat aber Bedeutung nur in kleinen, unwesentlichen Bereichen. Die Welt, in der Sie sich aufhalten, ist nicht eine Welt, die begafft werden will, sondern eine, die verstanden werden will.
Konstruktivismus – Pragmatismus

▲ 10 bis 15 »Alles ist relativ«, könnte Ihr Motto sein, vielleicht sogar mit dem Nachsatz »erst recht in der Sprache«. Wirklichkeit ist für Sie etwas, das nie an sich erscheint, sondern immer nur in einer sprachlichen Form. Der sprachliche Horizont ist für Sie der Horizont Ihrer Welt. Da zudem Sprachen sehr verschieden sind – schon innerhalb einer einzigen Kultur –, gibt es für Sie so viele Welten, wie es Sprachen gibt. Also ganz schön viele. Vom Realismus halten Sie nichts.
Postmoderne – Konstruktivismus – Pragmatismus – (Realismus)

■ –14 bis –10 Nur Einzelobjekte sind für Sie sprachlich benennbar, bei der Benutzung von Allgemeinbegriffen sind Sie skeptisch. Sie glauben nicht, dass es ›das Wesen‹ von etwas gibt. Sie glauben auch nicht, dass es *die* Freiheit ›in Wirklichkeit‹ gibt, höchstens dass man über verschiedene Freiheitsgrade in unterschiedlichen Situationen reden kann. Ihre Position heißt ›nominalistisch‹. Sie schließt in der Regel eine Ablehnung von Metaphysik mit ein.
Nominalismus – (Essentialismus – Metaphysik – Teleologisches Denken)

■ –9 bis –4 Sie sind sich unsicher darüber, wen oder was Abstrakta eigentlich bezeichnen. Sie mögen den Begriff ›das Nichts‹ nicht besonders, weil er so gar nichts Vernünftiges bezeichnet, fürchten sich im Übrigen aber vor dem Nichts. Solche abstrakten Begriffe verwenden Sie übrigens ganz sicher; allein auf Nachfrage, worum es sich dabei handelt, werden Sie unsicher und fangen an zu zweifeln, ob abstrakte Begriffe sinnvolle Begriffe sind.
Nominalismus – Pragmatismus – (Essentialismus)

■ –3 bis 2 Sie denken nicht groß über Sprache nach und halten wenig davon, wenn andere vom Wesen einer Sache reden. Ihre Freiheit, Dinge sprachlich benennen zu können, wie Sie wollen, ist Ihnen genauso wenig nehmbar wie Ihr handfester Pragmatismus. Es interessiert Sie eher, wie einem

Menschen geholfen werden kann, weniger, was man tun muss, um seine Würde nicht zu verletzen.

Pragmatismus – Nominalismus – Essentialismus

Wenn Sie über Dinge sprechen, dann ist Ihnen nicht unbedingt klar, wie die Verbindung von Welt und Sprache genau aussieht; Sie wissen nur, dass es da eine Verbindung geben muss. Ein Mensch ist für Sie nicht deshalb ein Mensch, weil wir die Freiheit haben, nach unserem Geschmack irgendwelche Lebewesen so zu benennen, sondern deshalb, weil es etwas gibt, das einen Menschen zum Menschen macht. Eine solche Haltung heißt ›essentialistisch‹, die gegenteilige Haltung ›nominalistisch‹.

Essentialismus – Metaphysik – (Nominalismus)

■ **3 bis 6**

Sie schauen mit essentialistischen Augen auf die Welt. Wenn Sie vom Menschen als solchem sprechen, dann meinen Sie immer so etwas wie das Wesen des Menschen. ›Das Wesen‹ ist für Sie kein Konstrukt Ihres Gehirns, sondern etwas, das sich in der realen Welt manifestiert. Vermutlich gehört es für Sie sogar zum Menschen, dass er von sich aus mit einer eigenen Würde ausgestattet ist, nicht, dass wir dem Menschen eine solche Würde erst zukommen lassen.

Essentialismus – Teleologisches Denken – Metaphysik

■ **7 bis 10**

Für Sie ist es wichtig, Dinge immer ganzheitlich zu betrachten. Literarische Werke aus ihrem Zusammenhang zu reißen, halten Sie für genauso unbefriedigend, wie eine Handlung verstehen zu wollen, ohne deren Hintergrund zu kennen. Vermutlich neigen Sie sogar dem Existentialismus zu, weil der genau wie Sie versucht, Menschen zu begreifen vor dem Hintergrund der Situation, in die sie qua Geburt geworfen wurden.

Existentialismus – Konstruktivismus

◆ **–15 bis –10**

Zur Beurteilung von Sachlagen brauchen Sie immer die vollständige Information. Jedenfalls führen Sie das als regulative Idee mit sich. Beim Verstehen von Menschen sind Sie ähnlich anspruchsvoll. Wichtig scheint Ihnen insbesondere die Fähigkeit, sich in andere Menschen versetzen zu können. Unter diesen Bedingungen sind Sie aber auch der Meinung, ein echtes Verstehen erreichen zu können. Falsches Verstehen ist für Sie das Resultat mangelnder Information und Identifikation.

Kognitivismus – Konstruktivismus – Pragmatismus

◆ **–9 bis –4**

◆ **−3 bis 2**   Sie verstehen das, was Sie verstehen müssen, und sind unentschieden bei der Frage, ob man Dinge, um sie ganz zu verstehen, aus dem Kontext reißen darf. Manchmal, sagen Sie, geht das, manchmal führt es aber auch zu Verständnisproblemen. In dieser Hinsicht sind Sie völlig unaufgeregt. Vermutlich liegt Ihnen der Pragmatismus.

Pragmatismus – Realismus

◆ **3 bis 8**   Sie meinen, man kann die Welt mehr oder weniger gut in Module aufteilen. Die Module sind voneinander unabhängig und können für sich verstanden werden. Eine Frage zur Polymerisation von Chlorkohlenwasserstoffen ist für Sie genauso präzise beantwortbar wie die Frage nach der Funktion eines Hybridmotors. Lediglich beim Verständnis menschlichen Verhaltens kommen Ihnen gelegentlich Zweifel hinsichtlich seiner Vollständigkeit. Die Zweifel begründen Sie dann mit der Natur des Menschen.

Realismus – Empirismus – Rationalismus – (Konstruktivismus)

◆ **9 bis 13**   Ihr Weltverständnis ist atomar. Sie sind der Meinung, Sie können die einzelnen Sachverhalte in der Welt eher mehr als weniger gut herauspicken, analysieren und sprachlich darstellen, etwa so, wie Sie die Autos in einem Parkhaus nacheinander aufzählen würden. Für Sie ist das Ganze nicht mehr als die Summe seiner Teile. Sie sind ein Realist durch und durch. Ihre Position kommt dem logischen Atomismus nahe.

Realismus – Empirismus – Rationalismus

Was ist der Mensch?

Freiheit

Gut und Böse

Das Schöne und die Kunst

Freiheit

Freiheit 1

Wenn Sie von einer Person hören, sie habe eine wichtige Entscheidung aus dem Bauch heraus getroffen, was denken Sie dann über diese Person?

a Diese Person ist töricht. Denn sie hätte ihre Freiheit ausschöpfen können.

b Sie hat genau das Richtige getan. Gratuliere. Wichtige Entscheidungen müssen genau so gefällt werden.

c Sie hätte auch eine Münze nehmen können.

d Das ist nur eine Redeweise. Präziser müsste es heißen: Nicht sie hat sich entschieden, sondern etwas in ihr hat sich entschieden.

e Nicht jeder hat in den letzten 200 Jahren den Ausgang aus seiner selbstverschuldeten Unmündigkeit gefunden.

f Wenn sie damit glücklich wird, ist das auch in Ordnung.

Freiheit 2

Denken Sie an eine Situation, in der Sie eine Entscheidung getroffen haben, beispielsweise: Spaghetti Bolognese oder Gulasch zum Mittag? Soll ich lieber das rote oder das blaue T-Shirt kaufen? Nehme ich die Einladung an? Lege ich mir einen Organspendeausweis zu?
Wenn Sie über eine derartige Entscheidung nachdenken, würden Sie dann sagen, Sie hätten in dieser Situation, also unter denselben Bedingungen, auch anders handeln können?

a Ja, ich hätte mich zu jeder Zeit anders entscheiden können. Schließlich bin ich immer frei in meinen Entscheidungen. Wären meine Entscheidungen nicht frei, würde ich das doch merken.

b Ich entscheide vielleicht nicht in allem frei. Aber immer wenn ich existentielle Entscheidungen bewusst fälle, dann sind diese frei. In solchen Situationen hätte ich auch anders handeln können.

c   Ich weiß nicht, wie ich überprüfen soll, ob ich in derselben Situation auch anders hätte handeln können, denn ich kann nie zweimal in derselben Situation sein. Deshalb kann ich die Frage nicht beantworten.

d   Nein, es gibt keine Willensfreiheit. Der Mensch ist ein biologisches System, das den Naturgesetzen unterliegt. Willensfreiheit aber wäre ein Verstoß gegen die Naturgesetze.

e   Nein, denn es gibt keine echte Willensfreiheit. Trotzdem hat es durchaus Sinn, von verschiedenen Graden von Freiheit und Autonomie zu sprechen. Zum Beispiel ist ein Süchtiger weniger frei als ein Nicht-Süchtiger. Trotzdem kann niemand anders handeln, als er handelt.

Freiheit 3

Ein junges Mädchen wurde vergewaltigt. Der Täter ist nicht psychisch geschädigt, hatte keinen Alkohol zu sich genommen, kommt aus der Mittelschicht. Typ ›ganz normaler Mann‹. Wie sollte dieser Mann bestraft werden? Und vor allem: Sollte er härter bestraft werden als ein anderer Täter, der psychisch erkrankt ist, vermutlich alkoholisiert war und Schulabbrecher ist?

a   Für jeden Vergewaltiger gibt es nur eine Strafe, die Todesstrafe. Was ein Vergewaltiger einer Frau antut, lässt sich nie wieder gutmachen. Er zerstört ihr Leben.

b   Der ›ganz normale Mann‹ gehört hart bestraft und in Sicherheitsverwahrung. Sicherlich hat er auch eine härtere Strafe verdient als jemand mit psychischer Erkrankung, denn der ist für sein Handeln nicht so verantwortlich wie der ›ganz normale Mann‹.

c   Beide gehören hart bestraft, und zwar gleich hart. Es kommt nicht darauf an, warum ein Mensch etwas tut, sondern nur darauf, welche Konsequenzen sein Tun hat. In beiden Fällen wird ein junges Mädchen vergewaltigt, folglich muss in beiden Fällen auch dieselbe Strafe her.

d   Beide gehören hart bestraft, der ›psychisch Erkrankte‹ aber härter. Es kann nicht angehen, dass sich jeder in diesem Staat darauf berufen kann, eine schlechte Kindheit zu haben, um dann nach einer Tat auf mildernde Umstände zu pochen. Wer sich leichtfertig durch Alkohol außer Stande setzt, eine vernünftige Entscheidung zu treffen, der hat eine härtere Strafe verdient.

Freiheit 4

Ein junger Mann, Anfang 20, ist in der unglücklichen Lage, sein Leben nicht schätzen zu können. Die Tage erscheinen ihm leer, die Arbeit stupide, seine letzte Beziehung liegt schon eine Weile zurück. Die Menschen um ihn herum interessieren ihn durchaus, aber so richtig fest hält ihn nichts im Leben. Nach reiflicher Überlegung beschließt er, sich umzubringen. Nicht aus einem Impuls heraus, sondern weil er es möchte. An einem trüben Tag Anfang November erhängt er sich auf dem Dachboden seines Wohnhauses. Sie denken:

a Das ist seine freie Entscheidung gewesen. Sofern er sich das reiflich überlegt hat, bleiben da keine Fragen offen. Jeder sollte meiner Auffassung nach das Recht haben, sich umzubringen, wenn es sich um seinen ernsthaften Wunsch handelt.

b Es ist dumm, seinem Leben ein Ende zu setzen. Eine freie Entscheidung ist es schon gar nicht. ›Frei‹ würde ich nur jemanden nennen, der sein Leben ›in die Hand nimmt‹ und es gestaltet, nicht jemanden, der seinen Tod arrangiert.

c Selbst wenn er meint, seine Entscheidung sei frei gewesen, ist sie das nicht. Empfindungen von Leere und Sinnlosigkeit haben ihn in den Tod getrieben, nicht sein freier Wille.

d Der Wunsch zu sterben resultierte nur aus einem biochemischen Ungleichgewicht in seinem Gehirn. Mit Freiheit hat das nichts zu tun. Antidepressiva hätten ihm das Leben retten können.

Freiheit 5

Ein Bekannter aus Ihrer Nachbarschaft erkrankt an einem Tumor im Mund-Rachen-Bereich. Die Ärzte schreiben die Ursache der Erkrankung seinem regelmäßigen Alkohol- und Zigarettenkonsum zu. Sie denken:

a Ein bisschen ist er selbst schuld an seiner Misere. Hätte er nicht geraucht und nicht getrunken, dann wäre mein Mitgefühl größer. Men-

 schen, die ohne ihr eigenes Zutun erkranken, verdienen in jedem Fall stärkeres Mitgefühl.

b Eine solche Krankheit ist schlimm ganz unabhängig davon, welche Ursachen dafür angeführt werden können. Ich verteile mein Mitleid nicht nach dem Kriterium des ›Selbstverschuldens‹. Außerdem hat er weder das Rauchen noch das Trinken noch die Erkrankung ›frei‹ ge-
 wählt.

c Er hätte nicht rauchen und trinken sollen! Ich finde es ärgerlich, dass ich seine Behandlung über meine Krankenversicherungsbeiträge mitfinanziere. Dass er so krank ist, ist nicht schön. Aber er hat sich die
 Suppe schließlich selbst eingebrockt.

Freiheit 6
Ihre beste Freundin gesteht Ihnen, dass sie ihren Mann betrügt. Sagen möchte sie es ihm nicht, denn sie hält die Affäre für kurzlebig und das Leben mit ihrem Ehemann und den Kindern im Großen und Ganzen für schön. Nur ein wenig mehr Abwechslung und Freiheit habe sie sich gewünscht.
Wie denken Sie über die Situation ihrer Freundin?

a Es sollte durchaus im Rahmen ihrer Freiheit liegen, ihr Leben so zu gestalten, wie sie es für richtig hält. Wenn sie eine kurzfristige Affäre als notwendige Abwechslung empfindet, dann soll sie sich den Raum da-für auch nehmen. Wenn für sie die Affäre tatsächlich keine Bedeutung
 hat, dann hat sie das Recht und die Freiheit, sie zu verschweigen.

b In meinen Augen hört die Freiheit und der Gestaltungsspielraum des Einzelnen dort auf, wo andere Personen ins Spiel kommen. ›Frei‹ wäre sie nur, wenn sie allein wäre. Sie hat aber einen Mann und Kin-der – damit ist sie nicht mehr frei. Ich rate ihr, die Affäre schnellstmög-lich zu beenden und das Ganze ihrem Mann zu beichten.

c In meinen Augen hört die Freiheit und der Gestaltungsspielraum des Einzelnen dort auf, wo andere Personen ins Spiel kommen. ›Frei‹ wäre sie nur, wenn sie allein wäre. Sie hat aber einen Mann und Kin-der – damit ist sie nicht mehr frei. Ich rate ihr, die Affäre zu beenden, eben weil sie nur eine kurzfristige Abwechslung ist, und ihrem Mann nichts davon zu sagen.

d Niemand sollte sich an Situationen gebunden oder anderen Personen verpflichtet fühlen müssen. Echte Freiheit lässt sich nur dann realisieren, wenn man sich autonomisiert. Ich frage sie deshalb, warum sie überhaupt geheiratet hat und ob sie nicht ihre gesamte Lebenssituation überdenken will. Zudem würde sie durch die Offenlegung der Affäre auch ihrem Mann die Freiheit einräumen, sich Abwechslung zu verschaffen. Offene Beziehungen sind ohnehin viel freier und unkomplizierter als diese ewigen Lebenslügen.

Freiheit 7

Woran denken Sie zuerst, wenn Sie das Wort ›Freiheit‹ hören?

a Daran, dass die Gedanken frei sind.

b Ich denke dabei an die Abwesenheit von äußeren Zwängen und Nöten. Frei bin ich, wenn niemand Druck auf mich ausübt und kein Umstand mich zu bestimmten Handlungen nötigt.

c Dass es sie nicht gibt.

d Ich denke dabei an die Abwesenheit von inneren Zwängen.

e An Kreativität und mein Vermögen, neue Dinge zu schaffen.

f Dass ich kein Automat bin.

g Dass nur die richtige Gesellschaftsordnung Freiheit gewährleistet.

Freiheit 8

Sie lieben einen Mann. Zwar leben sie in getrennten Haushalten, aber Sie kennen sich schon lange. Sie wissen, dass der Mann Schwierigkeiten hat, emotionale Bindungen einzugehen, sich für längere Zeit zu verpflichten. Oft schon hat er Ihnen gesagt, dass er Angst hat, seine Freiheit zu verlieren. Eines Tages kommt er jedoch zu Ihnen und sagt: »Hör zu, ich habe es mir sehr lange und sehr gründlich überlegt: Möchtest Du mich heiraten?«

Sein Entschluss ist für Sie überraschend, aber er stellt seine Frage offen, ehrlich, überzeugend, von ganzem Herzen. Er hat sich offensichtlich für Sie entschieden. In welchem Sinn hat er das getan?

a Er hat sich so für mich entschieden, wie sich der Sekundenzeiger einer Uhr jeweils dafür entscheidet, eine Sekunde weiterzugehen. Besser spät als nie!

b Ich bin mir gar nicht mehr sicher, ob ich ihn noch heiraten möchte, obwohl ich dachte, das die ganze Zeit über gewollt zu haben. Ich weiß zwar, dass er hart mit sich gerungen hat, aber Entscheidungen in Sachen Liebe trifft man nicht auf diese Art und Weise. Das weiß man entweder sofort, oder man lässt es bleiben. Ich jedenfalls brauche erst einmal ein wenig Abstand.

c Ich bewundere ihn für zwei Dinge: erstens dafür, dass er es sich mit mir nicht leicht gemacht hat. Sein Entschluss, mich zu heiraten, ist das Ergebnis einer langen Abwägung, und für solche Abwägungen braucht man eine Menge Energie. Das macht nicht jeder. Ich stehe jetzt an erster Stelle, nicht mehr seine Freiheit. Zweitens bewundere ich meinen Mann dafür, dass er sich geändert hat. Für diese beiden Seiten allein könnte ich ihn schon lieben, und deswegen musste ich mir meine Antwort auf seinen Antrag gar nicht lange überlegen.

d Er ist kein Automat. Er hat das getan, was er meinte tun zu müssen. Das Ergebnis ist der Heiratsantrag. In dem Sinne hat er sich für mich entschieden.

Freiheit 9

Ein Ehepaar hat den Wunsch, Kinder zu bekommen. Aber es ist schwieriger als erwartet. Zwar war die Frau schon zweimal schwanger, doch erlitt sie in beiden Fällen eine Fehlgeburt. Die Ärzte raten der Frau von einer weiteren Schwangerschaft ab. Sie sagen, das sei zu gefährlich, sie könne dabei sterben. Die Frau entscheidet sich gegen den Rat der Ärzte.
Wie beurteilen Sie das Verhalten der Frau?

a Wenn sie sich gut informiert, die Sache gut überlegt und sich mit ihrem Mann abgesprochen hat, dann ist das ihre ureigene Entscheidung. Respekt.

b Die menschliche Natur ist stärker als die Vernunft. Den Wunsch nach einem Kind über das eigene Leben zu stellen, ist eine typische Konsequenz unserer biologischen Grundausstattung.

c Die Frau sollte ihrem Mann und den Ärzten die Entscheidung über eine weitere Schwangerschaft überlassen. Sie selbst ist befangen und nicht mehr zu einem klugen Urteil fähig.

d Ich hoffe, die Frau hat ihre Entscheidung getroffen, ohne groß zu überlegen. Es nützt gar nichts, über so lebenswichtigen Entscheidungen lange zu brüten. Man trifft sie aus dem Gefühl heraus.

e Jeder ist seines eigenen Glückes Schmied. Es ist ihre Entscheidung und auch ihr Risiko.

Freiheit 10

In der Bundesrepublik ehrt man Hans und Sophie Scholl wegen des Widerstandes im Dritten Reich, der sie ihr Leben gekostet hat. Natürlich sind es die Taten, für die man die Geschwister Scholl ehrt. Die Taten sind also der Grund, die Geschwister die Adressaten. Was aber ehrt man an den Geschwistern Scholl genau?

a Man ehrt die genetische Ausstattung der Geschwister Scholl, die sie auf Widerstand programmiert hat.

b Man ehrt die genetische Ausstattung der Geschwister Scholl und deren kindliches und soziales Umfeld, das widerständlerische Gedanken förderte und nicht unterband.

c Man ehrt all die Zufälle, die dafür sorgten, dass es so kam, wie es kam.

d Man ehrt eigentlich gar nicht die Geschwister Scholl, sondern man ehrt die Taten. Man möchte einfach, dass diese Taten als Vorbild gelten. Da es aber keine Taten gibt ohne jemanden, der sie ausführt, ehrt man die Geschwister Scholl.

e Man ehrt die Taten und die Geschwister Scholl. Die Taten ehrt man deshalb, weil man solche Taten vermehrt sehen möchte. Die Geschwister Scholl ehrt man, um den Menschen zu zeigen, dass auch sie als Vorbilder geehrt würden, wenn sie entsprechende Taten in entsprechenden Situationen vollbringen würden. Die Ehrung ist deshalb ein Anreiz zur Nachahmung.

f Man ehrt die Taten und die Geschwister Scholl. Die Taten ehrt man deshalb, weil man solche Taten vermehrt sehen möchte. Die Geschwister Scholl ehrt man, weil es eine mutige und seltene Leistung war, solche Taten unter dem NS-Regime zu vollbringen.

Freiheit 11

Die Industrie gibt jährlich viele Milliarden für Werbung aus, Tendenz zunehmend. Gibt es Bereiche, in denen Sie Entscheidungen treffen, die von der Werbung noch völlig unbeeinflusst sind?

a Ja. Solche Bereiche gibt es. Nicht alle Fragen meines Lebens hängen mit industriellen Produkten zusammen. Zum Beispiel ist die Frage, wen ich heirate, davon ganz unberührt.

b Offensichtlich funktioniert Werbung ja. Ich kann mir deshalb nicht vorstellen, bei der Wahl irgendeines Produkts unabhängig zu entscheiden. Inwieweit davon aber andere Entscheidungen betroffen sind, weiß ich nicht.

c Viele meiner Entscheidungen sind von der Werbung unbeeinflusst. Ich weiß, wie Werbung funktioniert. Deshalb kann ich mich ihrem Zugriff entziehen. Als autonomes Subjekt bin ich mir das sogar schuldig.

d Ich glaube nicht, dass es solche Bereiche gibt. Erstens ist Werbung heutzutage allgegenwärtig, zweitens kann ich die Seiteneffekte der Werbung gar nicht abschätzen. Wenn es etwa um Werbung für ein neues Parfum geht und ich dort eine ultraschlanke Frau sehe, die in Paris mit einem Mann flirtet – wie kann ich da noch behaupten, dass das nicht mein Schönheitsideal, meinen Reisewunsch, meine Idealvorstellung einer Beziehung beeinflusst?

e Es gibt in jedem Fall einen Bereich intellektueller Unabhängigkeit. Sonst wäre man ja schutzlos jeder Art von Propaganda ausgeliefert. Das Mitläufertum im Dritten Reich ließe sich damit sogar rechtfertigen.

Freiheit 12

Wozu braucht der Mensch Freiheit?

a Der Mensch braucht keine Freiheit, er missbraucht sie.

b Weiß nicht. Die Freiheit ist eine Last. Wer die Wahl hat, der hat bekanntlich auch die Qual.

●▲■◆

c Er braucht sie, um unabhängig und wirklich autonom zu sein.

◀≫▶≫

d Vernunft braucht Freiheit: Wenn man verschiedene Zukunftssze-narien entwerfen und durchspielen kann, muss man sich auch für eines entscheiden können. Diese Wahlmöglichkeit nennen wir Freiheit.

●▲■◆

e Damit er keine Maschine ist.

≪≫≫≫

Sie sind fertig mit dem Themenblock ›Freiheit‹.
Ihre Diagnose finden Sie auf den nächsten Seiten.

Diagnose ›Freiheit‹

● **−18 bis −12** Für Sie bedeutet Willensfreiheit sehr viel. Es würde Ihnen zu schaffen machen, wenn die Wissenschaften belegen könnten, dass es den freien Willen im strengen Sinne nicht gibt. Vermutlich neigen Sie auch zum Dualismus. So, wie Sie von sich selbst denken, denken Sie auch von den anderen Menschen. Deshalb ist es Ihnen auch wichtig, dass jeder für das, was er tut, die Verantwortung übernimmt.
Libertarismus – Dualismus

● **−11 bis −5** Sie hängen sehr an der Freiheit Ihres Willens. Sie meinen, er macht Sie zu dem, was Sie als Mensch sind. Gelegentlich wackelt diese Überzeugung allerdings ein wenig. Sie begreifen sich auch als durch und durch materielles Wesen und fragen sich, wie Willensfreiheit in Ihrem Gehirn überhaupt realisiert sein kann. Dann tröstet Sie der Gedanke, dass die moderne Hirnforschung diese Frage auch nicht beantworten kann.
Libertarismus – Monismus

● **−4 bis 4** Vermutlich kümmert Sie die Debatte um die Existenz des freien Willens nicht, sondern Sie sagen sich: »Es ist so, wie es eben ist.« Im Übrigen sind Sie sich gewiss, manchmal freie Entscheidungen treffen zu können. Ein eigenes Selbst als Teil der Seele brauchen Sie dafür nicht und auch kein besonderes Ich. Dass Sie selbst aber nur ein Automat sind, denken Sie auch nicht.
Pragmatismus – Determinismus – Libertarismus

● **5 bis 11** Sie stehen dem Determinismus nahe, weil Sie sonst keine andere Erklärungsmöglichkeit sehen. Es macht Ihnen auch nichts aus, sich als determiniertes Wesen zu begreifen. Manchmal haben Sie jedoch den Eindruck, dass einige Ihrer Handlungen freier waren als andere. Sie fragen sich dann, woher dieser Eindruck rührt, und sagen, er sei eine Illusion. Diese Deutung gefällt Ihnen aber nicht.
Determinismus – Monismus – Libertarismus

● **12 bis 18** In Ihrer Welt geht alles genau den Gang, den es geht, weil es ihn gehen muss. Sie sind Determinist oder Determinstin. Die Existenz eines erstauslösenden Selbst anzunehmen, erscheint Ihnen obskur und unwissenschaftlich. Sie begreifen sich und andere als durch und durch von den Naturgesetzen bestimmte Wesen. Deshalb stehen Sie vermutlich dem Naturalismus sehr nahe und interessieren sich für die Hirnforschung.
Determinismus – Naturalimus – (Libertarismus)

Wenn man Sie danach fragte, wie frei Sie selbst tatsächlich sind, würden Sie vermutlich antworten: »Gar nicht.« Sie begreifen sich als Produkt aus Zufällen innerhalb einer determinierten Welt, die keinen Raum lässt für Autonomie. Sie sehen zwar auch einen Unterschied zwischen einem Süchtigen und einem Nicht-Süchtigen, würden aber immer darauf bestehen, dass auch der Nicht-Süchtige in seiner Nicht-Sucht determiniert ist.

Determinismus – Konsequentialismus – (Libertarismus)

▲ −16 bis −11

Sie sehen immer nur, wie wenig Sie in der Welt ausrichten können und wie sehr Sie der Spielball des Zufalls und der Umstände sind. Das ein oder andere Mal freuen Sie sich darüber, dass Sie es sind, der in der Welt etwas ausrichtet, zum Beispiel wenn Sie Ihrem Kind in die Augen schauen. Diese Momente sind aber nicht zahlreich genug, um Sie von der Ohnmacht der Welt gegenüber abzubringen.

Nihilismus – Skepsis – Determinismus

▲ −10 bis −4

Sie sehen sehr deutlich, dass nicht jeder immer seines Glückes Schmied ist; auch kann in Ihren Augen nicht jeder immer aus seiner Haut heraus. Gleichwohl erkennen Sie, dass nur derjenige Erfolg haben kann, der sich auch für seinen Erfolg einsetzt. Das ist zwar keine Garantie, aber eine notwendige Vorbedingung. In diesem Sinne wünschen Sie sich, ein selbstständiger Mensch zu sein.

Konsequentialismus – Empirismus – Pragmatismus

▲ −3 bis 5

Trotz mancher Rückschläge nehmen Sie Ihre Geschicke in die eigene Hand. Sie wissen zwar um das Glück, das man benötigt, um ein gelingendes Leben führen zu können, Sie wissen aber zugleich auch darum, wie viel an ihrem eigenen Zutun liegt. Um in dieser Hinsicht überhaupt das Richtige tun zu können, konzipieren Sie sich als autonomes Wesen, in dessen Macht wenigstens ein Teil des eigenen Lebens steht.

Rationalismus – Libertarismus – Pragmatismus

▲ 6 bis 14

Sie legen großen Wert auf Ihre Autonomie und meinen, diese Autonomie könne letztlich nicht komplett wissenschaftlich erklärt werden. Davon unabhängig besteht für Sie ein markanter Unterschied zwischen einem Menschen und einer Katze. Im Gegensatz zur Katze sind Sie ein autonomes Wesen schon deshalb, weil Sie Ihre Entscheidungen reflektieren können. Oder deshalb, weil Sie eine Haltung zu Ihren Entscheidungen einnehmen können.

Kognitivismus – Rationalismus – (Irrationalismus)

▲ 15 bis 21

-19 bis -13 Sie sind der Auffassung, der freie Wille ist einfach nur eine Eigenschaft hinreichend komplexer materieller Systeme, die im Wesentlichen deterministisch funktionieren. Man wird – so Ihre Überzeugung – eines Tages die Entstehung des so genannten freien Willens wissenschaftlich erklären können und damit die Rede vom freien Willen als verkürzende Redeweise für etwas Determiniertes entlarven. Alles andere halten Sie für eine philosophische Obskurität. Denn Sie sind naturalistisch unterwegs.

Naturalismus – Monismus – (Metaphysik)

-12 bis -5 Wenn Sie sich und Ihre Handlungen erklären sollten, neigen Sie mehr oder weniger deutlich dem Naturalismus und dem Monismus zu. Sie haben auf Nachfrage keine echten Zweifel daran, dass Sie ein determinierter Mensch sind, der gelegentlich zwar von Willensfreiheit spricht, das aber auf den irrigen Sprachgebrauch seiner Kultur zurückführt. Manchmal bedauern Sie, dass es so ist.

Naturalismus – Monismus – Materialismus

-4 bis 3 Sie sind hinsichtlich der Entscheidung zwischen Monismus und Dualismus unentschieden. Natürlich begreifen Sie sich als ein materielles Objekt, dessen Willensfreiheit Schaden nimmt, wenn man die richtige Stelle seines Gehirns zerstört. Zugleich meinen Sie aber, dass Sie ein bisschen mehr als das sein müssen, eben ein Objekt, das anders als eine Maus freie Entscheidungen zu treffen vermag.

Determinismus – Monismus – Dualismus – Libertarismus

4 bis 10 Sie haben eine Neigung, sich selbst als Wesen zu begreifen, in dem zwei verschiedene Ebenen zusammenspielen: eine materielle und eine geistige. Dabei halten Sie die geistige Ebene für besonders wichtig. Auf welche Art und Weise das Zusammenspiel der beiden Ebenen vor sich gehen soll, ist Ihnen nicht klar. Sie sind sich aber sicher, dass das Geistige etwas ist, das sich aus Materie allein nicht begreifen lässt.

Dualismus – Metaphysik – (Monismus – Materialismus)

11 bis 16 Sie sind dualistisch unterwegs und meinen, der Mensch müsse mehr sein als nur ein komplexer Haufen von Molekülen und chemischen Bindungen. Dass es da etwas in Ihnen gibt, was Sie tatsächlich erst ausmacht, scheint Ihnen offenkundig. Dieses Etwas können die Wissenschaftler nicht restlos erforschen, denn es ist nicht Gegenstand ihrer Forschung.

Metaphysik – Dualismus – Transzendenz – (Monismus – Materialismus)

Sie pfeifen auf die Freiheit, weil es sie eh nicht gibt. Sie verlangen auch keine reflektierenden Meisterleistungen, schwere Grübeleien oder ›Auszeiten‹, wenn Sie Entscheidungen treffen. Sie entscheiden sich vergleichsweise schnell und nehmen das, was passiert, einfach hin. Sie sehen auch keine Not, sich gegen etwas zur Wehr zu setzen, wenn es Sie nicht berührt. Vielleicht haben Sie sogar eine Neigung zum Nihilismus, obwohl der Sie nur selten berührt.

Pragmatismus – Nihilismus

◆ **–16 bis –11**

Gleichgültig ist Ihnen nicht alles, aber vieles. Vermutlich sind Sie ein Mensch, der von sich sagt, er könne sein eigenes Leben mehr oder weniger gut regeln. Aber eigentlich sind nicht Sie es, der Ihr Leben regelt. Denn Sie sind der Ansicht, dass jeder Mensch mehr von dem bestimmt wird, was ihn bestimmt, als dass er es selbst bestimmt. Sie sehen auch wenig Möglichkeit, dies zu ändern.

Determinismus – Nihilismus

◆ **–10 bis –4**

Vermutlich haben Sie eine sehr pragmatistische Haltung zur Freiheit. Sie ist Ihnen nicht nichts wert, denn Sie sind der Welt gegenüber alles andere als gleichgültig. Zugleich aber hängen Sie die Zukunft der Erde nicht an einen überspannten Aktivismus oder an eine überspannte Forderung danach, Menschen zu freien Wesen zu erziehen. Sie tun das, was Sie in Ihrem Nahbereich zu tun in der Lage sind, und erwarten das auch von anderen. Mehr nicht.

Pragmatismus – Empirismus

◆ **–3 bis 5**

Freiheit bedeutet Ihnen viel, aber nicht alles. Sie schätzen die Freiheit hoch und erwarten das auch von anderen. Auf Menschen, die sich ihrem Leben gegenüber mehr oder weniger gleichgültig verhalten, schauen Sie hinab und bedauern sie, weil ihnen etwas fehlt, um ein erfülltes Leben zu führen. Im Grunde erwarten Sie auch, dass diese Menschen den Wert der Freiheit eigentlich von sich aus erkennen müssten.

Pragmatismus – Rationalismus – Metaphysik

◆ **6 bis 13**

Dass Sie über Freiheit verfügen, konstituiert Sie als Mensch. Es nimmt Sie aber auch in die Pflicht anderen gegenüber, weil nur ein mit Freiheit begabtes Wesen sich gegen den blinden Ablauf einer stumpfen materiellen Welt zur Wehr setzen kann. Als freies Wesen verstehen Sie sich dazu berufen und gezwungen, gegen das Unrecht aufzubegehren. Das verlangen Sie auch von anderen. Sie sind alles andere als nihilistisch.

Deontologie – Metaphysik – Idealismus – (Nihilismus)

◆ **14 bis 20**

Gut und Böse

Gut und Böse 1

›Catch and Release‹ nennt man eine Form des Angelns, bei der gefangene Fische nicht getötet, sondern vom Angelhaken gelöst und wieder ins Wasser geworfen werden. So bleiben die Fische am Leben, und der Angler hat dennoch Erfolg und Spaß. Wie stehen Sie zu dieser Form des Angelsports?

a Eine gelungene Sache, sehr tierfreundlich. Würde ich angeln, wäre das meine Form. Den Fisch nach dem Fangen zu töten und ihn auszunehmen, ist nichts für mich.

b Man jagt nicht einfach so zum Spaß. Genauso wenig, wie man Nahrungsmittel anbaut, um daraus Benzin zu gewinnen. Jedenfalls nicht, solange es noch Menschen in anderen Regionen der Welt gibt, die hungern müssen. Mit Essen spielt man nicht. Deshalb lehne ich diese Form des Angelns ab.

c Es ist vollkommen egal, ob man die Fische tötet oder zurückwirft. Fische haben ein winziges Gehirn und gar kein Schmerzempfinden. Wer sagt, Angelsport sei grausam, der vermenschlicht die Tiere, und das ist albern.

d Es ist mir egal. Hauptsache, ich muss keine Fische anfassen.

e Die Natur ist ein einziges Fressen und Gefressen werden. Normalerweise überlebt nur der Stärkere, in diesem Fall wäre das der Angler. Glück für den Fisch, dass er wieder zurück darf.

f Einer lebendigen Kreatur aus purem Vergnügen Schmerzen zuzufügen oder sie gar zu töten, ist etwas ganz anderes, als ein Tier zu töten, weil man sich davon ernähren muss.

g Ich kann es nicht ertragen, wenn einem Tier irgendein Schaden zugefügt wird.

Gut und Böse 2

Was als ›das Gute‹ und als ›das Böse‹ gelten kann …

a … lässt sich klar und objektiv feststellen.

b … ist eine Frage der Perspektive. Man kann immer etwas Gutes und etwas Böses in einer Sache entdecken.

c … eine Frage menschengemachter Kategorien. Es sind keine Eigenschaften der Natur.

d … ist kulturell bedingt und damit gesellschafts- und epochenabhängig.

e … bestimmt jeder für sich selbst.

Gut und Böse 3
Leid …

a … auf der Welt ist notwendig, damit wir das Schöne überhaupt sehen können.

b … ist überflüssig. Man könnte sich ohne Weiteres eine Welt ohne Leid vorstellen.

c … gibt es nicht. Leid ist nur die Abwesenheit von Glück.

d … ist immer relativ. Man muss sich nur umsehen und kann schnell feststellen, dass es immer Menschen gibt, denen es schlechter geht als einem selbst.

e … gehört zum Leben dazu.

f … ist eine Prüfung Gottes.

Gut und Böse 4
Gibt es wahre Hilfsbereitschaft?

a Nein. Menschen handeln nur aus egoistischen Motiven.

b Natürlich. Beispiele dafür sind: Mutter Teresa und Karl-Heinz Böhm.

c Jein. Bei jeder Handlung spielen sowohl egoistische als auch selbstlose Motivationen eine Rolle.

d Ja. Menschen sind zwar die meiste Zeit ihres Lebens Egoisten, aber in Momenten der Not zeigen sie dann doch wahre Hilfsbereitschaft.

Gut und Böse 5

Sie sind lebensbedrohlich erkrankt. Sie haben die Möglichkeit, eine Organspende zu bekommen, die Ihr Leben retten könnte. Die käme allerdings aus Ruanda. Sie müssten dafür zahlen. Was tun Sie?

a Ich würde zahlen und transplantieren lassen – ganz gleich um welches Organ und welches Land es sich handelt. Sofort.

b Ich müsste stark überlegen, weil ich befürchte, dass die Organe auf dubiosem Weg entnommen werden und die Spender möglicherweise zur ›Spende‹ gezwungen wurden. Ich bin nicht sicher, ob ich mein Wohlergehen über das anderer stellen könnte.

c Nein. Ich würde annehmen, dass der Spender seine Organe aus reiner Not verkauft. Ich würde lieber sterben, als die Notlage eines anderen ausgenutzt zu haben.

d Selbst wenn ich von der Notlage eines anderen profitiere, ist im Endeffekt doch uns beiden geholfen. Der Spender hat Geld zur Verfügung, das ihm fehlt, und ich kann weiterleben.

e Solange es sich nur um eine Niere handelt, hätte ich kein Problem. Bei einem Herzen beispielsweise hätte ich allerdings große Bedenken, weil es lebensnotwendig und in jedem Körper nur einfach vorhanden ist. Ich möchte nicht Gefahr laufen, dass jemand für mein Weiterleben getötet wird.

Gut und Böse 6

Warum gibt es überhaupt das Böse?

a Damit wir uns dagegen entscheiden können.

b Wer A sagt, muss auch B sagen können. Ohne die Wahlmöglichkeit zwischen Gut und Böse gibt es keine Willensfreiheit.

●▲»◈

c Im Angesicht der rauen Natur muss man sich eher fragen: Warum gibt es überhaupt das Gute?

●▲‹◆

d Nur Fanatiker glauben, dass es das Böse gibt.

●»«»

e Weiß nicht. Das ist halt so.

●▲▶◆

f Damit wir vorankommen. Der Krieg ist der Vater aller Dinge. Ohne ihn wären wir nicht dort, wo wir sind.

●▲▶«

g ›Böse‹ nennen wir Naturdinge, gegen die wir uns zur Wehr setzen.

●▲‹◆

Gut und Böse 7

Das Böse …

a … ist eine Macht, die es auch noch geben wird, wenn der Mensch von der Erde verschwunden ist.

●▲»«

b … gibt es nicht, und schon der Begriff ›das Böse‹ ist sinnlos. ›Das Rote‹ gibt es auch nicht.

●▲«»

c … ist notwendig immer auch da, wenn es das Gute gibt. Das Gute kann nicht ohne das Böse existieren, das Böse nicht ohne das Gute. Solange es das Böse gibt, gibt es auch das, wonach sich streben lässt: das Gute.

‹▲»«

d … ist mit dem Menschen auf die Welt gekommen und wird mit dem Menschen die Welt wieder verlassen.

●▲▶◆

e … ist etwas, vor dem mein Gewissen mich warnt.

‹▲▶◆

f … ist nur eine Bezeichnung für eine Sorte von Handlungen, die man nicht begehen sollte.

‹▲‹◆

g … ist Ergebnis kultureller Entwicklung. Es kennzeichnet sozial nicht erwünschte Handlungen.

●▲‹◆

Gut und Böse 8

Manche Menschen sagen, wir wüssten gar nicht, wie gut wir es haben, wenn es nicht das Böse und das Leid durch das Böse in der Welt gäbe. Das Böse ist dann sogar notwendig und erwünscht, um eigenes Glück empfinden zu können. Teilen Sie diese Ansicht?

a Ja. Wer nicht weiß, was das Böse ist, der kann das Gute, das ihm widerfährt, nicht schätzen, weil er es noch nicht einmal erkennt. Das scheint mir schon rein sprachlich wahr zu sein.

b Vielleicht würde man schon ganz gut leben, wenn einem nur Gutes widerfahren und man das Böse nicht kennen würde. Aber zur Steigerung des Glücksgefühls ist das Böse tatsächlich hilfreich, ja unentbehrlich.

c Nein. Soll ich mich tatsächlich danach sehnen, dass mein geliebtes Kind stirbt, nur damit ich später irgendwie (noch) glücklicher sein kann? Ich halte es für völlig ausgeschlossen, dass ich dann überhaupt noch glücklich sein kann. Oder sollte ich mich stattdessen danach sehnen, dass das Kind meiner Nachbarn stirbt, damit ich mit meinem lebendigen Kind sehe, was ich an ihm habe? Das scheint mir nicht nur abwegig, sondern mehr als absonderlich.

d Das ist doch Quatsch. In Mitteleuropa leben wir seit 60 Jahren ohne Krieg. Wir sind sogar bestrebt, den Raum kriegerischer Auseinandersetzungen durch Abkommen kleiner und kleiner zu machen. Warum machen wir das? Weil wir weniger glücklich sein wollen? Das ist absurd. Wir brauchen doch keinen neuen Krieg, ›um mal wieder richtig glücklich sein zu können‹.

e Weiß nicht. Natürlich möchte ich keinen neuen Krieg, aber ich weiß auch, dass man das Leben intensiver genießt, wenn man einmal eine Krebserkrankung erfolgreich überstanden hat.

Gut und Böse 9

Es ist eine humanistische Vorstellung, dass Bildung die Menschen besser macht und sie davor bewahrt, Böses zu tun. Teilen Sie diese Vorstellung?

a Ja. Jede Aggression ist immer eine Form von Dummheit. Bildung schützt vor Dummheit.

b Nein. Rechtsradikale Überzeugungen zum Beispiel ziehen sich durch alle Bildungsschichten. Auch in der NS-Führungsriege gab es sehr gebildete Leute, Heinrich Himmler zum Beispiel. Daran lässt sich erkennen, dass Bildung nicht schützt.

c Nein. Bildung ist Wissen. Das Böse ist Verhalten. Das eine hat mit dem anderen nichts zu tun.

d Prinzipiell kann das Böse von jedem Menschen zu jeder Zeit Besitz ergreifen. Der einzige Schutz dagegen ist Güte, nicht Wissen.

e Böses zu tun, ist keine Folge mangelnder Bildung, sondern mangelnder finanzieller Sicherheit. Wer dauerhaft arbeitslos ist oder perspektivlos, der schlägt gern drauf.

Gut und Böse 10

Von Machiavelli stammt der Satz: »Der Krieg ist der Vater aller Dinge.« Ohne Krieg gibt es demnach keinen Fortschritt, der Krieg ist notwendig für die Menschheitsentwicklung. Hat Machiavelli recht?

a Unbedingt. Wer dauerhaft in Frieden lebt, wird träge und verweichlicht. Gegenüber anderen, die noch hungrig sind, ist er im Zweifelsfall unterlegen. Die Hungrigen aber wird es immer geben. Sie sind es, die die Welt verändern.

b Papperlapapp. Wenn Machiavelli recht hätte, dann gäbe es niemals einen ewigen Frieden. Der aber ist möglich, wenn die Menschen sich in ihren Ansprüchen nur ein wenig bescheiden.

c Zum Teil. Es gibt viele Dinge, die nur im Zusammenhang mit der Rüstung erprobt und erforscht worden sind – Dinge, die man jetzt in jedem Haushalt antrifft. Ohne die Rüstung hätte es sie vermutlich nicht gegeben. Deshalb ist der Krieg vermutlich nicht der Vater aller Dinge, aber dennoch der Vater mancher Dinge.

d Vielleicht werden wir ja tatsächlich den Weltfrieden erreichen. Ich halte das nicht für ausgeschlossen. Aber Konkurrenzverhalten – gewissermaßen den Krieg im Kleinen und im Alltag – werden wir nie ausschließen können. Wenn man Machiavellis Ansicht verändert und sagt, die Konkurrenz ist die Mutter aller Dinge, dann hat er recht. Das ist politisch zur Zeit sogar unbedingt gewollt. Schön ist es trotzdem nicht.

e Ich weiß nicht. Es gibt auch Menschen, die etwas friedlich erreichen, einfach weil sie anderen Menschen helfen wollen. Auch die schaffen ›Dinge‹ und sind dann deren ›Väter‹, zum Beispiel Karl-Heinz Böhm und seine Schulen in Äthiopien.

Gut und Böse 11
Gibt es das Gute in der Welt überhaupt?

a Natürlich. Das Gute ist das, was einem Organismus zuträglich ist. Der Mensch braucht zum Beispiel Wasser, wenn er Durst hat. Deshalb gehört das Wasser zum Guten.

b Ja. Das Gute ist etwas, das anzieht. Der Mensch hat ›Antennen‹ für das Gute. Das Gute zeigt sich vor allem in der Liebe. Wenn man in der Liebe die Spur verfolgt, die von ihr gelegt wird, dann gelangt man an die Quelle der Liebe, und das ist das Gute.

c Das Gute ist immer das, was sich vor Anderem durch seine besondere Qualität auszeichnet. In diesem Sinne gibt es gute Läufer, gute Mathematikerinnen, gute Nahrung für eine Giraffe. Das Gute als das Hochwertige ist Bestandteil der Welt.

d Ja. Es ist das ewige Leuchtfeuer, an dem die Menschen ihre Handlungen orientieren sollen.

e Nein. ›Gut‹ kann nur etwas sein relativ zu einer Bewertungsskala, niemals aber an sich. Da es verschiedene Bewertungsskalen gibt und man auch auf sie verzichten kann, gibt es das Gute in der Welt nicht; jedenfalls nicht das unbedingte Gute.

Gut und Böse 12
Ist es böse, wenn man sich wehrt?

a Natürlich. Das ist bei Gegenwehr unvermeidlich. Allerdings ist das Böse dann gerechtfertigt, weil der andere angefangen hat.

b Ja. Deshalb will ich mich auch nicht wehren, weil ich nicht das Böse tun will. Wenn alle Menschen wären wie ich, dann gäbe es keinen Krieg mehr.

c Ja. Aber ich begrüße das. Ich würde allerdings noch weiter gehen. Ich verhalte mich nicht nur böse, wenn ich mich wehre. Ich verhalte mich auch böse, wenn ich präventiv Gewalt ausübe. Von Clausewitz stammt der Satz: »Der Krieg ist die Fortsetzung der Politik mit anderen Mitteln.« Das bedeutet doch, dass es geboten ist, die eigenen Interessen kriegerisch zu verfolgen, wenn auf diplomatischem Weg nichts mehr zu erreichen ist. Gegen eine neue Atommacht wie den Iran wäre ein Angriffskrieg sogar geboten. Er ist eine Form der aktiven Gegenwehr.

d Ich bin eine Beschützernatur. Das heißt, ich suche nicht den Konflikt, aber wenn ihn mir jemand aufzwingt, dann nehme ich ihn an. Jemanden zu schützen ist Pflicht. Das so genannte Böse zu tun, ist deshalb geboten. Es ist dann nicht böse.

e Der größte Feind des Menschen ist der Mensch. Das habe ich mir nicht ausgesucht. Deshalb werde ich meine Kinder immer zur Wehrhaftigkeit erziehen und ihnen sagen, dass sich zu wehren nichts Unrechtes und auch nichts Böses ist.

f Wenn Recht zu Unrecht wird, dann wird Widerstand zur Pflicht. Der Widerstand ist dann das Gute. Nur Unrecht-Tuer nennen es ›böse‹, um die Widerständler zu diffamieren.

Sie sind fertig mit dem Themenblock ›Gut und Böse‹.
Ihre Diagnose finden Sie auf den nächsten Seiten.

Diagnose ›Gut und Böse‹

● **–9 bis –4**   Menschen sind in Ihren Augen umeinander besorgte, altruistische soziale Wesen. Egoismus stellt für Sie eher eine Ausnahme dar, als dass er menschliches Hauptmotiv wäre.
Idealismus – Metaphysik – (Egoismus – Soziobiologie)

● **–3 bis 1**   Menschen sind Ihrer Meinung nach durchaus in der Lage, sich anderen Menschen gegenüber selbstlos, also altruistisch, zu verhalten. Mag es auch von Zeit zu Zeit den Anschein haben, als kümmere sich jeder allein um sich selbst, so denken Sie doch, dass Menschen in der Regel gut zueinander sind.
Idealismus – Metaphysik – (Egoismus)

● **2 bis 5**   Egoismus und Altruismus halten sich bei der Motivation menschlichen Handelns in Ihren Augen etwa die Waage, wobei der Egoismus im Zweifelsfall leicht überwiegen mag.
Egoismus – Idealismus

● **6 bis 9**   »Vertraue keinem edlen Motiv, wo sich ein niederes finden lässt!« Das ist Ihre Devise, wenn es um die Erklärung menschlichen Verhaltens geht. Insbesondere halten Sie den Egoismus für eine der wichtigsten, wenn nicht die wichtigste Triebfeder des Menschen, auf den sich vielleicht sogar jede menschliche Handlung zurückführen lässt.
Egoismus

▲ **–21 bis –15**   Gut und Böse sind für Sie zwei wichtige Orientierungshilfen zum Verständnis unserer Lebenswelt. Sie können wahrscheinlich nur schwer akzeptieren, dass andere die Frage nach dem Guten und dem Bösen einfach als eine Frage der Perspektive abtun.
Idealismus – Metaphysik – Essentialismus

▲ **–14 bis –6**   Ohne die Idee von Gut und Böse kann Ihrer Meinung nach unsere Lebenswelt wohl nur unzureichend verstanden werden. Wer Gut und Böse nicht in seine Überlegungen einbezieht, macht in Ihren Augen einen Fehler. Sie können dies wahrscheinlich verstehen, da die Auseinandersetzung mit diesen Werten nicht immer ganz leicht ist – gutheißen können Sie es aber nicht.
Idealismus – Metaphysik – Essentialismus

Ob es sich nun lohnt, längere Betrachtungen über Gut und Böse an- ▲ –5 bis 2
zustellen, ist in Ihren Augen nur schwer zu entscheiden. Einerseits
erscheinen Ihnen diese Kategorien in vielen Fällen menschengemacht
und vage, andererseits haben Sie die Vermutung, dass trotz allem doch
mehr in ihnen stecken könnte.
Skeptizismus – Essentialismus

Es erscheint Ihnen durchaus interessant zu verstehen, was hinter den ▲ 3 bis 9
Begriffen ›Gut‹ und ›Böse‹ steckt. Solange es aber dringendere Fragen
gibt, stellen Sie diese eher theoretischen Überlegungen gern zurück.
Pragmatismus

Was als ›Gut‹ und was als ›Böse‹ bezeichnet wird, ist für Sie vor allem ▲ 10 bis 15
eine Frage der Umstände. Solange das klargestellt ist, erscheint es Ihnen nicht sonderlich interessant, sich weiter damit zu befassen. Für Sie
gibt es dringendere Anliegen.
Pragmatismus

Für Sie sind Gut und Böse keine natürlichen Gegebenheiten. Sie sind ■ –19 bis –13
der sprachliche Ausdruck einer wertenden Haltung von Menschen. Die
Natur in diesen Begriffen beschreiben zu wollen, halten Sie für grund-
falsch.
Naturalismus – Realismus – Monismus

Sie können verstehen, weshalb Menschen auf die Idee verfallen konn- ■ –12 bis –5
ten, in der Natur Gut und Böse ausmachen zu können. Und als meta-
phorische Redeweise erscheint Ihnen das durchaus erlaubt. In Ihren
Augen darf man dabei aber nicht menschliche Wertung mit natürlicher
Gegebenheit verwechseln. Die Natur kennt Gut und Böse nämlich
nicht.
Naturalismus – Realismus – Monismus

Was nun letztendlich die Natur der Begriffe ›Gut‹ und ›Böse‹ ist, lassen ■ –4 bis 4
Sie unbeantwortet. Sie akzeptieren, dass Menschen gern in diesen Kategorien denken, und dies erscheint Ihnen auch sinnvoll. Dabei können Sie es für sich guten Gewissens bewenden lassen.
Pragmatismus

5 bis 11 Wer die Welt ohne die Kategorien ›Gut‹ und ›Böse‹ zu beschreiben versucht, erscheint Ihnen naiv. Auch wenn es Ihnen bisweilen vielleicht schwierig vorkommt, ›Gut‹ und ›Böse‹ klar zu definieren, so sind Sie doch überzeugt, dass diese Werte integraler Bestandteil der Welt sind.
Metaphysik – Idealismus – Essentialismus

12 bis 17 ›Gut‹ und ›Böse‹ sind Ihnen wichtige und unumstößliche Kategorien. Sie gehören für Sie zum Aufbau der Welt ebenso dazu wie Feuer und Wasser oder Himmel und Erde. Wer diese Begriffe bei der Beschreibung der Welt vernachlässigt, begeht in Ihren Augen einen schwerwiegenden Fehler.
Metaphysik – Idealismus – Essentialismus

–18 bis –14 Gut und Böse sind für Sie objektiv erkennbare Größen. Wer das bestreitet, ist in Ihren Augen wahrscheinlich einfach nur nicht gewillt, sich auf diese Größen einzulassen, und schiebt seine angebliche Unkenntnis als Entschuldigung für böses Betragen vor.
Metaphysik – Essentialismus – Dualismus

–13 bis –7 Sie nehmen eine zumindest teilweise objektive Beschaffenheit von Gut und Böse an. Anders erscheint es Ihnen auch schwer erklärlich, weshalb so viele Menschen sich in so vielen Fragen doch recht schnell darüber einig werden können, was gut und was böse ist.
Metaphysik – Essentialismus – Dualismus

–6 bis –1 Ob wir nun alle im Grunde dieselben Dinge für gut oder böse halten oder ob es sich dabei um rein subjektive Einschätzungen handelt, lassen Sie offen. Für beide Seiten sprechen in Ihren Augen gute Gründe.
Skeptizismus – Metaphysik – Pragmatismus

0 bis 4 Sie halten Gut und Böse für weitgehend subjektive Wertungen. Zwar mögen manche Gruppen von Menschen dasselbe als gut oder böse einschätzen, diese Übereinstimmung rührt für Sie jedoch von dem gemeinsamen kulturellen Hintergrund dieser Gruppen her.
Konstruktivismus – Naturalismus – Postmoderne

›Gut‹ und ›Böse‹ sind in Ihren Augen bloß subjektive Kategorien. Von ◆ **5 bis 8** Person zu Person und Situation zu Situation finden sich derart viele verschiedene Einschätzungen, dass jede andere Behauptung in Ihren Augen an den Haaren herbeigezogen ist.

Konstruktivismus – Postmoderne

Das Schöne und die Kunst

Das Schöne und die Kunst 1

Gibt es einen qualitativen Unterschied zwischen Modern Talkings *Cheri Cheri Lady* und Dvořáks Symphonie Nr. 9 *Aus der Neuen Welt*?

a Musik hat nur dann diesen Namen verdient, wenn sie kunstvoll gestaltet ist. Etwas, das mich bewegen soll, muss Ergebnis einer Schöpfung sein. Für mich kommt dabei nur Musik in Frage, die im weitesten Sinn als ›Klassische Musik‹ bezeichnet wird.

b Musik muss mich emotional ansprechen. Ich mache diesbezüglich keine Unterschiede zwischen Musikrichtungen. Sie intellektuell zu begreifen, interessiert mich bestenfalls auf den zweiten Blick.

c Ich kann mit Musik nichts anfangen, gleichgültig, in welcher Form sie mir zu Ohren kommt. Eigentlich empfinde ich alles als störende Geräuschkulisse.

d Ich mag Musik. Ich höre oft Radio, und dann gefallen mir die unterschiedlichsten Sachen. Es ist mir außerdem wichtig, die Musik zu kennen, die gerade angesagt ist. Ich rede gern mit, wenn es um Musik geht.

e Der Unterschied ist einfach der: *Cheri Cheri Lady* besteht aus wenigen Akkorden und einer simplen Melodie. Die Symphonie Nr. 9 ist demgegenüber unendlich viel reicher an Variationen. Dvořák kann nicht jeder verstehen, und bei Modern Talking gibt es nichts zu verstehen. Der innere Wert von Dvořáks Komposition übertrifft das Bohlen-Machwerk um Längen.

Das Schöne und die Kunst 2

Wann ist Kunst in Ihren Augen wirklich Kunst?

a Wenn sie aus einem autonomen Schaffensprozess hervorgeht.

b Wenn sie auf ästhetische Weise politische und gesellschaftliche Sachverhalte spiegelt und damit auf ihre eigene Weise zum Nachdenken anregt.

c Wenn sie mir gefällt.

d Wenn sie etwas zeigt oder darstellt, das ich selbst nicht herstellen könnte. Ich muss sehen können, dass ein Künstler sein Handwerk beherrscht.

e Kunst muss das Unmögliche mindestens versuchen und denkbar machen: Sie muss auf der einen Seite autonom sein, und auf der anderen sollte sie auf die Gesellschaft, ihren Zustand und ihre Schwierigkeiten verweisen.

f Ich darf sie nicht auf Anhieb verstehen.

Das Schöne und die Kunst 3

Marcel Duchamp hat mit einem umgedreht aufgehängten weißen Pissoir *fountain* geschaffen, ein Kunstwerk, an dem sich noch heute im allgemeinen Gespräch durchaus die Geister scheiden können. Was halten Sie von Werken wie Duchamps *fountain*?

a Ein Pissoir als Kunstwerk? So ein Quatsch! Hoffentlich wurden dafür keine Steuergelder ausgegeben.

b Ich schätze diese Readymades als Kunst. Eine brillante Idee, mit der durch das explizite Einbinden des Zufalls die Möglichkeit einer autonomen Neuschöpfung in der Kunst in Frage gestellt wird.

c Unterhaltsame Idee, aber in keiner Weise zu vergleichen mit den Schöpfungen der großen Künstler. Die waren ideenreich und haben zudem noch die Techniken beherrscht. Duchamp ist eben nicht Michelangelo.

d Die Stufe der hohen Kunst kann erst in der Moderne erreicht werden. Vorher war alles bloßes Handwerk. Vor die Wahl *Mona Lisa* oder *fountain* gestellt, würde ich *fountain* wählen.

e Ich habe es aufgegeben, ›Kunst‹ definieren zu wollen. Was mir gefällt, gefällt mir. Der Rest ist mir egal.

Das Schöne und die Kunst 4

Liegt Schönheit wirklich allein im Auge des Betrachters?

a Nein! In der Evolution hat der Mensch ein Schönheitsempfinden entwickelt, das ihm gerade diejenigen Dinge als schön und anziehend erscheinen lässt, die seinem Überleben und seinem Fortpflanzungserfolg zuträglich sind. Die schönen Künste versuchen, diesen Mechanismus im Menschen anzusprechen, und überformen ihn zum Teil auch.

b Fast. Schönheit ist eine gesellschaftliche Festlegung. Was als schön gilt, ist von Kultur zu Kultur und Epoche zu Epoche hochgradig verschieden. Deshalb lässt sich auch keine zeitlose Definition von Schönheit geben.

c Ja. Schönheitsempfinden ist eine rein individuelle und private Angelegenheit.

d Nein. Die Erkenntnis wahrer Schönheit ist ein Zusammenspiel von Vernunft und ästhetischem Empfinden. Wer sich lange genug bildet, kann zwischen Schönheit und bloßem Kitsch immer besser unterscheiden.

Das Schöne und die Kunst 5

Picassos *Guernica* gilt als Antikriegsgemälde. Könnte jemand, der die Geschichte der Stadt Guernica im spanischen Bürgerkrieg nicht kennt, das Gemälde trotzdem in seiner ganzen Schönheit erfassen?

a Nein. Der Sinn des Gemäldes erschließt sich nur, wenn man seinen geschichtlichen Hintergrund kennt. Ohne diesen Hintergrund ist es viel weniger eindrucksvoll.

b Nicht ganz. Natürlich ist *Guernica* auch ohne das Wissen um seinen historischen Hintergrund ein meisterhaftes Gemälde. Aber man hat seine Größe erst dann vollständig erfasst, wenn man um seinen Hintergrund weiß.

c Ja. Historie und Ästhetik eines Bildes sind zwei Paar Stiefel! Man kann das Gemälde Picassos auch ganz ohne Wissen um seinen Hintergrund genießen.

Das Schöne und die Kunst 6

Wenn Sie von einem ›schönen Menschen‹ sprechen, dann meinen Sie …

a … jemanden mit symmetrischen Gesichtszügen, reiner Haut, gesundem Aussehen und einer sportlichen Figur.

b … eine charakterlich integre und gütige Person.

c … jemanden, der mein Schönheitsempfinden anspricht. Er oder sie kann für andere durchaus völlig unattraktiv sein.

d … jemanden, dessen Wesen mich anspricht.

e … einen Menschen mit gutem Charakter und attraktivem Äußeren.

Das Schöne und die Kunst 7

Was macht Schönheit mit Ihnen? Schönheit …

a … enthebt mich der Welt. Sie ist kein Teil der ›normalen‹ Welt, in der alles irgendwelchen Funktionen untergeordnet ist. Schönheit ist einfach da, ohne Funktion. Sie blendet mich, und wenn ich etwas Schönes betrachte, dann bin ich völlig außer mir, ergriffen.

b … ist, was Kant ›interesseloses Wohlgefallen‹ genannt hat. Ich ›gaffe‹ das Schöne an, weil es mich anzieht. Ich möchte dann das Schöne einfach nur anschauen. Und ich habe dabei keine Gedanken daran, wozu ich es verwenden kann.

c … ist einer Funktion untergeordnet: Sie soll anziehen. Frauen sind schön, um Männer anzuziehen, damit sie die Väter ihrer Kinder werden. Die Schönheit der Frauen verheißt etwas. Und diese Schönheit ist eine Falle, weil sie blendet. Nicht mehr und nicht weniger.

d … verbindet mich mit der Unsterblichkeit. Schön sind für mich zum Beispiel Partituren, gute Musik, perfekte Gemälde, mathematische Beweise, geniale Theorien. Menschen können da nicht mithalten.

Das Schöne und die Kunst 8

In der *Geburt der Tragödie aus dem Geiste der Musik* von 1872 schreibt Nietzsche: »Nur als ästhetisches Phänomen ist das Dasein und die Welt ewig gerechtfertigt.«

Was könnte er mit diesen seltsam anmutenden Worten gemeint haben?

a Ich glaube, Nietzsche will damit sagen, dass man die Welt überhaupt nur dann hinnehmen und ertragen kann, wenn man sie als ästhetisches Phänomen betrachtet. Das setzt aber voraus, dass man von der üblichen, banalen Sicht auf die Welt wegkommen kann, indem man eine Art Schalter umlegt. Ich zweifle aber daran, dass das wirklich geht.

b Ich verstehe den Satz nicht. Ästhetik und ästhetische Phänomene taugen überhaupt nicht zur Rechtfertigung. Es ist mir gerade so, als bringe Nietzsche grammatikalischen Unsinn hervor.

c Ich denke, Nietzsche redet davon, dass Menschen absichtlich ›ästhetische Momente‹ aufsuchen sollen, zum Beispiel Konzerte oder Opern, um sich der fatalen Welt zu entrücken. In diesem ent-rückten Zustand sind die Menschen dann aufs Positivste ver-rückt und mit der Welt in Einklang.

d Ich lege jetzt dieses Buch zur Seite, werde meine Lieblingsmusik anmachen und dazu tanzen.

Das Schöne und die Kunst 9

Welche Charakterisierung von Schönheit halten Sie für zutreffend?

a Schönheit ist das, was ein Betrachter als schön empfindet.

b Schönheit ist interesseloses Wohlgefallen.

c Schönheit ist der Nachglanz der Wahrheit.

d Über Geschmack lässt sich nicht streiten.

e Wahre Schönheit unterscheidet sich von der Ware ›Schönheit‹. Letztere ist nur Mode, erstere bleibt, auch wenn alle Moden vergangen sind.

f Schön ist das Wohlproportionierte. Und das Wohlproportionierte ist das, was wir als ›Empfindung von Wohlproportioniertheit‹ in der biologischen Evolution ausgebildet haben, etwa das Taille-Hüfte-Verhältnis bei Frauen.

g Wahre Schönheit ist immer auch erhaben: Sie weist über sich, über den Leib, über die Sinne hinaus und gebietet Ehrfurcht.

h Schönheit ist Schönheit. Man kann darüber nichts Genaueres sagen, man kann sie nur empfinden.

i Über Schönheit lässt sich trefflich streiten. Es gibt intersubjektive Kriterien für Schönheit, die sich allerdings im Lauf der Zeit langsam ändern.

j Ich wurde als Kind darauf geprägt, bestimmte Dinge als schön zu empfinden. Da unterscheide ich mich wenig von einer Graugans.

Das Schöne und die Kunst 10

Sie fahren auf unwegsamen Straßen und erblicken plötzlich, inmitten einer menschen- und kuhleeren Wiese, einen Zahnarztstuhl aus den 70er Jahren, der gerade so wirkt, als sei er dort hindrapiert worden. Was unterscheidet dieses Ensemble ›Stacheldraht, Wiese, Zahnarztstuhl‹ von echter Kunst?

a Nichts. Nur scheint keiner Eintritt zu verlangen. Das Ensemble ist genauso bizarr wie die moderne Kunst.

b Also, wenn der Stuhl dort einfach nur abgestellt wurde, zum Beispiel weil der Traktoranhänger einen Platten hatte, dann ist das Ensemble nur zufällig und kein Kunstwerk. Hat aber jemand den Stuhl absichtlich dorthin gestellt, dann ist es ein Kunstwerk.

c Das Ganze scheint mir wie der Anfang eines Schrottplatzes, auf dem es auch bald ausrangierte Pflüge und Kühlschränke geben wird. Kunst findet man üblicherweise nicht auf dem Schrottplatz.

d Aufgabe der Kunst ist es, mich zum Staunen und Nachdenken zu bewegen. Sie schafft das oft durch Brüche. Der Bruch hier ist das Missverhältnis zwischen dem Ort, an dem der Zahnarztstuhl steht, und dem Ort, an den er gehört. Deshalb ist es Kunst.

e Das ist mir egal, es sieht einfach nur himmelschreiend komisch aus.

f Um es zu Kunst zu machen, fehlt noch das kleine Schildchen am Rand der Wiese mit der Aufschrift ›Ohne Titel 43‹.

Das Schöne und die Kunst 11
Hat die schöne Kunst eine Aufgabe?

a Kunst und Schönheit sind zweckfrei. Sie haben keine Aufgabe.

b Die Kunst ist das Refugium des modernen Menschen. Sie hat keine andere Aufgabe, als ihn zu beherbergen.

c Die Aufgabe der Kunst ist es, den Zeitgeist umzusetzen in etwas, das nur emotional zugänglich ist.

d Die Aufgabe der Kunst ist es, schöne Objekte hervorzubringen.

e Man macht Kunst um der Kunst willen. Das kann man mögen oder die Finger davon lassen.

f Kunst soll den Künstler reich und den Sammler noch reicher machen.

g Nein. Kunst ist infantiles Gestalten.

Das Schöne und die Kunst 12
Schönheit ist zwar in mancher Hinsicht relativ; gleichwohl gibt es aber auch gesellschaftliche Idealvorstellungen, die Erwartungen an das Äußere der Menschen stellen. Wie weit würden Sie für Ihre Schönheit gehen?

a   Ich tue alles dafür, um dem gängigen Schönheitsideal zu entspre-chen. Ich esse wenig und treibe viel Sport, um mein Gewicht zu halten. Eine Schönheitsoperation meiner Nase und eine Straffung meiner Fal-ten nehme ich in Angriff, wenn ich der Meinung bin, dass es Zeit dafür ist. Ich finde mich dann schöner.

b   Ich mache mir nichts aus Äußerlichkeiten. Wahre Schönheit kommt von innen. Ich bemühe mich deshalb darum, mit mir selbst im Einklang zu sein. Eine Operation nur zur ›Optimierung‹ meiner äußeren Erscheinung käme für mich niemals in Frage.

c   Mir ist mein Aussehen wichtig. Allerdings beschäftige ich mich nicht übermäßig damit. Ich achte darauf, was ich esse, und treibe mög-lichst regelmäßig Sport. Eine Operation käme für mich nur dann in Frage, wenn mich etwas so sehr stört, dass es mich ständig beschäftigt. Es gibt wichtigere Dinge als das Aussehen.

d   Ich lege Wert auf mein Äußeres und bemühe mich darum, mich fit zu halten und mich gesund zu ernähren. Eine Operation käme für mich aber niemals in Frage. Das natürliche Aussehen ist das echte, alles andere ist künstlicher Schwindel. Ich schminke mich auch nicht und färbe mir nicht die Haare.

e   Schönheit ist für mich nicht wichtig.

f   Ich bin immer schön. So wie ich gerade bin. Dafür muss ich auch nichts tun. Und was die Gesellschaft für ›schön‹ hält, ist mir vollkom-men gleichgültig.

Sie sind fertig mit dem Themenblock ›Das Schöne und die Kunst‹.
Ihre Diagnose finden Sie auf den nächsten Seiten.

Diagnose ›Das Schöne und die Kunst‹

−17 bis −11   Sie schätzen Kunst, besonders große Kunst. Was als solche gelten kann, lässt sich in Ihren Augen klar und objektiv erkennen. Wer da meint, die Definition von ›Kunst‹ oder ›schön‹ sei eine Frage der Perspektive oder gar Geschmackssache, erhält von Ihnen mindestens einen strafenden Blick. Ein Kunstgespräch würden Sie mit einem solchen Banausen jedenfalls nicht führen.
Kognitivismus – Idealismus – Aufklärung

−10 bis −4   Selbst wenn Sie manchmal ins Schwanken geraten, wenn Sie beispielsweise auf der Documenta über einen Eisenträger stolpern – im Großen und Ganzen sind Sie sicher, dass klar ist, was Kunst ist und was nicht. Jedenfalls ist es keine Frage des persönlichen Empfindens, es sei denn, das persönliche Empfinden ist im Zuge der Beschäftigung insofern ›geeicht‹, dass es mit einem klaren Kunstverständnis korrespondiert.
Kognitivismus – Idealismus – Aufklärung

−3 bis 3   Ihr Kunstinteresse hält sich insofern in Grenzen, als Sie sich aus Unterhaltungen strikt heraus halten, in denen die Frage diskutiert wird, was Kunst nun eigentlich sei. Sie beschäftigen sich ohnehin lieber mit anderen Dingen. Ärgerlich werden Sie nur dann, wenn beispielsweise Steuergelder für Kunstobjekte ausgegeben werden, weil Sie die andernorts wesentlich sinnvoller investiert sehen.
Pragmatismus

4 bis 10   Über Kunst und Schönheit lässt sich eben nicht oder nur in wenigen Fällen streiten. Im Großen und Ganzen schätzen Sie es, sich ein eigenes Bild von den Dingen zu machen – diesbezüglich Belehrungsmaßnahmen ausgesetzt zu werden, weisen Sie zurück. An Büchern zur Kunst und zur Kunstgeschichte interessieren Sie in erster Linie die Abbildungen der Werke. Vorgegebene Interpretationen gleichen Sie jedoch immer mit Ihrer eigenen Position ab.
Konstruktivismus – Postmoderne

11 bis 16   Kunst allgemeinverbindlich definieren zu wollen, ist ein Unterfangen, das Sie für aussichtslos halten. Kunst und Schönheit liegen eben im Auge des Betrachters. Damit vertreten Sie eine durch und durch subjektivistische Kunstauffassung und haben manchmal möglicherweise Schwierigkeiten, passende Kunstgesprächspartner zu finden. Das macht Ihnen aber nichts aus, denn Ihr Primärinteresse liegt ohnehin in

anderen Bereichen. Kunst ist für Sie in erster Linie als Unterhaltungs-
zweck interessant.
Postmoderne – (Aufklärung)

Symmetrie, Goldener Schnitt und ›große Kunst‹ sind für Sie Dinge, ge- ▲ **−13 bis −10**
gen die modernes Machwerk nicht konkurrieren kann. Schöpferische
Eskapaden im Kunstbereich schätzen Sie nicht besonders. Kunst ist
eine Frage des Handwerks, und ›Künstler‹ darf sich nur nennen, wer
sein Handwerk nachvollziehbar beherrscht. Ein guter Band der Kunstgeschichte ist elementarer Bestandteil Ihres Bücherschranks. Denn natürlich ist es auch notwendig zu wissen, wovon man spricht.
Aufklärung – Kognitivismus – Materialismus

Ihre Kunstauffassung ist als konservativ zu bezeichnen. Sie schätzen, ▲ **−9 bis −4**
was bekannt und allgemein geschätzt ist, besonders aber das, was Tradition und Geschichte hat. Werke, die weniger gegenständlich sind
oder sich vielleicht noch nicht durchgesetzt haben, bereiten Ihnen eher
Schwierigkeiten. Perfektes Handwerk bei Konzeption, Komposition
und Umsetzung ist etwas, das Sie besonders anspricht.
Aufklärung – Kognitivismus – Materialismus

»Erlaubt ist, was gefällt.« – Das könnte Ihre Einstellung zur Kunst cha- ▲ **−3 bis 3**
rakterisieren. Sie stehen genauso staunend vor einem Böcklin wie Sie
offen sind für abstrakte Werke der Moderne. Für Sie es wichtig, von
einem Kunstwerk berührt zu werden. Sie schätzen es, wenn Künstler
auch gute Handwerker sind. Sie mögen es aber auch, wenn Sie nur von
einer verrückten Idee verblüfft werden.
Postmoderne – Irrationalismus – Materialismus

Gute Ideen zählen für Sie in Kunstfragen wesentlich stärker als tradierte ▲ **4 bis 9**
Umsetzungsformen. Dennoch haben Sie ein grundsätzliches Interesse
an dem, was die Kunstgeschichte an Schätzen bereithält.
Kognitivismus – Idealismus

Experimente in der Kunst sind von Ihnen ausdrücklich erwünscht. Auf ▲ **10 bis 13**
handwerkliche Perfektion legen Sie dabei keinen gesteigerten Wert. Es
ist die Idee, die zählt, und in dieser Hinsicht wünschen Sie sich Überraschungen und schätzen es vielleicht, zum Nachdenken angeregt oder
selbst auf neue Ideen gebracht zu werden.
Postmoderne – Kognitivismus – Irrationalismus

–18 bis –12 ›Beseelte‹ Kunstgespräche liegen Ihnen zwar nicht, dennoch hat Kunst in Ihren Augen eine Funktion zu erfüllen. Sie kann beispielsweise politisch wirksam sein, aber auch einer eigentlich als bedeutungslos empfundenen Welt Sinn geben. Was Sie im Zusammenhang mit Kunst und Schönheit jedoch besonders beeindruckt, sind spezielle Fertigungstechniken, gutes Handwerk und vielleicht auch ein intellektueller Anspruch, der mit einem Kunstwerk verfolgt wird und mittels kognitiver Fähigkeiten erschlossen werden kann.
Kognitivismus – Naturalismus – Pragmatismus

–11 bis –5 Wenn es um Kunst geht, stehen Sie wie möglicherweise in vielen anderen Bereichen fest auf dem Boden der Tatsachen. Und dennoch: Vielleicht fühlen Sie sich in metaphysischer Hinsicht beim Hören eines Musikstücks oder beim Betrachten eines Gemäldes nicht mehr so obdachlos wie ohne Kunst. Technische Perfektion bei der Fertigung und Geschichte eines Werkes spielen dabei für Sie aber durchaus auch eine Rolle.
Naturalismus – Kognitivismus – Irrationalismus

–4 bis 2 Kunst ist für Sie nicht beladen mit metaphysischen Vorstellungen. Manchmal gibt sie Ihnen ein Rätsel auf und weckt Ihr Interesse, manchmal entscheiden Sie einfach, dass es Wichtigeres in Ihrem Leben gibt, als sich mit ästhetischen Fragen zu beschäftigen.
Materialismus

3 bis 8 Kunst ist ein Bereich, der in Ihren Augen frei zu sein hat. So frei, dass alles, was in Gesellschaft und Politik eine Rolle spielt, damit im besten Fall nichts zu tun hat. Kunst eröffnet den vielleicht letzten ›Raum‹, der noch nicht ›vernutzt‹ ist.
Metaphysik – Idealismus – Postmoderne – Konstruktivismus

9 bis 13 Was Kunst und auch Schönheit betrifft, geraten Sie gelegentlich deutlich ins Schwärmen. Kunst liegt für Sie in einem Feld, das sich außerhalb des irdisch Greifbaren befindet, oder ist mindestens mit einem solchen assoziiert. Wahre Kunst ist in Ihren Augen ›frei‹ und ermöglicht einen anderen, authentischen Blick auf die Dinge. Auch wenn Sie möglicherweise in anderen Bereichen recht pragmatisch orientiert sind, ziehen Sie bei der Kunst metaphysische Vorstellungen und Deutungen vor.
Metaphysik – Dualismus – Irrationalismus

Kunstfragen lösen Sie mit dem Kopf. Was Ihnen nichts zu denken gibt, das interessiert Sie in diesem Zusammenhang wenig. Das gilt sowohl für Ihre Beurteilung von Kunstgeschichte als auch von Kunstwerken. Emotionale Zugänge sind, was Musik und bildende Kunst angeht, nichts, das Sie absichtlich suchen würden. Es gibt da nicht ›den Funken, der überspringt‹. Wer mit Ihnen über Kunst sprechen möchte, sollte darüber Bescheid wissen.

Aufklärung – Kognitivismus – Naturalismus

◆ **−18 bis −12**

Ihr Zugang zur Kunst ist in erster Linie ein kognitiver. Das bedeutet jedoch nicht, dass Sie Kunst ausschließlich kühl und analytisch betrachten. Wenn Sie allerdings keine denkenswerte Idee und keine besonders geschickte, interessante oder neue Gestaltungsform erkennen können, erlischt Ihr Interesse zügig.

Aufklärung – Kognitivismus

◆ **−11 bis −5**

Sie begegnen der Kunst immer auf die gleiche Weise: interessiert. Manchmal ist es eine Emotion, die Sie vor einem Kunstwerk zum Stehen bringt, manchmal interessieren Sie auch intellektuelle Rätsel wie beispielsweise die Filme von David Lynch. Moderne Auseinandersetzungen über das, was echte Kunst ist, halten Sie für überflüssig oder langweilig.

Aufklärung

◆ **− 4 bis 4**

Kunst muss mehrere Bedingungen erfüllen, um Sie anzusprechen: Sie muss Emotionen hervorrufen und Denkanstöße und Ideen geben. Zusätzlich soll sie Ihnen Bekanntes auf neue Weise spiegeln und Neues nahebringen. In dieser Hinsicht sind Sie offen und neugierig. Wenn Sie jedoch kein Gefühl verspüren, bleibt ein Werk für Sie belanglos – ganz gleich, was sich jemand dabei möglicherweise gedacht hat.

Postmoderne – Irrationalismus

◆ **5 bis 12**

Kunst muss Sie treffen. Am besten mitten ins Herz. Ganz gleich, was es Gewinnbringendes zu sagen gibt über den Entstehungszeitraum oder die Hintergründe eines Bildes oder die perfekte mathematische Gestaltung eines Musikstücks – für Sie zählt das Gefühl, das Kunst in Ihnen hervorruft. Und eben das suchen Sie, wenn Sie sich mit Kunst beschäftigen.

Metaphysik – Postmoderne – Irrationalismus

◆ **13 bis 20**

Glossar

Lexikalische Begriffserklärungen findet man heutzutage zuhauf. Solche Begriffserklärungen sind fast immer eierlegende Wollmilchsäue. Das heißt, sie wollen alles sagen, was es inhaltlich überhaupt zu sagen gibt, und das möglichst ausgewogen. Die Begriffserklärungen hier wollen das nicht. Sie sollen vielmehr nur die derzeitige Hauptbedeutung eines Begriffs charakterisieren und – falls nötig – kurz auf die Ideengeschichte eingehen. Sie geben damit knappe, knackige Antworten auf die Fragen: Was heißt es eigentlich, ein Sowieso-ist (zum Beispiel ein Existential-ist) zu sein? Wie fühlt es sich an, ein Sowieso-ist zu sein? Wofür tritt ein Sowieso-ist ein? Wogegen richtet sich ein Sowieso-ist? Wie wird der Sowieso-ist von seinen Gegner behandelt?

Dass dabei Feinheiten auf der Strecke bleiben, ist weder beabsichtigt noch zufällig, sondern unvermeidlich.

Atheismus, Agnostizismus

Auf die Frage danach, ob Gott existiert, lassen sich drei Antworten unterscheiden: Ja – →Theismus. Nein – Atheismus. Vielleicht – Agnostizismus.

Von diesen drei Antworten ist der *Agnostizismus* die gesellschaftsfähigste, weil sie niemandem wehtut. Der Agnostiker behauptet die Unerkennbarkeit Gottes *für den Fall, dass Gott tatsächlich existiert*. Er behauptet also *nicht* die Existenz Gottes. Er behauptet aber auch *nicht* das Gegenteil. Er äußert sich vielmehr nur zur Frage der Erkennbarkeit. Deshalb ist der Agnostizismus vergleichsweise schwach und argumentativ ungefährlich, weil er nichts ›Existentielles‹ riskiert. Friedrich Nietzsche (1844–1900) witzelte über derartig ›unmännliche‹ Zeitgenossen; statt des Gottes würden Agnostiker jetzt das Fragezeichen selbst anbeten.

Der *Atheismus* geht demgegenüber größere argumentative Risiken ein. Es gibt ihn in drei Varianten:

Variante 1: der methodologische Atheismus. Menschen dieser Richtung trennen oft den Bereich der praktischen Lebensführung vom öffentlichen Bereich des theoretischen Begreifens. In Letzterem verzichten sie absichtlich und nachdrücklich auf Gott als Erklärungshypothese. Man findet den methodologischen Atheismus häufig bei Wissenschaftlern, in deren wissenschaftlicher Arbeit Gott überhaupt nicht, in deren privatem Leben aber sehr wohl vorkommt.

Variante 2: der sprachanalytisch-empirische Atheismus. Dieser behauptet, die Rede von der Existenz Gottes sei genauso sinnlos wie die Rede von der Nicht-Existenz Gottes, denn sie sei sprachlich mehr als unbestimmt. Gott als →transzendente, bestenfalls spirituell erfahrbare Instanz ist kein so recht definiertes Ding und damit auch kein Gegenstand möglicher Erfahrung, genauso wenig wie ein transzendenter Troll ein Gegenstand möglicher Erfahrung ist. Immerhin aber leugnet ein sprachanalytisch-empirischer Atheist nicht ausdrücklich, dass Gott spirituell erfahrbar ist, obwohl *für ihn* spirituelle Erfahrbarkeit nicht Gegenstand der Erkenntnis sein kann.

Variante 3: der Hardcore-Atheismus. Der Hardcore-Atheist sagt: Gott ist ein klar definierbares Objekt, und dieses Objekt gibt es nicht. Genauso wenig gibt es fliegende Pferde. Denn auch fliegende Pferde sind klar definierte oder definierbare Objekte, und es gibt sie nicht. Dabei wird der Hardcore-Atheist aber niemals behaupten, die Nicht-Existenz Gottes sei *beweisbar*. (Die Nicht-Existenz von fliegenden Pferden ist schließlich auch nicht beweisbar.) Er verwehrt sich nur gegen die folgende →theistische Behauptung: Da weder die Existenz Gottes noch seine Nicht-Existenz beweisbar sei, stehe es zwischen Theisten und Atheisten 1 : 1. Gegen eine solche Behauptung argumentiert er, dass es zwar keine Beweise im strengen Sinne gibt, aber doch gute Argumente (Indizien), die deutlich die Nicht-Existenz Gottes untermauern. Dabei wird er gern auf die Existenz der Außenwelt verweisen. Deren Existenz ist nämlich auch weder beweisbar noch widerlegbar, und dennoch gibt es gute Gründe für die Annahme der Existenz einer Außenwelt.

Der Hardcore-Atheist existiert als Sonderform auch in einer dogmatisch-missionarischen Ausprägung. Diese missionarische Sonderform ist oft bei Menschen zu beobachten, die vormals Theisten waren und deren Wandel zum Atheismus noch nicht lange her ist. Gott sei Dank lässt in der Regel das Missionarische jedoch mit der Zeit nach.

Aufklärung

Die Aufklärung als kulturgeschichtliche Epoche ist mehr als eine philosophische Strömung *am Rande* der Philosophiegeschichte. Sie ist vielmehr *das* große, immer noch bestimmende, optimistisch-gestimmte und politisch motivierende weltanschauliche Komplettprogramm des Abendlandes. Dieses Komplettprogramm hatte seine Ursprünge in der Renaissance und wurde vorläufig abgeschlossen durch Immanuel Kant (1724–1804) und seinen Aufsatz *Beantwortung der Frage: Was ist Aufklärung?* aus dem Jahr 1784. Programmatisch erklärt Kant dort: »Aufklärung ist der Ausgang des Menschen aus seiner selbst verschuldeten Unmündigkeit. Unmündigkeit ist das Unvermögen, sich seines Verstandes ohne Leitung eines anderen zu bedienen. Selbstverschuldet ist diese Unmündigkeit, wenn die Ursache am Mangel des Mutes liegt, sich seiner ohne Leitung eines anderen zu bedienen. Sapere aude! Habe Mut dich deines eigenen Verstandes zu bedienen!«

Die Aufklärung ist ein *Komplett*programm deshalb, weil sie *alle* Bereiche menschlichen Lebens umschließt: Wissen, Wissenschaft, Technik, Ethik, Frieden, Glück. Die Aufklärung ist ein *säkular-weltanschauliches* Komplettprogramm, weil sie den Menschen quasi an die Stelle Gottes setzt, soweit das menschenmöglich ist. Und die Aufklärung ist in der Politik optimistisch, weil sie für die Zukunft der Menschheit drei Versprechen bereithält: das Unabhängigkeitsversprechen, das Wohlfahrtsversprechen und das Veredelungsversprechen.

Das *Unabhängigkeitsversprechen* besagt, dass niemand mehr einer führenden Hand in allen relevanten Fragen seines Lebens bedarf. Der Mensch wird von manipulierenden äußeren Einflüssen unabhängig, er schöpft aus sich selbst und nur aus sich selbst, und er erlangt schließlich das, was einen biologischen Menschen zur individuellen Persönlichkeit macht: vollkommene Autonomie.

Das *Wohlfahrtsversprechen* besagt, dass der Mensch in der Lage ist, mit Hilfe der Wissenschaft die Natur zu durchschauen, und es besagt ferner, dass der Mensch die Erkenntnisse einer durchschauten Natur in eine Technik umsetzen wird, welche die Natur beherrscht und dem Wohle der Menschheit dient. Dabei gibt es prinzipiell weder Erkenntnisgrenzen noch technische Grenzen.

Das *Veredelungsversprechen* schließlich besagt: Es ist für den Menschen möglich, in moralischer Hinsicht Vervollkommnung zu erreichen. Als Wesen, das auch in ethischer Hinsicht durch und durch autonom ist, setzt sich der Mensch der Aufklärung seine moralischen Maßstäbe und Maximen selbst. Als solch ein ethisch-autonomes Subjekt befolgt der Mensch diese Maßstäbe und Maximen auch und wird damit die Welt, fast zwangsweise, zu einer besseren Welt machen.

Aus heutiger Sicht sind manche, wenn auch nicht alle Ambitionen der Aufklärung gescheitert. Nichtsdestoweniger lebt die Aufklärung fort in mindestens drei größeren Strömungen: a. den selbsternannten evolutionären Humanisten, die die Aufklärung zum Naturalismus weitertreiben wollen; b. den Postmodernen, die sich begreifen als diejenigen, die die Aufklärung auf die Spitze getrieben haben und die zugleich ungern ›Aufklärer‹ genannt werden wollen; und schließlich c. den Neo-Spätaufklärern, einer Gruppe, die sich nicht programmatisch formiert hat, sondern die das Gedankengut der Aufklärung weiterträgt, oft ohne zu wissen, woher sie ihre Überzeugungen bezieht. In diesem Sinne sind vermutlich die meisten Menschen im Abendland heutzutage Spätaufklärer, ohne es zu wissen.

Darwinismus

Damit bezeichnet man *jede* Behauptung oder Theorie, die sich auf Charles Darwins (1809–1882) Theorie der Evolution (insbesondere auf die Selektion) bezieht. Den Darwinismus gibt es demnach nicht nur in der Biologie, sondern auch in nicht-biologischen Disziplinen.

Darwins Theorie war schon bald nach ihrer Veröffentlichung (*On the Origin of Species by Means of Natural Selection, or the Preservation of Favoured Races in the Struggle for Life,* 1859) Schule machend. ›Schule machend‹ heißt, man übertrug die Begriffe und Kerngedanken der biologischen Evolution auf praktisch alles: auf die Ökonomie, die Gesellschaften, die Kulturen, die Sterne, die Erkenntnisfähigkeit des Menschen. Plötzlich wurde jedes System nicht mehr als einfach nur vorhanden betrachtet, sondern als *entstanden unter Konkurrenzbedingungen der Anpassung, aus denen das Vorhandene erfolgreich hervorgegangen ist.* In anderen Worten: Darwins Theorie wurde zum Paradigma auch für andere Disziplinen und damit strapaziert bzw. überstrapaziert. Denn bei jeder ›Übertragung‹ einer Theorie auf andere Gebiete darf und muss gefragt werden, ob diese Übertragung tatsächlich gerechtfertigt ist oder nicht.

Zu den weltanschaulichen Erfolgen des biologischen Darwinismus gehört das Zurückdrängen →teleologischer Denk- und Erklärungsstile. Ein Beispiel für ein solches Zurückdrängen ist die Antwort auf die Frage »Wozu hat die Kuh ein Euter?«: Die Kuh (als Teil einer Art) hat niemals willentlich ein Euter angelegt, um später einmal ein Kalb damit säugen zu können, denn sie kann kein Euter wollen. Es gab da auch keinen Gott, der die Kuh mit einem Euter ausstattete, damit sie ihr Kind gut wird versorgen können. Die Kuh hat das Euter vielmehr deshalb, weil unter den Bedingungen der Konkurrenz gerade jene Kuh-Individuen bevorteilt waren, die Vorformen eines Euters ausbildeten. Und Erfolg heißt darwinistisch immer: vermehrte Reproduktion. So weit. So gut.

Zu den weltanschaulichen Fehltritten eines nicht-biologischen und damit überstrapazierten und überdrehten Darwinismus gehört zum Beispiel seine Anwendung auf ›die Evolution des Kosmos‹. Da wird nicht nur das Wort ›Evolution‹ benutzt, da ist auch die Rede von der Geburt von Sternen und von ihrem Sterben. Fragt man aber nur einmal nach Selektion oder Reproduktion unter Konkurrenzbedingungen bei *Sternen*, dann lautet die offensichtliche Antwort: Das gibt es gar nicht, denn Sterne bekommen bekanntermaßen keine Kinder. (Immerhin aber ist diese kosmologische Überdrehung zwar kurios, aber nicht lebensgefährlich wie die ›Überstrapazierung‹ des Darwinismus in Richtung Sozialdarwinismus oder gar Nationalsozialismus. Vgl. →Teleologisches Denken.)

Für die christlichen Kirchen schienen in der Vergangenheit Darwinismus und Evolutionstheorie bedrohlich für das offenbarte Wort der Bibel. Das ist heute in der Regel anders. Die Bibel – so die gängige christliche Überzeugung – ist nicht wortwörtlich zu nehmen. Vereinbarkeit von Bibel und Evolutionstheorie entsteht nämlich dann, wenn man die Bibel historisch-kritisch deutet, und das heißt eben vor allem nicht wörtlich. Denn dann konfligiert sie auch nicht mit der Evolutionstheorie. Konflikte erleiden lediglich manche fundamentalistische Strömungen (zum Beispiel der Kreationismus), weil sie die wortwörtliche Wahrheit der Bibel behaupten. Diese Unfehlbarkeit der Bibel wurde allerdings erst von konservativen protestantischen Strömungen auf dem Amerikanischen Bibelkongress 1895 in Niagara, New York, als ein Aspekt fundamentalistischen Glaubens festgesetzt und zementiert.

Deontologie, deontologische Ethik

In der deontologischen Ethik steht der moralische Wert einer Handlung *immer fest und ist immer derselbe*. Weder die Umstände noch die Konsequenzen der Handlung oder die Einsichtsfähigkeit des Handelnden können diesen Wert beeinflussen. Der Wert der Handlung liegt vielmehr in der Handlung selbst, er ist in der Handlung gewissermaßen ›eingekapselt‹. Ein Beispiel: die Tötung eines Menschen. Die Tötung eines Menschen wird von vielen als eine Handlung gesehen, die an sich und in sich und für immer schlecht ist.

Wenn eine Handlung von sich aus einen derartigen inneren Wert oder auch Unwert hat, dann gebietet es die Pflicht, die hochwertige Handlung zu tun und andere unwertige Handlungen zu unterlassen. (Diese Pflicht ist auch ein Grund dafür, warum deontologische Ethiken auch ›Pflichtethiken‹ heißen.) Mögliche negative Konsequenzen der gebotenen Handlungen müssen deshalb unbedingt in Kauf genommen werden und dürfen auf keinen Fall Einfluss auf die Entscheidung zur Handlung haben. Wird beispielsweise das Wahrhaftigkeitsgebot deontologisch verstanden, dann muss immer die Wahrheit gesagt werden, auch dann, wenn sie für die eigene Person oder andere folgenschwere Konsequenzen nach sich zieht. Immanuel Kant (1724–1804) gilt mit seinem Kategorischen Imperativ (»Handle nur nach derjenigen Maxime, durch die du zugleich wollen kannst, dass sie ein allgemeines Gesetz werde.«) als das herausragende Beispiel eines Pflichtethikers.

Schwierig bei allen ethischen Ansätzen, auch bei den deontologischen, ist die Frage, ob ein solcher Ansatz widerspruchsfrei ist. Ein ethischer Ansatz ist dann widerspruchsvoll, wenn er in einer Situation zugleich zwei einander widersprechende Handlungen gebietet. Bei deontologischen Ethiken ist die Frage nach dem Grund solcher Widersprüche im Fall ihres Auftretens schwerer zu beantworten als bei anderen Ethiken, weil sie verbunden ist mit den beiden anderen Fragen: Durch wen oder was wurde das Gute in einer Handlung gesetzt oder installiert? Und: warum denn dann nicht widerspruchsfrei?

Determinismus
Der Begriff wird mindestens in drei Weisen verwendet:

a   als allgemeiner Ausdruck dafür, dass alles im Universum mit rechten Dingen zugeht. Der Begriff ›Determinismus‹ ist dann bedeutungsgleich mit dem Begriff →›Naturalismus‹;
b   als spezielle Auffassung in der Physik;
c   zur Charakterisierung einer Position zum freien Willen.

Der Determinismus in der Physik findet sich in der klassischen Mechanik. Sein ›fleischgewordenes‹ Sinnbild ist der Laplace'sche Dämon, eine Erfindung des Franzosen Pierre-Simon Laplace (1749–1827). Dieser Dämon ist in der Lage, *alle* relevanten physikalischen Größen eines Systems durch Messung exakt zu bestimmen. Überdies vermag der Dämon mit Hilfe dieser Messungen *alle* Folgezustände und ebenso *alle* Vorgängerzustände des Systems zu berechnen. Für den Dämon genügt also eine einzige Momentaufnahme des Universums, und nichts in der Vergangenheit und nichts in der Zukunft bleibt ihm verborgen.

Der Dämon ist ein Dämon und kein Mensch, weil er als Idealisierung nicht den praktischen Beschränkungen der Menschen unterworfen ist, zum Beispiel der langsamen Rechengeschwindigkeit, den Untergrenzen für Wahrnehmungen usw. So betrachtet ist er der ideale, weil idealisierte Forscher. Es stellt sich jedoch die Frage, ob ein solches idealisiertes Wesen nicht auch *prinzipiellen* Unüberwindbarkeiten gegenübersteht. Und: Das tut er. Solche prinzipiellen Unüberwindbarkeiten sind es, die die Existenz des Dämons im eigentlichen Sinne unmöglich machen. Damit erweisen sich die klassische Mechanik und der mit ihr verbundene Determinismus *als Theorie für alle Prozesse* im Universum als falsch. Im Einzelnen scheitert der Dämon an folgenden prinzipiellen Hürden:

1.   der Nichtdarstellbarkeit einer einzigen reellen Zahl als Messwert, selbst wenn man dafür alle Elementarteilchen des Universums verwenden würde ($\approx 10^{80}$). Reelle Zahlen aber haben eine unendliche Dezimaldarstellung;

2. der Unlösbarkeit von Mehrkörperproblemen;
3. dem deterministischen Chaos (Schmetterlingseffekt);
4. der Heisenberg'schen Unschärferelation;
5. dem absoluten Zufall in der Quantenmechanik;
6. als Teil des Universums müsste der Dämon nicht nur die Umwelt, sondern auch sich selbst permanent mitvorhersagen. Das aber ist unmöglich.

In der Debatte um den freien Willen ist der Begriff ›Determinismus‹ nicht mit dem Begriff ›Determinismus in der Physik‹ bedeutungsgleich, obwohl er diesen physikalischen Determinismus umfasst. In dieser Debatte vertritt ein Determinist eine stark →naturalistische Sicht. Er sagt: Der Mensch ist ein Teil der Natur. Alles an ihm, auch sein Gehirn, ist materiell-energetisch. Alles am Menschen lässt sich physikalisch erklären, wenigstens prinzipiell, weil alles physisch bedingt ist. Der Mensch ist letztendlich eine Bio-Maschine und damit ist alles an ihm festgelegt. Es gibt keine Erstauslöserinstanz für Handlungen im Sinne des →Libertariers. Und auch die Quantenmechanik mit ihrem Indeterminismus kann da nicht helfen, denn der objektiv zufällige Zerfall eines radioaktiven Atoms kann niemals für das herhalten, was der Libertarier unter ›Ich‹, ›Selbst‹, ›Ursprung‹ versteht.

Dualismus

»Es gibt genau zwei grundverschiedene Substanzen, aus denen die Welt gebaut ist«, sagt der Dualismus. (Der →Monismus sagt demgegenüber: »Es gibt genau eine Substanz.«)

Je nach Kultur und geschichtlichem Ort heißen die beiden Substanzen des Dualisten: Geist und Materie, *oder* res cogitans und res extensa, *oder* Seele und Leib. ›Substanz‹ ist dabei das, was bei aller Veränderung das Beharrliche, Unveränderte und Dauerhafte ist. Demnach ist eine Substanz die Trägerin von wechselnden ›festhakenden‹ Eigenschaften. Beispiel: der Grundstoff, aus dem Legosteine hergestellt werden, ein Polymer, man könnte ihn ›Kunststoff-Matsch‹ nennen. Man muss diesen Matsch mit Farben anreichern und in verschiedene Formen pressen, um Lego-Steine daraus zu erhalten. Durch diesen Produktionsprozess bekommt der Kunststoff-Matsch seine wechselnden Eigenschaften und ist selbstverständlich auch Träger dieser Eigenschaften. Mit Blick auf die Rede von der Substanz könnte man also sagen: Der Kunststoff-Matsch bildet die Grundsubstanz der Lego-Steine und auch der Lego-Welt in Billund; er macht dort das ›gesamte Material der Welt‹ aus.

Von Geist und Materie sagt der Dualist nun, es handle sich um zwei Substanzen, wenn auch um zwei grundverschiedene. Man muss sich demnach beide Substanzen als ›Materialien‹ analog zum Kunststoff-Matsch vorstellen, freilich mit unterschiedlichen Eigenschaften und Zugangsweisen. Die Substanz ›Materie‹ erfährt man als solche, wenn man sich durch den Raum bewegt und mit dem Kopf an etwas Hartes stößt. Diese Substanz ist offenbar über einen gewissen Raum ausgedehnt und hart. Die Substanz ›Geist‹ erfährt man hingegen auf diese Art offenbar nicht. Anscheinend ist sie nicht ausgedehnt, dafür aber auch nicht hart, so dass man sich an ihr stoßen könnte. Wie erfährt man diese Substanz dann aber konkret?

Darauf gibt es unterschiedliche Antworten. Manche sagen, sie sei die erkennende Substanz. Man erfährt sie demnach, wenn man denkt und zum Beispiel mathematische Einsichten hat. Manche sagen, man erfährt die Substanz, indem man lebt. Der Geist geht, wenn man stirbt, heißt es dann, und es gebe kaum einen größeren Unterschied als den zwischen einem (lebendigen) Menschen und seinem Leichnam. Noch andere wiederum meinen, die zweite Substanz sei der Stoff, aus dem die Gedanken sind oder das Ich oder das Selbst. Ganz gleich aber, welche dieser Ansichten man vertritt, in allen Fällen ist die Substanz ›Geist‹ etwas Luftiges und Ätherisches – nichts Hartes. Und ausgedehnt ist sie auch nicht, denn bekanntlich sind ja die Gedanken frei. (»*Die Gedanken sind frei, wer kann sie erraten? Sie fliehen vorbei wie nächtliche Schatten. Kein Mensch kann sie wissen, kein Jäger erschießen mit Pulver und Blei: Die Gedanken sind frei.*«)

Der Dualismus ist die Standard-Denkneigung in unserer Gesellschaft. Natürlich gibt es ihn in den unterschiedlichsten Schattierungen, aber die Überzeugung, ›dass da noch etwas ist, mehr als nur Materie‹, ist fester Bestandteil fast jeder tatsächlich anzutreffenden Weltanschauung, insbesondere jeder religiös angehauchten. Der Dualismus hat bei uns eben eine starke kulturelle Tradition.

Neben der Herkunft dieser Tradition sind vom philosophischen Standpunkt aus vor allem diese zwei Fragen interessant: 1. Gibt es vielleicht noch mehr als zwei Substanzen? 2. Lassen sich die Eigenschaften der Substanz ›Geist‹ vielleicht alle durch die Eigenschaften und das Wirken der Substanz ›Materie‹ erklären?

Zur ersten Frage nach der Anzahl der Substanzen: Manche Menschen behaupten, es gebe nicht eine, nicht zwei, sondern drei Substanzen: die Materie, den Geist und das Spirituelle – eine bemerkenswerte Auffassung, aber eine unbedeutende. Offenbar genügen den meisten Menschen zwei Substanzen, um alle Phänomene der Welt zu erklären. Mit dieser Position verwandt und zugleich philosophisch renommierter ist eine andere und überraschenderweise monistische Position, die besagt, alles – auch die Materie – sei einfach nur Geist. Aber auch diese Position spielt in der modernen Philosophie keine Rolle mehr.

Zur zweiten Frage, ob sich der Geist durch die Materie erklären lässt: Der Naturalist beantwortet diese Frage üblicherweise mit einem unerbittlichen ›Ja‹. Er kann zur Zeit zwar keine Erklärung liefern, ist aber der mehr als festen Überzeugung, dass die Wissenschaften in einigen Jahren diese Erklärungen liefern werden. Der Naturalist stellt also Schuldscheine auf die Zukunft aus. Fraglich ist, ob diese Schuldscheine jemals eingelöst werden können. Es gibt dafür zwar ermutigende Hinweise, es gibt aber auch prinzipielle Erwägungen, die das ganze Projekt in Frage stellen, etwa: Was nützt es mir, mein Verhalten komplett neurophysiologisch erklären zu können, wenn damit meine lebensweltlichen Probleme nicht gelöst werden? Oder: Kein Neurophysiologe wird mir jemals befriedigend erklären können, wie Schokolade schmeckt!

Egoismus

Meist eine moralische Bezeichnung. Sie kennzeichnet eine Person, die nichts anderes tut, als dem eigenen Ich zu frönen und es zum Bezugspunkt allen Handelns, auch des moralischen, zu machen. Alle Zwecke und jeglicher Nutzen sind auf die eigene Person allein ausgerichtet. Die Gegenposition zum Egoismus ist üblicherweise der Altruismus. Altruistisches Verhalten ist solches, bei dem das eigene Handeln den Zwecken und Nutzen anderer untergeordnet wird.

Man rechnet den Egoismus dem →Hedonismus zu. In seiner milden Ausprägung wird er dann vom gesunden Menschenverstand gerechtfertigt. Ein vernünftiges Maß an Egoismus im Dienste der eigenen Lust scheint vielen sogar unabdingbare Voraussetzung dafür zu sein, eine vollständige und erwachsene Persönlichkeit ausbilden zu können. In seiner starken Ausprägung hingegen ist der Egoismus zwar oft anzutreffen, allerdings wird er dann vom gesunden Menschenverstand verurteilt. Starker Egoismus wirkt oft als Zeichen charakterlicher Kälte oder moralischer Tumbheit. Diese negative Beurteilung ist Produkt einer langen, eingebürgerten und falschen Denktradition, in der Egoismus und moralisches Handeln als Antagonisten auftreten. Gemäß dieser Denktradition ist es nämlich die Moral, die erst die ›tierischen Triebe‹ zu überwinden gestattet. Kant treibt den scheinbaren Antagonismus von Egoismus und Ethik sogar auf die Spitze, wenn er meint, das einzige Zeichen einer wirklich moralischen Tat sei das Nicht-Vorhandensein irgendeines Körnchens von Egoismus oder Eigeninteresse.

Die Ansicht, egoistisches Handeln und moralisches Handeln schlössen sich wechselseitig aus, ist aber falsch. Die Soziobiologie und die Spieltheorie erklären in manchen Fällen, wie Egoismus und Ethik nicht nur miteinander verträglich sind, sondern dass ›der wahre Egoist kooperiert‹, also ethisch handelt.

Die Unverträglichkeit von Egoismus und ethischem Handeln wird oft auch mit der ›Universalisierbarkeit ethischer Prinzipien‹ begründet. Das aber ist ebenso falsch. Unter ›Universalisierbarkeit‹ versteht man dabei, dass ethische Prinzipien nicht auf Einzelpersonen oder spezielle Gruppen zugeschnitten sein dürfen. »Alle Menschen müssen Steuern bezahlen, nur Dieter Bohlen nicht« ist demnach genauso wenig ein mögliches ethisches Prinzip wie »Alle Menschen müssen die Wahrheit sagen, nur Politiker nicht.« Ethische Prinzipien sind in diesem Sinne überpersönlich. Egoistische Prinzipien – so der Einwand – seien aber nie überpersönlich, da sie ja immer auf eine bestimmte Person, in der Regel mich selbst, Bezug nehmen. Dem ist zu entgegnen: Der Egoismus in der Ethik ist nicht darauf festgelegt, in egoistischen Prinzipien dieser Art zu münden. Egoismus ist ein Motiv von Menschen, Universalisierbarkeit hingegen ist ein sprachliches Merkmal eines ethischen Prinzips. Dass beide miteinander vereinbar sind, zeigt die schon zitierte Soziobiologie.

Emotivismus

Dem Emotivismus geht es *nicht* um das Gute als solches, die Schönheit als solches usw. Es geht ihm vielmehr nur um die Bedeutung von ethischen *Ausdrücken* (»Das ist gut, jenes ist böse.«) und um die Bedeutung von ästhetischen *Ausdrücken* (»Das ist schön, jenes ist hässlich.«).

Positiv formuliert behauptet der Emotivist, solche Ausdrücke brächten vor allem die Haltung oder Einstellung des Sprechers zu einem ethischen Verhalten oder einem Kunstwerk zum Ausdruck. Daneben hätten die Ausdrücke auch noch die weitere Aufgabe, den Hörer zur Übernahme derselben Haltung zu bewegen. Ethische und ästhetische Ausdrücke und Überzeugungen dienten folglich nur dem Ausdruck der ›emotionalen‹ Stimmungslage und der Überredung anderer dahingehend, entsprechende ›Emotionen‹ aufzubauen. Weiter behauptet der Emotivismus, dass damit alles zu ethischen und ästhetischen Ausdrücken gesagt sei, wie im Übrigen damit auch alles zur Ethik und Ästhetik im Ganzen gesagt sei.

Negativ formuliert behauptet der Emotivist, dass solche Äußerungen folgendes *nicht* sind:

a   Sie sind *nicht* Ausdruck objektiver beobachtbarer Eigenschaften des Verhaltens oder des Kunstwerks.

b   Sie sind aber auch *nicht* Ausdruck objektiver nicht-beobachtbarer Eigenschaften, denn die gibt es gar nicht. (Damit ist der Emotivist kein Intuitionist im ethischen Sinne. Der Intuitionist nämlich behauptet, es gäbe solche objektiven nicht-beobachtbaren Eigenschaften, die man ›intuitiv‹ erkennen und deshalb objektiv wissen kann.)

c   Schließlich sind die Äußerungen auch *nicht* rational einsehbar, *nicht* rational kritisierbar, *nicht* in einer Ordnung stufbar, sondern einfach da – mit einem Wort, sie sind *nicht* kognitiv zugänglich. (Deshalb ist der Emotivist auch kein →Kognitivist.)

Für den Emotivisten stellt sich die Welt damit recht einfach dar: Über Moral und Geschmack lässt sich nicht streiten. Eben weil beide gar nicht zum Streiten gemacht sind. Und damit basta.

Empirismus

›Nihil est in intellectu, quod non prius fuerit in sensu.‹ (wörtlich: Nichts ist im Verstand, das nicht vorher gewesen ist im Sinn.)

Der Empirismus ist eine prominente erkenntnistheoretische Position. Sie ist häufig bei empirischen Wissenschaftlern anzutreffen. Sie besagt in ihrer schärfsten Form, dass alle menschliche Erkenntnis nur aus der Erfahrung stammt. Der Mensch ist wie ein Stück weißes Papier (eine tabula rasa), das von der Erfahrung beschrieben wird.

Diese Vorstellung ist vergleichsweise plausibel und zugleich anspruchsvoll. Denn sie setzt zweierlei voraus: Erstens muss es so etwas wie ›Rohdaten‹ geben. Man kann sie sich vorstellen wie Waren auf einer Palette. Diese Rohdaten können Sinneseindrücke sein, aber auch ›innere Wahrnehmungen‹. (Versteht man unter ›Rohdaten‹ ausschließlich Sinneseindrücke, dann vertritt man eine spezielle Variante des Empirismus, nämlich den Sensualismus. Versteht man wie etwa John Locke (1632–1704) darunter auch die geistigen

Tätigkeiten des Wahrnehmens, Schließens, Wollens usw., dann vertritt man einen klassischen Empirismus.)

Zweitens müssen diese Rohdaten vom Individuum zu Erkenntnissen weiterverarbeitet werden, und zwar so, dass das Individuum dafür keine weiteren (und insbesondere keine nicht-empirischen) Ordnungselemente oder Verarbeitungsmechanismen benutzen darf. Die Generierung der Erkenntnisse aus den Rohdaten muss also von innen kommen. Angeborene Ideen, wie sie der natürliche Gegner des Empirismus – nämlich der →Rationalismus – kennt, sind dem Empiristen genauso verwehrt wie die vor aller Erfahrung liegenden Strukturen der kantischen Urteilstafel.

Die erste Frage, an welcher der Empirismus in seiner Reinform scheitert, ist: Gibt es tatsächlich Rohdaten im obigen Sinne? Antwort: nein. Was ein Rohdatum ist und ob es überhaupt eines ist, lässt sich nur mit einer Theorie bestimmen. Dies zugestanden, gibt es aber gar keine Rohdaten, wie der Empirismus sie benötigt. Denn Theorien haben immer nicht-empirische Momente.

Und für den Fall, dass es doch ein solches Rohdatenpaket gäbe, lautet die zweite Frage: Gibt es so etwas wie eine Selbststrukturierung von Rohdaten nach dem Motto: Man muss eine Ein-Cent-Münze nur lange genug drehen, bis Kupferdraht aus ihr wird? Auch hier lautet die Antwort: nein. Die Forschungen des so genannten Wiener Kreises zum Beispiel oder der evolutionären Erkenntnistheorie oder des Konstruktivismus der Erlanger Schule verweisen alle darauf, dass Rohdaten allein nicht genügen, sondern dass angeborene Strukturen oder lebenspraktische Grundunterscheidungen dafür notwendig sind.

Trotz seines Scheiterns an diesen beiden Grundfragen ist der Empirismus im Großen und Ganzen ein Erfolgsprogramm. Er weist nämlich überzeugend den überzogenen Anspruch mancher Philosophen zurück, philosophische Fragen klären zu können, ohne dabei die empirischen Wissenschaften befragen zu müssen.

Essentialismus

»Wo also ist des Pudels Kern?« – Diese Leitfrage ist das Arbeitsmotto des Essentialisten. Während seines Arbeitens begegnet er in allem und jedem Pudeln (dem Vordergrund, dem Davor), und er begreift seine Aufgabe als Fragen nach dem Kern (dem Dahinter). Dieses Dahinter nennt er dann ›Wesen‹ oder ›Kern‹ oder ›Essenz‹ oder ähnliches. Auf dieses Wesen hat es der Essentialist in seinen Fragen abgesehen.

Damit sein Fragen überhaupt Sinn ergibt, trifft der Essentialist automatisch folgende, oft unausgesprochenen Grundannahmen:

Existenz: Es gibt tatsächlich ein Dahinter.
Eindeutigkeit: Das Dahinter ist genau eines.
Bestimmung: Das Dahinter bestimmt das davor; es macht, dass das Davor eben so ist, wie es ist.
Zeitliche Vorgängigkeit: Das Dahinter ist vor dem Davor da.

Unentfernbarkeit: Das Dahinter kann nicht ›entfernt‹ werden, ohne dabei das Davor zu ›vernichten‹.

Vorrang, Wichtigkeit: Das Dahinter macht das Davor aus und ist deshalb von höherem Wert. Das Dahinter macht das Davor erst zum Davor.

Auszeichnung: Das Dahinter zeichnet das Davor erst aus, es macht es zu etwas Besonderem.

Aufgegebensein: Sofern sich das Davor verändern kann, ist es ihm aufgegeben, sein Wesen (gegebenenfalls: bestmöglich) zu realisieren, zu dokumentieren, zu werden.

Objekte oder Subjekte ›mit Wesen‹ haben demzufolge eine klare Herkunft (eben im Wesen) und eine klare Zukunft (eben in der Aufgabe der Verwirklichung oder Vervollkommnung des Wesens). Ein Beispiel: Das Wesen des Menschen liegt nach Genesis 2,7 darin, dass er von Gottes Odem behaucht ist. Damit liegt des Menschen Herkunft und seine Auszeichnung in Gott. Seine Zukunft liegt in der Aufgabe, gottgemäß zu leben oder sich dem Göttlichen zu verähnlichen, und zwar so, wie es Menschen eben möglich ist.

So plausibel der Essentialismus auch erscheinen mag, er leidet unter einem Problem: Nach heutiger Auffassung gibt es nämlich *das Wesen* eines Sachverhaltes, eines Objektes oder eines Begriffs gar nicht, weder in der Natur noch in der Sprache. Die Natur hat nichts Vorgängiges, dessen Realisierung sie jeweils ist. Natürliche Vorgänge geschehen vielmehr ziellos und oft als reine Überflussproduktion. Zudem finden sich in der Natur keine strengen Unterscheidungen, wie sie der Essentialismus verlangt, sondern nur Übergänge. Alle Versuche beispielsweise, den Menschen durch ein wesenhaftes Merkmal zu kennzeichnen (zum Beispiel als *Homo faber* oder *Homo loquens*), schlugen fehl, weil es auch Tiere gibt, die Werkzeuge herstellen oder die über Sprache verfügen (können).

Existenzphilosophie, Existentialismus

Die Existenzphilosophie radikalisiert die schiere Existenz des Menschen und macht eben diese Existenz zum Ausgangspunkt und zum Zentrum *aller* wichtigen philosophischen Fragen. Außerhalb der schieren Existenz gibt es nichts, aber auch gar nichts, was den Menschen *bestimmt* – keinen Gott, keine Vernunft, keine Geschichte. Es ist vielmehr der Mensch selbst und nur der Mensch selbst, der sein Leben als dafür zuständiges Wesen zu gestalten hat. Die schiere Existenz des Menschen ist allem anderen vorgängig. Deshalb ist der Mensch auch kein Gegenstand, kein Objekt, an dem sich die Geschichte oder die Entwicklung der Vernunft oder die Schöpfung Gottes vollzieht. Anders ausgedrückt: Der Mensch ist nicht das Instrument oder das Medium, an dem sich eine Wesensbestimmung (die dann *seine* Wesensbestimmung ist) vollstreckt. Vgl. dazu den Eintrag *Essentialismus*. Der Mensch bestimmt demgegenüber jetzt sein Wesen selbst. Und da seine Existenz Ausgangspunkt und Zentrum des Menschen ist, geht in diesem Sinne die Existenz dem Wesen (der Essenz) voraus. Die Existenz macht das Wesen aus.

Einen klaren und ungetrübten, einen tiefen und nachhaltigen Blick darauf, was denn nun die eigene menschliche Existenz ausmacht, erhält der Mensch in einem ›Grunderlebnis‹, in einer einschneidenden ›Grunderfahrung‹. Bei Søren Kierkegaard (1813–1855) ist das Grunderlebnis die Angst, bei Martin Heidegger (1889–1976) der Tod (das Vorlaufen in die Möglichkeit der eigenen Unmöglichkeit), bei Jean-Paul Sartre (1905–1980) der Ekel und bei Albert Camus (1913–1960) die Empfindung des Absurden.

Wer ein solches Grunderlebnis hat, der wird aber nicht einfach nur darüber ›informiert‹, wie es um seine Existenz bestellt ist. (Etwa in der Form: »Übrigens, der Kern ihrer Körperzellen enthält 23 Chromosomenpaare.«) Das Grunderlebnis ist eine ernüchternde und erschütternde Erfahrung zugleich, weil sie den Menschen zu sich ruft, weil sie ihn zu sich kommen lässt und ihm so die Grundlage der eigenen Existenz sichtbar macht sowie die Verletzlichkeit, die Gefährdung, die Vernichtbarkeit und möglicherweise auch die Wertlosigkeit eben dieser Grundlage. Eine solche Erfahrung kann man nur am eigenen Leib, in der eigenen Existenz haben und erleben. Zwar ist der Inhalt dieser Erfahrung erzählbar, mitteilbar; aber ihr Haben, ihr Erleben ist es gerade nicht. Diese Erfahrung ist wegen dieses Erlebens zudem unhintergehbar, sie ist Garant für die eigene Authentizität und die Echtheit und Qualität des eigenen Lebensentwurfes. Schon deshalb kann diese Erfahrung nicht durch eine wissenschaftliche Beschreibung des Lebens verlustfrei ersetzt werden.

Hedonismus

Im Zentrum des Hedonismus steht die *Lust,* der Lust*gewinn* und die Lust*maximierung.* ›Lust‹ heißt hier – in einem ganz weiten Sinne – das Verlangen nach einer angenehmen Tätigkeit oder Beschäftigung oder das Verlangen, eine solche Tätigkeit oder Beschäftigung zu finden. Unter ›Lust‹ können demnach so unterschiedliche Dinge fallen wie die Lektüre von Kants ›Kritik der reinen Vernunft‹ (anders als Beuys das wohl annahm, in ›Ich kenne kein Weekend‹, 1972) oder das Öffnen und Essen von Austern in der Normandie oder auch der zarte oder harte Sex.

Natürlich gibt es auch den Hedonismus in verschiedenen Ausführungen, nämlich in mindestens dreien: 1. als reine Beschreibung allen menschlichen Verhaltens. Demnach passiert alles Handeln nur unter dem Gesichtspunkt der Lust und dem Wunsch nach Lustvermehrung. Diese Beschreibung mag vielleicht biologisch richtig sein, philosophisch aber ist sie langweilig. 2. als moralische Aufforderung, nur nach Lust und Lustvermehrung zu jagen. Betrifft diese Aufforderung nur die eigene Lust, dann hat man es mit einem hedonistischen Egoismus zu tun. Betrifft diese Aufforderung auch die Lust anderer und die Lustvermehrung für andere, dann liegt die 3. Position vor, nämlich eine hedonistisch ethische.

Überschaut man die akademische Landschaft, so gewinnt man leicht den Eindruck, der Hedonismus könne es nie schaffen, zu einer ernst zu nehmenden philosophischen Position zu werden, und zwar ob seiner doppelten ›Plumpheit‹. Er erscheint plump erstens insofern, als er ein Menschenbild nahe legt, in dessen Kern nur das niedere Empfinden ›Lust‹ (Wein, Weib und Gesang) steht und nicht ein höheres menschliches Vermögen wie etwa die Vernunft. Manchen anspruchsvollen Zeitgenossen genügt das nicht; die Lust trägt nach deren Ansicht die Aura des Ruchlosen; die Lust entwürdigt den Menschen, wenn sie es denn wäre, die seinen Kern ausmacht.

Der Hedonismus erscheint zweitens plump insofern, als dass er auch nicht unterscheidet zwischen Lüsten niederer und Lüsten höherer Stufe. Auf die Frage, was denn besser schmecke, Schnippelbohneneintopf oder Parfait vom geräucherten Stör, lautet die Antwort des Hedonisten doch wohl höchstens: »Jedem nach seiner Façon!« Lukullische Fernsehschlachten lassen sich mit ihm also auch nicht schlagen.

Beide Gründe machen aus dem Hedonisten einen ungeschlachten Grobian. Von einem solchen auch nur zu wähnen, er und seine Ansichten könnten in den Rang einer ernst zu nehmenden philosophischen Position gelangen, ist für manche zartfühlende Natur ein philosophisches Sakrileg. Dabei will doch alle Lust auch Ewigkeit.

Historizismus

»Der Ablauf der Geschichte folgt einer inneren Notwendigkeit. Ein Schritt folgt zwangsläufig auf den anderen, es könnte gar nicht anders sein, als es nun einmal ist.« – Das ist das Credo des Historizisten. Es ist vor allem Karl Popper (1902–1994), der im 20. Jahrhundert den Historizismus breitenwirksam kritisiert und mit dem Begriff ›Historizismus‹ ein teleologisches Geschichtsverständnis, eine entsprechende teleologische Geschichtsschreibung und Geschichtsphilosophie bezeichnet. (→teleologisches Denken)

Diese innere Notwendigkeit des geschichtlichen Ablaufs kennt zwei Modelle geschichtlicher Entwicklung, das Kreislaufmodell und das ›Terminal‹-Modell. Das Kreislaufmodell behauptet die periodische und determinierte Wiederkehr von Einzeletappen. (›Alles schon einmal da gewesen.‹) Es findet sich schon bei Platon (427–347) und Aristoteles (384–322). Das ›Terminal‹-Modell demgegenüber behauptet ein feststehendes inneres Ziel der Geschichte, ihr Endstadium. Dieses Ziel kann zum einen ein schönes, erstrebenswertes Ziel sein, zum Beispiel die klassenlose Gesellschaft in der Geschichtsschreibung des historischen Materialismus oder die Selbstentfaltung des Weltgeistes in der hegelschen Philosophie. Das Ziel kann auch ein erschreckendes, entsetzliches Ziel sein, der notwendige Tief- und Endpunkt der Menschheitsgeschichte; es mag zum Beispiel ›Auschwitz-Birkenau‹ heißen, gemäß der ›Dialektik der Aufklärung‹ von Adorno/Horkheimer.

Der Historizismus erfreut sich nur noch weniger Anhänger. Das liegt weniger an Karl Poppers ›strenger Widerlegung‹ des Historizismus, sondern eher an der Abkehr von jedwedem →teleologischen und →metaphysischen Denken überhaupt. Auch hat sich keine der vorgeschlagenen historizistischen Theorien bewährt; im Gegenteil, der Fall der Mauer und der Niedergang des Sozialismus taten das ihre. Kurz gesagt: Wer heute noch Historizist ist, gilt nicht als Realist, sondern als Utopist, gilt nicht als Wissenschaftler, sondern als Literat.

Idealismus

Es gibt drei wesentliche Verwendungen des Begriffs ›Idealismus‹.

a ›Idealistisch‹ heißt ein Mensch, der mit Verve hohe Ideale vertritt. Seine Ideale stellt er als Anforderungen zunächst an sich selbst, dann aber auch an andere und schließlich an die Welt. Er verlangt zudem, Ideale in Wort und Tat zu verfolgen und tritt selbst höchst emotional für sie ein. Seine Ideale sind meist im Bereich Ethik angesiedelt; dort speist sich die Idealität der Ideale und die Emotionalität ihrer Vertreter oft aus einem tief empfundenen Gerechtigkeitsgefühl und Wahrheitsanspruch. Allerdings gibt es auch nicht-ethische Ideale, zum Beispiel Liebesideale, von denen der Idealist hofft, dass sie sich in der Welt mit mindestens einem (und meistens höchstens einem) anderen Menschen verwirklichen lassen.

b ›Idealismus‹ ist auch eine Bezeichnung für eine philosophische Position innerhalb der Ethik. Ein ethischer Idealist ist ein Mensch, der meint, man könne seine Handlungen erstens ethisch begründen, zweitens sicher und ohne Zweifel begründen, und drittens objektiv so begründen, dass aus der Begründung heraus automatisch auch die Verbindlichkeit für andere gewährleistet ist. Der Kategorische Imperativ Kants »Handle nur nach derjenigen Maxime, durch die du zugleich wollen kannst, dass sie ein allgemeines Gesetz werde.« ist das Paradebeispiel einer solchen Position. Denn der Kategorische Imperativ kann – so die Behauptung – von vernünftigen Wesen eingesehen und als geltend ausgewiesen werden; seine Geltung ist an keine Umstände geknüpft, er gilt vielmehr bedingungslos. Und schließlich sind alle Handlungen ethisch begründet, wenn sie dem Kategorischen Imperativ genügen. Dem Idealismus dieser Prägung gegenüber stehen der →Emotivismus und der →Naturalismus.

c ›Idealismus‹ kennzeichnet eine Position innerhalb der Erkenntnistheorie. Als solche wurde sie im 18. Jahrhundert starkund hatte ihre Hochphase wohl im so genannten Deutschen Idealismus. ›Deutscher Idealimus‹ und ›Idealismus‹ sind aber nicht dasselbe. Unter ›Deutscher Idealismus‹ fasst man die Philosophien von Immanuel Kant (1724–1804), Johann Gottlieb Fichte (1762–1814), Georg Wilhelm Friedrich Hegel (1770–1831) und Friedrich Wilhelm Joseph Schelling (1775–1854) zusammen. (Übrigens wäre von den vier Herren so mancher nur ungern mit den anderen in einen Topf geworfen worden.)

In diesem Buch wird ›Idealismus‹ im Sinne der Bedeutung c, also im erkenntnistheoretischen Sinne verwendet. Der erkenntnistheoretische Idealismus antwortet auf die Frage, worüber wir eigentlich sprechen, wenn wir von der Welt, von den ›Dingen da draußen‹ sprechen.

Er antwortet: Wir sprechen gar nicht über die Dinge da draußen, sondern wir sprechen über unsere Vorstellungen von ihnen. Damit nimmt der Idealismus von der Idee Abstand, es gäbe eine direkt zugängliche, objektive Wirklichkeit. Stattdessen vertritt er einen Erkenntnis-Subjektivismus, der aber mitnichten die Beliebigkeit oder Relativität von

Erkenntnis meint. Im 20. Jahrhundert veränderte sich der Idealismus zum (radikalen) →Konstruktivismus und machte einen ›linguistic turn‹ durch.

Die Hauptschwierigkeit des Idealismus besteht in seiner Verabschiedung der Wirklichkeit als ›Rotstift‹, als Korrekturinstanz dafür, wie wir uns die Welt vorstellen. Wenn wir, so eine berechtigte und ironisierende Kritik, als Idealisten nur noch von unseren Vorstellungen von der Welt sprechen und nicht von der Welt selbst, woher wissen wir dann eigentlich, dass unsere Vorstellungen richtig sind? Woher kommt es dann, dass wir sogar *falsche* Vorstellungen von der Welt kennen? Und wie kommt es, dass 20 Menschen im Raum die Anwesenheit eines Rhinozeros richtig beurteilen? Dass sich also alle 20 Menschen dieselbe Vorstellung machen?

Alle Varianten des Idealismus versuchen diese Erklärungsprobleme zu lösen, indem sie sagen: »Die Vorstellungen bestimmen das, was Wirklichkeit ist, und außerhalb der Wirklichkeit in der Vorstellung gibt es keine.« Es war Immanuel Kant, der diese neue Problemlösung für die Erkenntnistheorie mit dem Etikett ›Kopernikanische Wende‹ versah; nach der Wende, so Kant sinngemäß, richtet sich die Erkenntnis nicht mehr nach den Gegenständen, sondern umgekehrt richten sich die Gegenstände nach der Erkenntnis. Für Kant war dieser Schritt leichter möglich als für uns heute. Denn Kant machte als zwei Vermögen des Menschen die Vernunft und den Verstand aus. Beide Vermögen hielt er für uniform, will sagen, er setzte für alle Menschen ein und dieselbe Vernunft und ein und denselben Verstand an. Dass verschiedene Menschen unter dieser uniformen Voraussetzung zu ähnlichen Vorstellungen von der Welt kamen, war nicht nur verwunderlich, sondern notwendig für Kants Wunsch nach sicherem Wissen. So weit. So gut. Allein, das 20. Jahrhundert hat die Uniformität der Vernunft in Zweifel gezogen, allen voran der radikale →Konstruktivismus. Dort stellt sich die Frage, wie zwei Menschen zu ein und derselben Beurteilung einer Sachlage kommen können, verschärft.

Irrationalismus

Im umgangssprachlichen Sinne heißt ein Mensch ›irrational‹, wenn er sich →rationalistischen Argumentationsstandards verweigert. Er kann das auf zwei Weisen: 1. indem er auf Begründungen überhaupt verzichtet, 2. indem er zwar begründet, in seinen Begründungen aber auf sein Inneres, die Offenbarung, auf Gefühle oder Intuitionen als Instanzen Bezug nimmt. Welche dieser Begründungsinstanzen er dabei auch immer verwendet, jede wird von ihm als nicht rational zugänglich aufgefasst.

Im engeren philosophischen Sinne bezeichnet man eine Weltauffassung dann als irrationalistisch, wenn sie besagt, die Phänomene der Welt könnten auf rationalistischem Wege nicht in Gänze wahrgenommen oder verstanden werden. Rationalismus und Irrationalismus gehören für das Weltverstehen dann notwendig zusammen.

Völlig irrationalistisch sind Auffassungen, die behaupten, der Rationalismus sei nicht wenigstens die halbe Wahrheit, sondern versperre gar den Zugang zum wahren Weltverstehen. Der sprachfeindliche Zen-Buddhismus mit der Praxis der Koans ist in diesem Sinne völlig irrationalistisch.

Kognitivismus

»Da gibt es *doch* etwas zu erkennen, und da gibt es *doch* etwas rational zu begründen.« – Das könnte der Leitspruch für den Kognitivisten sein, sowohl seinem Inhalt nach als auch seiner Schwammigkeit nach. Die Schwammigkeit rührt daher, dass ›Kognitivismus‹ als Sammelbegriff für Positionen in verschiedenen Lebensbereichen verwendet wird.

Zunächst: Die Bezeichnung ›Kognitivismus‹ findet man nur dort, wo viele behaupten, es gäbe gar nichts zu erkennen und erst recht nichts zu begründen, etwa in der Ethik und in der Ästhetik. »Alles nur Geschmackssache« heißt es dort oft, und »Über Geschmack lässt sich nicht streiten«. Der Kognitivist ist da ganz anderer Ansicht. Er meint, anders als etwa ein →Emotivist, man könne für oder gegen eine Handlung objektive Gründe anführen; er meint, man könne sogar komplette Ethik-Begründungen miteinander vergleichen und bewerten, und er meint, auch in der Kunst gebe es Argumente für oder gegen die These, dass es sich zum Beispiel bei Marcel Duchamp (1887–1968) um einen großen Künstler handle. Wie genau der Kognitivist seinen Anspruch begründet und welche Gegenposition er vertritt, hängt vom Einzelfall ab. In jedem Fall aber ist er ein Erkenntnisoptimist. Deshalb ist eine jede kognitivistische Position auch schwer zu vereinbaren mit einer →skeptizistischen.

Konsequentialismus, konsequentialistische Ethik

Eine konsequentialistische Ethik bemisst den moralischen Wert einer jeden Handlung einzig und allein *an den Folgen, an den Konsequenzen* dieser Handlung. Konsequentialisten fragen immer danach, wofür eine Handlung gut ist, welchem erwünschten Zweck sie dient oder welchem sie abträglich ist. Konsequentialisten sagen dagegen niemals, dass das Einhalten von Regeln oder das Befolgen von Pflichten *um ihrer selbst willen* ethisch von Bedeutung wäre.

Die konsequentialistische Art der Handlungsbewertung unterscheidet sich in mindestens vier wichtigen Hinsichten von anderen, vor allem von →deontologischen Begründungsversuchen:

a   Es gibt keine einzige Handlung, die *an und für sich* moralisch gut oder schlecht wäre – auch nicht die Tötung eines Menschen. Jede Handlung hat demnach überhaupt keinen ›inneren‹ moralischen Wert, sondern nur einen ›äußeren‹, einen zugeschriebenen.

b   Daneben hat jede Handlung auch keinen *feststehenden, starren* moralischen Wert. Denn in die Bewertung einer Handlung werden lediglich die Folgen einbezogen. Die Folgen einer Handlung aber variieren mit den Umständen. Folglich wird der moralische Wert einer Handlung in Abhängigkeit von variierenden Umständen selbst variieren und steht nicht mehr fest.

c   Da allein die Folgen einer Handlung deren Wert bestimmen, gehen die Handlungs*motive* nicht in die Bewertung der Handlung ein. Die Handlungsmotive gehören zwar zu den *Umständen* einer Handlung, aber nicht zu deren Folgen, sondern zu deren Ursachen.

d   Rechte zu haben, ist innerhalb einer konsequentialistischen Ethik zwar möglich und deshalb nicht ausgeschlossen, gleichwohl aber stehen Rechte nicht an oberster Stelle, sondern müssen innerhalb der konsequentialistischen Theorie abgeleitet werden; sie sind somit sekundär. Rechte dienen dazu, den Rahmen für Handlungen abzustecken, sie sollen ununterschreitbare Untergrenzen bilden.

Die bekannteste konsequentialistische Strömung ist der *Utilitarismus* mit seinen vielen Spielarten. Im Utilitarismus geht es wortwörtlich um den Nutzen. Dementsprechend ist eine utilitaristische Ethik eine Ethik, die eine Handlung moralisch einzig und allein danach bemisst, welchen Nutzen sie bringt. Damit handelt sich der Utilitarist (wie im Übrigen jeder Konsequentialist) drei Missverständnisse oder Probleme ein.

a   Utilitaristen sind Nutzenmaximierer. Um den Nutzen zu maximieren und damit die moralisch wertvollste Handlung herauszufinden, muss der Utilitarist dauernd ›rechnen‹. Das Problem: Kann er das überhaupt? Insbesondere dann, wenn nicht feststeht, wer überhaupt von der Handlung betroffen sein wird.

b   Der Utilitarist ist wie jeder Konsequentialist allein auf die Folgen seiner Handlung bedacht. Das Problem: Was aber sind die Folgen einer Handlung? Die beabsichtigten Folgen, die subjektiv eingetretenen, die objektivierbaren oder die unbeobachtbaren? Der Vorwurf: Wenn der Konsequentialist so sehr auf die Folgen einer Handlung bedacht ist, dann muss er wenigstens sagen können, was er unter den Folgen versteht. Das aber kann er nicht.

c   Insbesondere der Utilitarist steht in der Öffentlichkeit im Generalverdacht, dogmatisch den Nutzen einer Handlung beliebig festlegen zu können. Der Vorwurf: Nutzenmaximierer könne man demnach sein für ›das Gemeinwohl‹, für ›den Staat‹, ›die Menschheit‹, im schlimmsten Fall aber auch für das ›Vaterland in den Grenzen von 1937‹.

Dieser letzte Vorwurf ist in jeder Hinsicht falsch. Er entstammt dem Missverständnis, dass es im Utilitarismus einen Menschen oder eine Institution geben könnte, die anderen vorschreibt, worin der Nutzen besteht. Dem ist aber nicht so. Ob eine Handlung für eine Person von Nutzen ist, entscheidet ausschließlich diese (betroffene) Person für sich allein. Denn bekanntermaßen muss das, was in den Augen der einen Person nutzbringend ist, nicht zugleich auch nutzbringend sein in den Augen einer anderen. Um den Gesamtnutzen einer Handlung ermitteln zu können, müsste man demnach tatsächlich jede dieser beteiligten Personen nach ihrer Bewertung befragen. Ist eine Befragung aus irgendwelchen Gründen nicht möglich, dann muss der Nutzen abgeschätzt werden, indem man die Handlung betrachtet und bewertet aus der Perspektive einer jeden Person, die von der Handlung betroffen ist. Der Gesamtnutzen einer Handlung bemisst sich so als Summe der Einzelnutzen, *betrachtet mit den Augen und der Perspektive der jeweilig Betroffenen.* Nützlichkeit liegt für den Utilitaristen eben im Auge (je)des Betrachters und nicht bei einer gebietenden Supermacht. Deswegen ist der Utilitarismus auch eine ethische und keine diktatorische Position.

Konstruktivismus (radikaler)

Der Konstruktivismus antwortet auf die Frage »Was können wir von der Welt wissen?« lakonisch mit »Wenig bis gar nichts«. Das ist wenig. Der Konstruktivist begründet seine erkenntnis-pessimistische Haltung mit Verweis auf die aktiv-gestaltende Tätigkeit des Menschen beim Erkennen der Welt. Er meint: »Es ist *nicht* so, dass der Mensch ›Daten‹ aus seiner Umwelt empfängt und dass diese Daten dann vom Menschen zu einem korrekten Abbild der Wirklichkeit ›organisiert‹ werden.« Er meint auch: »Es ist *nicht* so, dass der Mensch in der Lage ist, seine Umwelt teilweise in der Wahrnehmung oder im Denken zu rekonstruieren. Es ist vielmehr so: »Der Mensch hat beim Erkennen unglaublich viele Freiheitsgrade. Er rekonstruiert die Welt deshalb nicht, er schafft sie sich aus sich selbst heraus als ›freie‹ Konstruktion. Alles, was sich über diese Konstruktionen sagen lässt, ist, dass sie irgendwie durch Zutun der Welt zustande gekommen sind. Alle weitergehenden Ansprüche aber, etwa solche der Übereinstimmung von Welt und Erkanntem, sind abzulehnen. Die Welten, in denen verschiedene Menschen leben, sind voneinander grundverschieden. Von diesen grundverschiedenen Welten ist keine den anderen vorgeordnet oder überlegen.«

Der radikale Konstruktivismus ist als Summe philosophischer Erkenntnisse über viele Disziplinen *die* Erkenntnistheorie des 20. Jahrhunderts. Galt in den vielen Jahrhunderten davor noch das Diktum von der Möglichkeit objektiver Erkenntnis, so ist das 20. Jahrhundert nicht einmal mehr von der Möglichkeit intersubjektiver Erkenntnis geprägt, sondern nur noch von der Tatsächlichkeit relativer und deshalb unvergleichbarer Erkenntnis. Die Objektivität wich der Relativität vor allem durch den veränderten oder neuen Blick …

	Beispiel, Stichwort
… auf die Sprache	Wittgenstein: ›Die Grenzen meiner Sprache sind die Grenzen meiner Welt.‹ Austin, Sapir, Whorf der Film *Koyaanisqatsi* u. a.
… auf Zeitlichkeit und Geschichte	Heidegger und Gadamer
… auf die Erkenntnisse der Neurophysiologie	Maturana, Varela, Roth
… auf die Wissenschaftstheorie	Quine: ›Zu existieren heißt Wert einer gebundenen Variablen zu sein.‹ Duhem-Quine-These, Kuhn: *Die Struktur wissenschaftlicher Revolutionen*, Feyerabend: *Wider den Methodenzwang*, Goodman und sein Buch *Weisen der Welterzeugung*

... auf die Psychologie	von Galsersfeld, von Foerster, Watzlawick
... von feministischer Seite	Harding, Longino u. a.
... auf die Philosophie als Disziplin	Richard Rortys Generalangriff
... auf die jetzige Epoche, die genau das zu ihrem Credo macht	Postmoderne

Der radikale Konstruktivismus hat einerseits eine große Nähe zur Philosophie Kants, ja, Kant ist in gewissem Sinne der erste wirkliche Konstruktivist. Auch bei Kant verdünnt sich die Welt als ›Ding an sich‹ zur reinen Denknotwendigkeit, über dessen reale Eigenschaften sich nichts, aber auch gar nichts sagen lässt, noch nicht einmal mit Sicherheit, dass es existiert. Anders aber als die modernen radikalen Konstruktivisten glaubt Kant noch an objektive Erkenntnis, die neben ihrer Überindividualität sogar den Charakter der Sicherheit und Notwendigkeit trägt.

Ob der radikale Konstruktivismus recht hat oder nicht, ist eine umstrittene Frage. Unabhängig von der Antwort steht aber fest: Für den Konstruktivisten ist das Erkennen das Land der unbegrenzten Möglichkeiten.

Libertarismus, Libertarier

Libertarismus nennt man eine sehr anspruchsvolle und eine sehr starke Position in der Debatte um den freien Willen. Die Vertreter dieser Position, die Libertarier, behaupten: Manche, wenn auch nicht alle Handlungen eines Menschen geschehen *im eigentlichen Sinne aus freiem Willen* (und geschehen nicht durch das Wirken von Naturgesetzen oder Zufällen). Im eigentlichen Sinne aus freiem Willen erfolgt eine Handlung, wenn folgende drei Bedingungen erfüllt sind:

a Handlungsfreiheit,
b Autonomie,
c Urheberschaft.

Unter ›Handlungsfreiheit‹ versteht man das Haben von Wahlmöglichkeiten überhaupt: Wer im Gefängnis sitzt, hat nicht die Freiheit, ins Kino zu gehen und dort Popcorn zu essen. Wer im Rumpf eines untergehenden Schiffes an eine Heizung gekettet ist, muss sich keine Gedanken darüber machen, ob er das Schiff auf einem Rettungsboot verlässt oder ob er lieber seine Rose suchen und retten soll.

›Autonomie‹ hingegen betrifft das Vermögen, die eigenen Handlungen im Kleinen von den eigenen Wünschen im Großen bestimmen zu lassen. Wer das nicht kann, ist nicht autonom. Beispiel: Raucher. Viele Raucher wollen gern lange gesund sein. Das ist deren Wunsch im Großen. Allein, die Handlung im Kleinen – das Anzünden der nächsten Zigarette – bleibt davon unberührt. Raucher sind folglich nicht autonom. Sie teilen dieses Unvermögen mit anderen Süchtigen und Menschen mit Zwangsstörungen. Weil sie nicht autonom sind, sind sie auch nicht willensfrei im starken Sinne. Freilich, Raucher wollen das in der Regel auch gar nicht (mehr) sein.

In Hinsicht auf die beiden Bedingungen ›Handlungsfreiheit‹ und ›Autonomie‹ unterscheiden sich Libertarier nicht oder kaum von anderen Positionen in der Debatte um den freien Willen. Umstritten und zugleich weltanschaulich positiv aufgeladen ist allerdings die dritte Bedingung, die Urheberschaft. Gemeint ist damit eine Instanz, die in der handelnden Person liegt und die nicht einfach passives Resultat eines naturgesetzlichen oder zufälligen Geschehens ist. Sie soll vielmehr aktiv und übernaturgesetzlich sein und schließlich die Handlung absichtlich in Gang setzen. Diese Instanz ist die Urheberin der Handlung, das ›Ich‹, das ›Selbst‹, der ›Wollenskern, der meine Person ausmacht‹.

Dieses ›Ich‹, dieses ›Selbst‹ ist den Libertariern besonders wichtig für die Sicht auf den Menschen bzw. für die Sicht auf sich selbst. Dieses ›Ich‹ ist in ihrer Auffassung das Subjekt für Schuldzuweisung und ebenso für Verantwortung. Ohne dieses ›Ich‹ gibt es keine Verantwortung und auch kein ›eigentliches Menschsein‹. Denn, so der Einwand, was wäre der Mensch ohne dieses ›Ich‹ anderes als eine – wenn auch komplexe – Bio-Maschine?

Materialismus

Der Materialismus ist eine Position vor dem Hintergrund der Unterscheidung zwischen Materie und Geist. Der Materialist behauptet: »Es gibt in der Welt nur eine Substanz, und diese Substanz ist die Materie.« Aus diesem Grund lehnt der Materialist bei all seinen Erklärungen – seien es weltanschauliche, seien es naturphilosophische, seien es erkenntnistheoretische oder welche auch immer – alle Vorstellungen und Überzeugungen ab, die ein eigenes, materieunabhängiges ›Reich des Geistigen‹ oder gar etwas Transzendentes beanspruchen, zum Beispiel einen Gott. Wegen dieser Ablehnung muss ein Materialist *nicht* zwangsläufig leugnen, dass es ›Geist‹ gibt bzw. dass der Mensch ein mit ›Geist‹ ausgestattetes Wesen ist; allein, dieser ›Geist‹ wird von ihm als ein nachgeordnetes, im Letzten dann doch materiales Phänomen betrachtet. Ein Materialist könnte zum Beispiel sagen, dass der ›Geist‹ eine (System-)Eigenschaft eines komplizierten, belebten Materiehaufens ist, die wir üblicherweise ›Großhirn‹ nennen.

Den Materialismus gibt es in einer schwachen Form und in einer starken. Die schwache Form findet man vor allem in der Antike, die starke Form in der Neuzeit und Gegenwart. Für die Antike ist es eigentümlich, dass es die strikte Trennung von Geist und Materie bzw. von zwei Substanzen noch nicht gibt. Diese ist vielmehr erst durch René Descartes ›klar und deutlich‹ und mit aller Nachhaltigkeit für das Abendland zementiert worden. (Gleichwohl ließ der Anblick eines Toten natürlich auch schon in der Antike die Frage aufkommen, inwieweit das, was man Geist nennt, eine Eigenschaft eines belebten Materiehaufens ist oder nicht.)

In der starken Form tendiert der Materialismus nach der Trennung von Geist und Materie stark zum →Naturalismus bzw. fällt mit ihm zusammen. Natürlich gibt es dabei sowohl bei Materialisten als auch bei Naturalisten nicht nur eine, sondern viele Spielarten mit unterschiedlichen Ausprägungen.

In keiner der beiden Formen fällt der Materialismus allerdings mit dem Mechanismus bzw. mit dem mechanistischen Weltbild (→Determinismus) zusammen. Das hat folgende zwei Gründe: 1. Der antike Materialismus kannte die newtonsche Mechanik nicht, und der moderne Materialismus kritisiert das mechanistische Weltbild als unzutreffend oder unvollständig. 2. Wer mechanistisch denkt, der muss nicht automatisch auch materialistisch denken, sondern kann trotzdem die Welt in materielle und ›über‹-materielle Phänomene einteilen. Für die materielle Welt mag dann das mechanistische Verständnis zutreffend und ausreichend sein; die übermaterielle Welt (›Intelligenz‹, ›Geist‹) hingegen verlässt diesen Raum und ist folglich keine Instanz mehr für das mechanistische Verständnis.

Schließlich: Der Begriff ›Physikalismus‹ wird zwar gelegentlich synonym mit ›Materialismus‹ benutzt, er ist aber eigentlich für spezielle Strömungen der Wissenschaftstheorie reserviert.

Metaphysik

Unter ›Metaphysik‹ fallen alle Aussagen und Auffassungen über die Existenz von Gegenständen und Vorgängen, sobald diese Aussagen nicht mehr *direkt* empirisch überprüfbar sind, also nicht mehr *direkt* an der Erfahrung scheitern können. Zur Metaphysik gehört demnach beispielsweise die Behauptung der Existenz Gottes (genauso wie die Behauptung seiner Nicht-Existenz), die Behauptung der Existenz von →transzendenten Wesen im Allgemeinen (genauso wie die Behauptung von deren Nicht-Existenz), die Behauptung, es gebe eine zweite, eine seelische Substanz, der Glaube an eine ausgleichende Gerechtigkeit, die Annahme einer unabhängig von einem Wahrnehmenden existierenden Außenwelt usw.

Metaphysische Überzeugungen hat notwendigerweise jeder, weil vieles auf der Welt weder direkt beweisbar noch widerlegbar ist, noch nicht einmal die Existenz der (Außen-) Welt. Trotzdem wurde die Metaphysik von akademischen Philosophen in den letzten 50 Jahren zu einer ›Bäh‹-Disziplin degradiert, also zu einer Disziplin, deren Inhalte entweder unverständlich oder hohl, leer und okkult sind; den sicheren Gang einer Wissenschaft zu gehen, sei die Metaphysik nicht in der Lage gewesen und werde sie auch nie sein, weil sie augenscheinlich unwissenschaftlich sei. Wissenschaftsfreundlichkeit und Metaphysikfreundlichkeit schlossen sich wechselseitig aus, weil angeblich das eine das andere behindert. Insbesondere trübe die Metaphysik den klaren Verstand. In dieser Denktradition stand auch der so genannte ›Wiener Kreis der wissenschaftlichen Weltauffassung‹. Folgt man den Äußerungen eines seiner Mitglieder, Otto Neurath (1882–1945), suchte der ›Wiener Kreis‹ »eine metaphysikfreie Atmosphäre zu schaffen, um wissenschaftliche Arbeiten auf allen Gebieten durch logische Analyse zu fördern«. Über Neurath erzählt man sich auch die Anekdote, er habe schon beim leisesten Verdacht einer metaphysischen Position diese mit dem lauten Ausruf »Metaphysik!« diskreditiert, abgekürzt später nur noch durch ein scharfes »M«. – Kurz: Wer etwas auf sich hielt, war Metaphysik-Hasser.

Heutzutage stellt sich die Lage leicht verbessert dar. Es herrscht nämlich die Einsicht vor, dass die Wissenschaft selbst ein Minimum an Metaphysik voraussetzen muss. Außerdem hat man begriffen, dass man für oder gegen eine metaphysische Position auch *argumentieren* kann, obwohl diese nicht empirisch prüfbar ist. Eine solche Argumentation, etwa zugunsten der Annahme, es existiere eine unabhängige Außenwelt, hat keinen zwingenden Charakter, sondern gleicht eher einem Indizienbeleg. In manchen Fällen ist die Last der Indizien freilich erdrückend. Metaphysische Fragen sind also weder überflüssig noch sinnlos, sondern lebensnotwendig und beantwortbar.

Zur Metaphysik gehört als Teildisziplin die Ontologie. Was aber ist Ontologie? – Im ersten Semester des Philosophie-Studiums erhält man auf diese klassische Frage die genauso klassische Antwort: »Ontologie ist die Lehre vom Seienden«. Allein, diese Rede verdunkelt statt zu erhellen. Deshalb hier eine nicht-klassische Antwort durch eine Möbel-Analogie:

Wenn man einen Raum einer bewohnten Wohnung betritt, dann finden sich dort Möbel. Diese Möbel lassen sich auf unterschiedliche Arten beschreiben. Die erste Möglichkeit zur Beschreibung ist das Aufzählen: ein Tisch, ein Sofa, Sessel, eine Kommode, Regale. Ein ›Möbel-Kartograph‹, zum Beispiel ein Umzugsunternehmer interessiert sich für eine solche Beschreibung. Dem Kartographen entspricht in der Wissenschaft der sammelnde Botaniker oder Zoologe des 19. Jahrhunderts, wie er in Karl-May-Filmen einschlägig typisiert wird. Die zweite Möglichkeit besteht in der detaillierten Kennzeichnung der Qualität und Herkunft der Möbel: Da sind etwa ein Ledersofa, mehrere Regale aus furnierter Spanplatte, vermutlich von einem schwedischen Möbelhaus, ein Mahagoni-Tisch mit Intarsien und die Louis-XV.-Kommode mit der restaurierten Lade. Eine solche Beschreibung ist interessant für eine Antiquitätenhändlerin oder auch für einen Auktionator von Christie's. Dem entspricht in der Übertragung der empirische Wissenschaftler der Gegenwart.

Bleibt noch die dritte Möglichkeit. Menschen schauen sich die Möbel an und stellen fest, welche Grundformen, Grundmaterialien und Grundfarben die Möbel aufweisen. Da gibt es kantige und runde Möbel, Tische und Stühle mit vier Beinen oder keinen, Schränke aus Stahl, Aluminium, Plastik und Glas als Material und naturbelassene Materialien oder lackierte. Designerinnen und Konstrukteure interessieren sich für derartige Beschreibungen. Es ist der Ontologe, der ihnen in der Übertragung entspricht. Der Ontologe kümmert sich um das Inventar der Welt. Er sucht die Grundformen, die wir benutzen, um die »Möbel in unserer Welt« herzustellen. Üblicherweise nennt man diese Grundformen vornehm ›Kategorien‹. Aristoteles (384–322) hatte davon zehn: Substanz, Quantität, Qualitatives, Relation, Ort, Zeit, Lage, Haben, Tun, Leiden. Für Aristoteles erschienen alle Möbel der Welt in diesen Kategorien, und andere Möbel konnte es nicht geben. Neben Aristoteles ist vor allem Kant (1724–1804) durch seine Kategorientafel bekannt geworden. Allerdings kannte Kant nicht zehn, sondern zwölf Kategorien. (Moderne und formal geschulte Logiker demgegenüber meinen spöttisch, es seien sogar mindestens 123.)

Heutzutage ist das Interesse an der Ontologie aus vielen Gründen abgeklungen, nicht nur wegen der Uneinigkeit über die Anzahl der Kategorien. Auch das veränderte Bewusstsein davon, dass man die Welt niemals direkt erfährt, sondern dass sich die Sprache zwischen Ich und Welt schiebt, hat dazu beigetragen. Deshalb fragt man auch heute in der Philosophie weniger »Was ist das?«, sondern »Was meinst du?« und »Woher weißt du das?«.

Monismus

»Es gibt genau eine Substanz, aus der die Welt gebaut ist«, sagt der Monismus. (Der →Dualismus sagt demgegenüber: »Es gibt genau zwei grundverschiedene Substanzen.«) Und meistens fügt der Monist hinzu: »Es ist die Materie.« Der Monist erweist sich dann oft als →Naturalist.

In der Rede des Monisten bedeutet ›Substanz‹ genau das, was es auch in der Rede des Dualisten bedeutet: nämlich das bei aller Veränderung Beharrliche, Unveränderte und Dauerhafte. Beim Monisten ist – genau wie beim Dualisten – die Substanz die Trägerin von allen wechselnden ›festhakenden‹ Eigenschaften. Allein, im Unterschied zum Dualisten hat der Monist nur eine einzige Substanz, um die Welt und ihre Eigenschaften zu *erklären*.

Das ist anspruchsvoll. Der Monist muss darlegen, wie sich aus seiner einen Substanz nicht nur Statuen aus Marmor hauen und Autos bauen lassen, sondern komplexe ›Bio-Maschinen‹ mit Bewusstsein, Geist und Vernunft entstehen können. Gelöst hat er dieses Erklärungsproblem freilich noch nicht, doch gänzlich unlösbar scheint es auch nicht zu sein. Dennoch ist sein Problem offensichtlich. Seine Gegner, die Dualisten, haben die Plausibilität auf ihrer Seite. Sie sagen: »Niemand leugnet, dass ein Mensch viele materielle Eigenschaften hat, zum Beispiel eine Ruhemasse, die ihm morgens auf der Waage zu schaffen macht. Deswegen sind aber noch lange nicht alle Eigenschaften des Menschen materielle Eigenschaften oder aus materiellen Eigenschaften erklärbar! Ein Mensch ist offenkundig mehr als ein Gummibärchen. Denn es hat kein Bewusstsein. Ein Mensch hingegen hat ein Bewusstsein. Deshalb kann er nicht nur Materie sein. Nur der Monist sieht das nicht ein!«

Zwar ist dieser Vorwurf nicht ganz fair, aber es ist klar, dass der Monist überzeugendere Karten in dieser Diskussion hätte, wenn er in kleinen Schritten erklären könnte, wie Bewusstsein aus dem Zusammenspiel unbewusster Materie entstehen kann. Über diese Erklärungen verfügt der Monist im Moment nicht. Er ist auf die Forschungserfolge in der Zukunft angewiesen. Zugleich ist er sich sicher, dass es diese Erfolge geben wird. Zur Plausibilität seiner Haltung trägt das aber nichts bei.

Naturalismus

Wasseradern, Gedankenlesen, Aura, Orgonstrahler – alles Unsinn, sagt der Naturalist und bekommt Beifall von vielen Seiten. Dann sagt er aber auch: Objektive Werte, Gott, Wunder, Seele, Sinn, Freiheit, echten Altruismus – alles weltanschauliche Flausen. Dafür bekommt er dann kaum noch Beifall.

Der Naturalist ist der festen Überzeugung, dass es überall in der Welt mit rechten Dingen zugeht. Seinem Anspruch nach kann und will er einfach alles erklären, und das auch noch mit ganz, ganz wenigen Mitteln. Alles, was sich überhaupt erklären lässt, lässt sich ›natürlich‹ erklären. Und worüber man nichts wissen kann, weil es die menschliche Erfahrung übersteigt, darüber sollte man schweigen. Unter einer ›natürlichen Erklärung‹ versteht der Naturalist dabei Folgendes: Alles ist Natur, die Natur ist materiell-energetisch, und für die Erforschung der Natur ist die erfahrungswissenschaftliche Methode allen anderen überlegen. Wunder, Götter, Schutzengel gibt es nicht und braucht es nicht. Die →Metaphysik ist weitestgehend eine kulturgeschichtliche Altlast, die im günstigsten Fall, etwa beim Glauben an die Unbefleckte Empfängnis Mariens, skurrile Blüten treibt und die im schlimmsten Fall zum 11. September oder zur Hexenverbrennung führt. Damit ist alles gesagt.

Den Naturalismus gibt es in vielen Spielarten und Härtegraden. Viele Menschen lehnen den Naturalismus ab, weil er der Welt ihren Zauber nimmt. Eine barocke weltanschauliche Heimstatt mit Sinn und Seele erscheint ihnen weit attraktiver als die entsagungsvolle Eiswüste, in der der Naturalist wie ein Arzt an alles Liebgewonnene sein kaltes Rasiermesser ansetzt, um es wegzuschneiden wie eine Warze. Trotz seiner Kälte ist der Naturalismus unter Erfahrungswissenschaftlern und Philosophen sehr verbreitet. Mit einem Achselzucken verweist man dort gern auf die Erfolge des Naturalismus und darauf, dass das Leben nun einmal kein Wunschkonzert sei. Erstaunlicherweise halten viele dieser Naturalisten ihre Weltanschauung aber nicht konsequent durch, sondern sind weltanschaulich zweigeteilt. Solange es nämlich ›nur‹ um Fragen der richtigen Beschreibung geht, also etwa darum, die Herkunft und Zukunft des Universums zu erklären oder die Möglichkeit echter Willensfreiheit, halten sie den Naturalismus nicht nur für möglich, sondern für geboten. Wenn es aber um ethische Fragen geht, also um normative Fragen, dann ist der Naturalismus plötzlich verpönt – obwohl er den Anspruch hat, auch dort alles auf rechte Dinge zurückführen zu können.

Diese Bereichsbeschränkung der naturalistischen Weltauffassung ist auch typisch für die meisten Menschen auf der Straße. Kaum jemand bestreitet die Erfolge der Erfahrungswissenschaften. Doch für die wirklich wichtigen Dinge, so heißt es, seien sie genauso wenig zuständig wie der Naturalismus. Der Naturalist bestreitet diese Behauptung mit zunehmendem Nachdruck. Je besser zum Beispiel das Verständnis des Gehirns wird, umso mehr erscheinen viele nicht-naturalistische Positionen als veraltet und metaphysisch. Das kann der Naturalist für sich verbuchen.

Allein, in einem Punkt versagt der Naturalist vermutlich tatsächlich. Selbst wenn alles ›natürlich‹ erklärt ist, hat er dann schon ein einziges lebensweltliches Problem gelöst? Weiß er dann schon, ob er heiraten soll und wenn ja, wen? – Freilich hatte sich der Naturalist aber für solche Fragen auch nie zuständig erklärt.

Nihilismus

Kein Nihilist ist Friedrich Nietzsche (1844–1900), obwohl man ihm das oft nachsagt und obwohl er selbst den Begriff auch benutzt. Vielmehr ist für Nietzsche ›Nihilismus‹ ein Prädikat für seine Gegner. ›Nihilismus‹ steht ihm für eine ablehnungswürdige, weil lebensfeindliche Weltsicht, die dem Diesseits abgewandt und dafür dem Jenseits zugewandt ist. Nietzsche klagt das Christentum für eine solche Haltung an. Der Nihilismus stellt sich, nach Nietzsche, aber auch und dann sogar verschärft in jenem Moment ein, da man sich mit einem Befreiungsschlag vom Christentum löst und dabei (wie bei Befreiungsschlägen üblich) überradikalisiert. Da dieser Nihilismus selbst, weil ausschließlich reaktiv, zu überdreht und zugleich nur negativ und verneinend ist, bedarf er selbst genau wie das Christentum der Überwindung. Und dafür ist dann Nietzsches eigene Philosophie da.

Ein Nihilist im landläufigen Sinne ist ein Mensch, der all das, was anderen Menschen etwas wert ist oder wert sein könnte, gebetsmühlenartig kommentiert mit »Das gibt es doch gar nicht« oder »Das ist wertlos.« Damit meint der Nihilist fast immer: »Es gibt keinen Sinn des Lebens, und es gibt keinen Sinn in der Welt, und es gibt keine Werte und Normen. Alles ist nichts wert.« Zugleich wird er bestreiten, dass es so etwas wie eine praktische Vernunft gebe und dass diese uns Menschen dazu nötige, an die Existenz von Freiheit, Gott und Unsterblichkeit zu glauben. Denn augenscheinlich gibt es die Letztere ja auch nicht. Schließlich wird der Nihilist in seiner Vollendung gar die Möglichkeit von Erkenntnis überhaupt bestreiten; glücklicherweise aber ist diese extreme Subspezies von Nihilisten recht selten.

Der Begriff ›Nihilismus‹ wird kaum nur beschreibend gebraucht; fast immer dient er der Bewertung einer Position, und zwar der Abwertung. Diese Abwertung kann väterlich-beschützender Art sein. Dann ist oft gemeint, ein Nihilist könne doch gemäß dem, was er sagt, niemals ein fröhlicher Mensch sein; genauso oft wird behauptet, die Welt könne für den Nihilisten nicht sinnfrei, sondern höchstens sinnlos sein (wenn nicht noch schlimmer); und man meint auch, der Nihilist sei ein bemitleidenswertes Geschöpf, weil er nichts mehr zu haben scheint, an das er sich hängen kann (außer vielleicht ein Seil). Nicht nur der Laie setzt den Nihilisten deshalb oft mit dem Fatalisten gleich, also mit einem Menschen, der zwar ein Leben führt, aber doch nur ein Leben ohne (→metaphysischen) Kern und Zentrum. Der arme Hund!

Neben dieser Mitleids-Abwertung gibt es noch die Zerstörer-Abwertung. Weil es für den Nihilisten nichts mehr gebe, was ihn an der Welt hielte, gebe es auch nichts mehr, was ihn von der Zerstörung der Welt abhielte. Wenn doch für den Nihilisten alles gleich unbedeutend ist, dann müsse auch der Tod gleichwertig dem Leben sein, das Leiden gleichwertig dem Glück. So die Unterstellung. Kein Wunder also, dass der Nihilist nicht nur sich selbst zu vernichten droht, sondern auch das, was anderen Menschen heilig ist. Gemäß dieser Wertung ist der Nihilist ein Zerstörer des Friedens, der Zertrümmerer von metaphysischen Weltbildern, schlicht: ein Unruhestifter mit Vernichtungsdrang.

Beide Wertungen werden oft benutzt zur Diffamierung eines naturalistischen Weltbildes. Der →Naturalismus kommt dann in den zweifelhaften Genuss, von seinen Gegnern ›nihilistisch‹ genannt zu werden. Da heißt es beispielsweise, das naturalistische Weltbild unterhöhle den religiösen Glauben, führe in tiefe Sinnlosigkeitsempfindungen und Depression oder zu literarischen Amokläufen im Stile eines Richard Dawkins. – Der Mörder von Moritz Schlick, einem prominenten Mitglied des Wiener Kreises, rechtfertigte seine Tat mit ähnlichen Worten.

Allein, diese Rechtfertigung stimmt in keinem Jota. Zwar scheint es auf den ersten Blick so, als müsste man die Frage »Wie schafft es ein Mensch eigentlich, ein Leben zu führen in einer Welt, die in jeder metaphysischen Hinsicht entkernt ist?« zwangsläufig beantworten mit einem aufschreienden: »Das geht doch gar nicht!« Naturalisten aber finden oft Geschmack an genau einem solchen Leben – und sind eben deshalb keine Nihilisten mehr.

Nominalismus

Der Nominalismus ist eine sprachphilosophische Position vor dem Hintergrund des folgenden Problems: Wir Menschen können über ›Einzeldinge‹ sprechen und über ›Allgemeindinge‹. Und das sogar mit denselben Worten. Ein Beispiel: Mit ›der Mensch‹ bezeichnen wir oft ein Einzelding, etwa den Menschen dort drüben oder Angela Merkel. Mit ›der Mensch‹ bezeichnen wir aber auch ein ›Allgemeinding‹, und zwar dann, wenn wir über alle überhaupt möglichen Menschen sprechen. Wir meinen mit ›der Mensch‹ dann so etwas wie ›den Menschen an sich‹, ›den Menschen als spezielle Klasse von Lebewesen‹, ›den Menschen im Allgemeinen‹ oder ›das menschliche Wesen als solches‹.

Das philosophische Problem dabei ist die Frage: Gibt es für die Allgemeinbezeichnung ein Ding, das ihr entspricht oder nicht? Gibt es also zum Beispiel für die Allgemeinbezeichnung ›der Mensch‹ ein Ding, das ihr entspricht, oder nicht?

Zugegeben, das ist auf den ersten Blick eine seltsame Frage, weil die Wichtigkeit ihrer Beantwortung akademisch erscheint, und das heißt ohne jeden praktischen Nutzen ist. Auf den zweiten Blick erkennt man aber ihre Wichtigkeit. Will man zum Beispiel erklären, warum Commander Data aus *Star Trek* ein Android und kein Mensch ist, dann muss man sagen, was ein Mensch ist und was ein Android und worin sie sich unterscheiden. Das aber kann man auf verschiedene Weise. Eine übliche Weise besteht darin zu behaupten, zum Wesen des Menschen gehöre es, aus Fleisch und Blut zu sein. Demnach ist Data also kein Mensch. Nun, eine so schlechte Antwort ist das nicht, allerdings gibt es ein Folgeproblem, nämlich: Was, bitte schön, ist denn das *Wesen* des Menschen? Ist das nur eine laxe Redeweise oder gibt es so etwas wie das Wesen oder die Idee des Menschen? – Das aber ist nichts anderes als die Ausgangsfrage.

Die Alten meinten, es gäbe so ein Wesen tatsächlich. Sie sprachen nicht vom ›Allgemeinding‹, sondern von ›Universalie‹ und dachten dabei an etwas, das seiner Natur nach mehreren Dingen zukommt. Im Detail gab es zahlreiche Lösungsvorschläge. Platons (427–347) Vorschlag beispielsweise lautet: Ein Lebewesen ist genau dann ein Mensch, wenn es an der *Idee* des Menschen teilhat. (Das sei analog auch so für das Pferd, das Quietscheentchen, das Lebewesen usw.) Die Idee macht, dass ein Mensch Mensch ist, und die Universalie ›Mensch‹ bezeichnet eben diese Idee. Platons Lösung war in vielerlei Hinsicht überzeugend und kommt noch heute unseren Sprachgewohnheiten entgegen. Wie selbstverständlich sagen wir ›das Schöne‹, ›das Gute‹, ›das Böse‹, ›das Nichts‹ und so fort. Nichts liegt näher als zu vermuten, dass es das, was wir damit bezeichnen, auch tatsächlich gibt. Aber: Der leichte Gebrauch einer Sache garantiert nicht deren Richtigkeit. Was ist denn überhaupt eine Idee? Ein ewiges Ding, das die Eigenschaft, die es beschreibt, in Perfektion hat? Und wenn ja, gibt es dann wirklich ›das Rote‹ als eigenes Ding und nicht nur als irgendwie geartete Abstraktion? Gibt es wirklich ›das Nichts‹ in einem positiven Sinne als Ding? Wie kann es dann das Nichts sein? Und: Wo eigentlich existieren diese ›Dinger‹? Zeigen kann man ja schließlich nicht auf sie.

Der Nominalist nun bestreitet die Existenz von solchen ›Dingern‹. In seiner Sicht gibt es keine platonischen Ideen, keine platonischen Klassen von Objekten (zum Beispiel die Klasse aller Katzen) und auch keinen anderen →metaphysischen Schnickschnack. Das Einzige, was es für ihn gibt, sind Einzeldinge. Der Nominalist vertritt damit eine sehr anspruchslose und karge Position. Mit seiner metaphysischen Sparsamkeit hat er sich aber ein Erklärungsproblem eingehandelt. Denn er kann nicht leugnen, dass wir in unserer Sprache Bezeichnungen für Allgemeindinger haben. Er aber kennt nur Einzeldinger. Folglich muss er unsere Redeweise von Allgemeindingern als nur eine andere Redeweise von Einzeldingern rekonstruieren. Er behauptet, das ist möglich. Die verschiedenen Nominalismen unterscheiden sich in der Art und Weise dieser Rekonstruktion.

Der Nominalismus tritt oft auf im Verbund mit einer →monistischen und mit einer →naturalistischen Position. In den Erfahrungswissenschaften ist er die verbreitete Haltung. Wenn der Nominalismus recht hat, dann bleibt dennoch die Verbreitung und auch der Erfolg platonischer Denkweisen in der Mathematik erstaunlich und erklärungsbedürftig.

Postmoderne

Die Postmoderne ist eine Denkströmung der Gegenwart, die auf den folgenden drei Auffassungen ruht:

1. Eine unbedingt demokratische Gesinnung, die einfach da ist und oft nicht eigens begründet wird.
2. Auf der Welt gibt es überhaupt keine einzige Aufgabe, zu deren Verwirklichung meine Existenz beiträgt oder beitragen muss. Es gibt keinen übergeordneten Sinn, es gibt kein übergeordnetes Ziel der Geschichte und es gibt ebenso auch keinen Endzweck eines einzelnen Menschen oder der Menschheit. (Die Postmoderne verschließt sich also unnachgiebig →teleologischen Restwünschen an die Welt.)
3. Die Welt, in der wir leben, ist im Wesentlichen eine Welt, die durch die Sprache geformt wird. Dabei ist jeder Mensch Teilnehmer an sehr verschiedenen Sprachspielen. (»Sprachspiel« ist ein Terminus von Ludwig Wittgenstein (1889–1951).) Die Gesamtheit der Sprachspiele, an denen ein Mensch teilnimmt, bestimmt dessen Welt.

Zur letzten, weil wichtigsten Auffassung: Sprachspiele zeichnen sich nicht nur dadurch aus, dass von Sprachspiel zu Sprachspiel oftmals unterschiedliche Vokabeln benutzt werden; ein juristisches Sprachspiel ist von einem medizinischen natürlich schon im Jargon verschieden. Aber darauf kommt es nicht an. Entscheidend ist vielmehr, dass sich ein

Sprachspiel *prinzipiell* nicht in ein anderes übersetzen lässt, selbst dann, wenn äußerlich dieselben Vokabeln benutzt werden. Was der eine im ersten Sprachspiel unter ›gerecht‹ oder ›wahr‹ versteht, ist damit nicht dasselbe für den anderen im zweiten Sprachspiel und dessen Verständnis von ›gerecht‹ oder ›wahr‹. Folglich gibt es unterschiedliche Begriffe von ›gerecht‹ oder ›wahr‹; auch damit ist – so die Postmoderne – alles gesagt. Denn welches der richtige Begriff etwa von ›wahr‹ ist, lässt sich in der Postmoderne nicht mehr ausmachen. (Man braucht nicht zu erwähnen, dass mit einer solchen Auffassung vieles ›relativ‹ wird, wo doch ›wahr‹ selbst nur noch ›wahr relativ zur Person X‹ bedeutet. Auch lassen sich in der Postmoderne so putzige Sätze vergleichsweise widerspruchsfrei äußern wie dieser: »Es mag ja für dich wahr sein, dass die Geschehnisse vom 11. September 2001 in der Realität nicht stattgefunden haben; für mich aber ist es wahr.«)

Der Postmoderne gerecht zu werden, ist ein mehr als schwieriges Unterfangen, weil sich mit dem Label ›Postmoderne‹ auch viele Scharlatane und Pfuscher schmücken. (Sie hat einige sehr profunde Werke und Ansichten hervorgebracht, allerdings auch einen Haufen eleganten Unsinn.) Zunächst: Aufgrund ihres durch und durch demokratischen und ethischen Impetus' ist die Postmoderne eine mehr als sympathische Weltauffassung. Allein, sie muss sich – vermutlich zu Recht – oft den Vorwurf gefallen lassen, zu relativistisch und damit zu beliebig zu werden: Was für einen Islamisten gerecht und wahr ist, kann doch nicht mit dem auf ein und derselben Stufe stehen, was für die Frau aus dem alten Europa gerecht und wahr ist. Üblicherweise bestreiten die Postmodernen oft den Vorwurf des unbedingten Relativismus, aber nicht, indem sie ihn argumentativ entkräften, sondern indem sie ihn in blumigen Worten verhüllen. Deshalb bleiben Zweifel. Außerdem, so ein weiterer Einwurf, beschreibe die Postmoderne den wissenschaftlichen Fortschritt falsch. Glaubt man den Spatzen auf den Dächern, dann ist die Postmoderne bereits verstorben.

Pragmatismus

Der Pragmatismus in der Philosophie unterscheidet sich von dem, was man im Alltag unter ›Pragmatismus‹ versteht. Dort heißt ein Mensch pragmatisch, wenn er rasch Entscheidungen im Sinne der Beteiligten trifft, ohne dabei grundsätzliche Überlegungen vorzunehmen oder alles bis ins Letzte abgewogen zu haben. Die philosophische Richtung ›Pragmatismus‹ fühlt sich ihrer lebensweltlichen Schwester im Geiste verbunden, ist aber ein wissenschaftliches Projekt. Das zugehörige Adjektiv heißt auch nicht pragmatisch, sondern ›pragmatistisch‹.

Der Pragmatist ist normalerweise ein Mensch, der sehr viel von Logik und Wissenschaften hält. Von anderen philosophischen Richtungen unterscheidet er sich in der Beurteilung des Denkens. Er ist der Ansicht, dass die Funktion des Denkens nicht darin besteht, eine Kopie oder ein Bild der Wirklichkeit herzustellen; sie besteht vielmehr darin, Situationen zu schaffen, die die Bedürfnisse und Interessen des Individuums befriedigen. Im Übrigen ist ein Pragmatist der Ansicht, dass Aussagen, auch wissenschaftliche, nie direkt überprüft werden können, sondern nur an ihren praktischen Konsequenzen. Das sei im Grunde schon im Labor der Fall. In der Folge ist der Pragmatist bemüht, alle klassischen erkenntnistheoretischen Begriffe pragmatistisch zu rekonstruieren bzw. ihnen eine Bedeutung im Sinne des Pragmatismus zu verleihen. Und das bedeutet immer, von der Lebenswelt auszugehen und nicht von einer abstrakten ›Erkenntniswelt‹. Für ihn ist zum Beispiel Wahrheit kein Wert im Sinne der klassischen Philosophie. Konsequenterweise definiert er ›Wahrheit‹ auch anders. Für den klassischen Philosophen ist eine Aussage dann wahr, wenn sie ein ›richtiges‹ Bild der Welt abliefert. Das, was die Aussage über die Welt behauptet, ist in der Welt der Fall. Der Pragmatist hingegen vertritt die Ansicht, dass wahr ist, was nützt bzw. was sich bewährt hat, und zwar für die Befriedigung der Bedürfnisse des Individuums.

Der Pragmatismus hat seine Vertreter vor allem im anglo-amerikanischen Raum. Zu den Gründern zählen Charles Sanders Pierce (1839–1914) und William James (1842 bis 1910), sein bekanntester moderner Vertreter ist Richard Rorty (1931–2007).

Rationalismus

Der Begriff ›Rationalismus‹ wird in mindestens zweierlei Weise gebraucht.

a ›Rationalistisch‹ nennt man einen Menschen oft dann, wenn er gern argumentiert und wenn er das auch von anderen verlangt. Zu argumentieren heißt rational zu begründen und zu erklären. Eine Erklärung oder Begründung ist dann rational, wenn erstens das, was begründet wird, eine logische Ableitung aus dem ist, womit begründet wird, und wenn zweitens diese Ableitung zusätzlich den Standards für Rationalität genügt. Dazu gehören unter anderem: Zirkelfreiheit, innere Widerspruchsfreiheit, Vereinbarkeit mit dem sonstigen Hintergrundwissen, Kritisierbarkeit. – Diese Bedeutung von ›rationalistisch‹ dürfte die verbreitetste sein. Eine Person, die nicht in diesem Sinne rational begründet oder erklärt, nennt man oft ›irrational‹ (→Irrationalismus).

b ›Rationalismus‹ bezeichnet eine erkenntnistheoretische Position, die dem →Empirismus entgegengesetzt ist. Der lateinische Denkspruch für den Rationalismus lautet: ›Nihil est in intellectu, quod non fuerit in sensu, excipe: nisi intellectus ipse‹ (wörtlich: Nichts ist im Verstand, das nicht vorher gewesen ist im Sinn, ausgenommen: der Verstand selbst.)

Dem Rationalismus zufolge kann nicht alle menschliche Erkenntnis nur aus der Erfahrung kommen. Vielmehr erfordert jede Erfahrung Bedingungen, die vor der Erfahrung gegeben sein müssen, damit Erfahrung überhaupt möglich ist. Diese Vorbedingungen nennt man ›apriorisch‹ oder auch ›angeborene Ideen‹.

Für den Tranzendentalphilosophen und typischen Rationalisten Immanuel Kant (1724–1804) bildeten diese Vorbedingungen die Möglichkeit für das, was er ›synthetische Urteile a priori‹ nannte. Synthetische Urteile a priori sollten in den Augen Kants einen echten Erkenntniszugewinn darstellen. Und: Man sollte sie gewinnen können, indem man einfach nur scharf genug, lange genug und vor allem fehlerfrei nachdenkt. Die Vernunft, so die Idee, muss sich nur selbst bearbeiten, und aus ihr selbst heraus führt sie zu Erkenntnissen. Das war toll!

Als Begründer des modernen erkenntnistheoretischen Rationalismus gilt René Descartes (1596–1650). Von ihm stammt unter anderem die Forderung, etwas sei nur dann Wissen, wenn man es klar und deutlich *(clare et distincte)* eingesehen hat. Er selbst geht in seiner Schrift *Meditationes* einen rationalistischen Weg zur Grundlegung von sicherer Erkenntnis. Sein Ankerpunkt ist das berühmte »Ich denke, also bin ich.« Descartes findet diesen Ankerpunkt, indem er so lange zweifelt, bis er nicht mehr zweifeln kann. Nachdem er diesen Punkt gefunden hat, macht er sich auf zur Wiedergewinnung der Welt, die er vorher weggezweifelt hatte. Dafür macht er Gebrauch von der angeborenen Idee eines göttlichen Wesens. ›Angeboren‹ heißt eine Idee in diesem Zusammenhang nicht deshalb, weil sie im Lauf der Evolution biologisch erworben wurde und sich nun in seiner genetischen Ausstattung findet, sondern deshalb, weil sie zur Standardausrüstung des Verstandes oder der Vernunft oder des Geistes gehört.

Ein klassischer Rationalismus wird heutzutage kaum noch vertreten. Dafür lebt er fort in seinen Weiterentwicklungen, zum Beispiel als Kritischer Rationalismus oder auch als Evolutionäre Erkenntnistheorie, dort aber mit starken empirischen Elementen. Wichtig am Rationalismus ist die Einsicht, dass man apriorische Elemente braucht, um theoretisch sein zu können.

Realismus

Der Realismus antwortet genau wie der →Idealismus auf die Frage: »Worüber sprechen wir eigentlich, wenn wir von der Welt, von den ›Dingen da draußen‹ sprechen?« Anders allerdings als im Idealismus stehen im Realismus nicht unsere *Vorstellungen und Ideen* von den ›Dingen da draußen‹ im Vordergrund, sondern die ›Dinge da draußen‹ *selbst.* Entsprechend macht der Realismus in der Regel zwei Voraussetzungen: 1. Es gibt eine Außenwelt (Wirklichkeit, Realität), die ganz unabhängig vom Menschen existiert und auch davon, ob sie überhaupt von irgendjemandem oder von irgendetwas beobachtet wird. 2. Das, was in der Außenwelt der Fall ist, lässt sich vom Menschen mindestens teilweise erkennen.

Die verschiedenen Spielarten des Realismus unterscheiden sich nur in der Stärke, mit der diese beiden Voraussetzungen gemacht werden. Hinsichtlich der Existenz gibt es dogmatische Realisten, für die die Existenz der Welt über jeden vernünftigen Zweifel erhaben ist. Andere, die hypothetischen Realisten, tragen der Einsicht Rechnung, dass die Existenz der Außenwelt nicht beweisbar ist. Sie sprechen dann davon, die Annahme der Außenwelt sei plausibel und deshalb möglich und geboten; man könne ja einmal schauen, wie weit man mit dieser Annahme komme. Bis zum Mond hat es offenbar schon gereicht.

Auch hinsichtlich der Erkennbarkeit gibt es verschiedene Lager. Die einen sagen, die Welt ist in all ihren Teilen erkennbar, und sie ist sogar so, wie sie uns erscheint. Andere halten das für Unsinn und sagen, die Welt ist vermutlich nur teilweise erkennbar; ›an sich‹ aber dürfte sie sogar in vielen Hinsichten anders sein, als sie uns erscheint.

Der Realismus ist als erkenntnistheoretische Position ziemlich, aber nicht übermäßig weit verbreitet. Insbesondere sein moderner idealistischer Gegenspieler, der →Konstruktivismus, erfreut sich vieler Anhänger. Tendenziell ist es wohl so, dass sich der Realismus in naturwissenschaftlich inspirierten Kreisen einer breiten Akzeptanz erfreut. Der Konstruktivismus hingegen hat seine Anhänger vor allem in den Geistes- und Gesellschaftswissenschaften. Keine Rolle spielt glücklicherweise der Solipsismus. Der Solipsist bestreitet die Existenz einer Außenwelt. Für ihn gibt es nur sein wahrnehmendes ›Ich‹ und sonst nichts. Der Solipsismus ist genauso wenig beweisbar oder widerlegbar wie die Existenz der Außenwelt. Deshalb kann man eine solipsistische Position immer verteidigen. Arthur Schopenhauer (1788–1860) nannte den Solipsisten einmal einen ›Irren in einer uneinnehmbaren Blockhütte‹. Schopenhauer hatte recht. Allerdings ist das für so manchen männlichen Adoleszierenden kein Grund dafür, vom Solipsismus die Finger zu lassen.

Sinnhuberismus

Der Sinnhuberismus ist eine sehr ernste Sache. So ernst, dass man noch nicht einmal über sie lachen darf. Geschweige denn sprechen oder schreiben.

Skeptizismus, Skepsis

›Skepsis‹ bedeutet: kritische Zweifel und Bedenken hinsichtlich irgendeiner Sache zu haben. ›Skeptizismus‹ stützt sich zwar auf die Skepsis (als kritische Haltung einer Sache gegenüber), ist aber wesentlich mehr: Skeptizimus ist der Zweifel an fast allem und jedem. Im Skeptizismus wird die Skepsis sogar willentlich zur Standardherangehensweise an alle Erkenntnisprobleme und Fragen erhoben – als ultima ratio in allen philosophischen Fragen. Richtungweisend für den Skeptizisten ist zum einen die Einsicht, dass sowohl die Menschheitsgeschichte als auch die Wissenschaftsgeschichte eher eine Geschichte der Irrtümer ist als eine Geschichte der Ansammlung von Wahrheiten. Zum anderen gebietet es die lebenspraktische Klugheit, den Vertretern von Dogmen, anderen Autoritätsgläubigen und strengen Traditionalisten jedweder Couleur kritisch – und das heißt hier eben: skeptisch – zu begegnen.

Skeptizisten gibt es erwartungsgemäß in verschiedenen ›Härtegraden‹: Skeptizisten *schwächsten* Härtegrades kokettieren lediglich mit der skeptischen Zweifler-Attitüde; zu zweifeln ist in vielen Argumentationen fast immer eine erfolgreiche Strategie, weil sich tatsächlich an fast allem zweifeln lässt und weil der Skeptizist lediglich Behauptungen anderer (negativ) bestreitet, selbst aber nie (positiv) entsprechende Behauptungen aufstellt und damit seinem Gegenüber keine Angriffsfläche bietet. – Diese Variante des Skeptizismus findet sich oft bei männlichen Heranwachsenden und bei notorischen Rechthabern (die bemerkenswerterweise auch fast immer männlichen Geschlechts sind).

Skeptizisten *geringen*, aber nicht schwächsten Härtegrades ist es mit der Skepsis ernst in allen Fragen der ethischen Legitimation und allen Fragen politischer Herrschaft. Ihre skeptische Überzeugung hat drei Bestandteile:

1. die Einsicht, dass sich Legitimationsfragen nur bis zu einem gewissen Grade argumentativ führen lassen;
2. die oft berechtigte Furcht davor, hinter den vorgeblich guten Argumenten der Gegenseite stecke doch nur blankes Machtstreben (wie in der Politik üblich);
3. die Enttäuschung darüber, dass auch in der Vergangenheit mit scheinbar guten Argumenten definitiv schlechte Ziele erfolgreich gerechtfertigt wurden.

Skeptizisten *mittleren* Härtegrades setzen ihre Skepsis immer und überall methodisch ein; sie wollen damit *alle* nur vordergründig wahren Erkenntnisse, *alle* nur scheinbaren Wahrheiten von den anderen Erkenntnissen unterscheiden. Skeptizisten dieser Bauart sind der Ansicht, dass die absolute Skepsis gegenüber allem und jedem das Denken schult und die Sicht auf die Dinge klarer macht, weil aller Schein und alles nur vordergründige Verstehen ausgeschaltet werden. Für solche Skeptizisten besteht die Hauptfunktion des Intellekts nicht im Entwurf kühner Theorien und Utopien, sondern in der Läuterung und Reinigung solcher Theorien und Utopien auf ihren Wahrheitsgehalt oder ihre Umsetzbarkeit hin.

Skeptizisten *hohen* Härtegrades sind erwartungsgemäß noch radikaler: Sie bezweifeln jede Möglichkeit von Erkenntnis und sind deshalb oft philosophisch recht allein und einsam.

Allen Formen des Skeptizismus gemeinsam ist die Einsicht (oder wenigstens das Empfinden), dass es für den Menschen unmöglich ist, wahre *und zugleich* bewiesene, also gesicherte Erkenntnis zu erhalten. Diese Unmöglichkeit wahrer und zugleich bewiesener Erkenntnis führt bei Skeptizisten mittleren (und geringeren) Härtegrades zum Verzicht auf die Beweisbarkeit; bei Skeptizisten hohen Härtegrades führt sie dagegen nicht nur zum Verzicht auf die Beweisbarkeit, sondern zum Verzicht auf wahre Erkenntnis überhaupt. Skeptizisten hohen Härtegrades sind deshalb die einzig wahren philosophischen Asketen.

Soziobiologie

Die Soziobiologie ist eine moderne Disziplin. Sie versucht das gesamte Sozialverhalten der Tiere (Ameisen, Bienen, Bonobos, Menschen, Steinmarder …) *biologisch* zu erklären. Eine *biologische* Erklärung ist dabei eine Erklärung, die von den Genen als biologischer Basiseinheit der Reproduktion ausgeht und *nicht* von Individuen, *nicht* von Populationen, *nicht* von Arten und auch *nicht* von Gesellschaften.

Nun können Gene variieren, deshalb zu unterschiedlichen Individuen führen und so in Konkurrenz zueinander treten. Das tun sie nicht willentlich oder per Entschluss, sondern zufällig. Eine dieser Varianten trägt auf lange Sicht den Sieg davon; dabei ist der ›Sieg‹ der Variante schlicht das Ergebnis der gesteigerten Reproduktion, die von eben dieser Variante begünstigt wurde.

Zu den Standardannahmen der Soziobiologie gehört auch die Hypothese, dass die heute anzutreffenden Individuen *deshalb* da sind, weil sie ein Verhalten und auch ein Sozialverhalten an den Tag legen, das sich in der Vergangenheit unter Gen-Konkurrenz herausgebildet und eben dazu geführt hat, dass diese Individuen die Konkurrenz überlebt haben und deren Nachkommen jetzt da sind. Oder, kurz gesagt: Das heutige Sozialverhalten der Individuen ist das Ergebnis einer gen-induzierten Reproduktionsschlacht. Ein jedes Verhalten, das man heutzutage antrifft, lässt sich erklären, indem man annimmt, dass mit ihm die Reproduktion der eigenen Gene unter Konkurrenz maximiert wird. Das Gen selbst ist dabei blind, es ist in jeder Hinsicht gen-egoistisch. Das bedeutet: Das Individuum ist nur eine Art ausführendes Organ (ein Gen-Container), die Population, die Art, die Gesellschaft schließlich unbedeutend.

Bleibt die Frage offen: Wenn nun aber die ganze belebte Welt gen-egoistisch ist, wieso opfert sich dann die Arbeiterbiene für die Königin auf? Diese Frage führt den Soziobiologen an sein Kerngeschäft und sein Kernproblem. Sich zum Wohle anderer aufzuopfern, bis zur Selbstlosigkeit und zum Martyrium, ist eine Form von Altruismus, insbesondere dann, wenn sie ausdrücklich erstrebt wird (wie bei Mutter Teresa). Für den Soziobiologen ist jedes altruistische Verhalten auf den ersten Blick ein Problem, weil ›altruistisch‹ und ›egoistisch‹ einander widersprechende Begriffe sind und die Gene in soziobiologischer Hinsicht eben egoistisch. Es stellt sich die Frage, wie die egoistischen Gene altruistisches Verhalten hervorbringen können. Die Antwort auf den zweiten Blick lautet: Der Soziobiologe muss versuchen, jede Art altruistischen Verhaltens durch gen-egoistisches Verhalten zu erklären. Und das tut er auch. Dass ich beispielsweise etwas für meine eigenen Kinder tue und nicht für irgendwelche mir unbekannten Kinder in Bangladesch, hat wie bei der Ameise damit zu tun, dass ich mit meinen Kindern verwandt bin (Verwandtenselektion). Und wenn ich einmal etwas für meinen Nachbarn tue, der nachweislich nicht mit mir verwandt ist, dann nur deshalb, weil ich mir erhoffe, in Zukunft von ihm dafür etwas zurückzuerhalten; zusammen schaffen wir es besser, oder wie man heute sagt: Aus purem Egoismus schaffen wir beide eine Win-Win-Situation (Reziproker Altruismus). Das ist die ganze Geschichte, sagt der Soziobiologe. Jeder Altruismus ist für ihn nichts anderes als verkappter Gen-Egoismus.

Die Soziobiologie schmerzt viele Menschen, weil sie die Menschen zu simplen Gen-Containern degradiert. Sie schmerzt auch, weil in unserer Zeit der Gedanke verbreitet ist, genuin ethisches Verhalten und egoistisches Verhalten schlössen einander aus. Wenn aber nichts da ist außer reinem Egoismus, dann kann es auch keine Ethik mehr geben. – Allein, solche weltanschaulichen Schmerzen können keine Kritik am soziobiologischen Ansatz sein. Dennoch steht die Soziobiologie in der Kritik, aber nicht wegen ihrer unannehmbar scheinenden Konsequenzen, sondern mit dem Hinweis darauf, dass sie möglicherweise den Kriterien guter Wissenschaft nicht genügt. (Wie kann denn ein Soziobiologe echtes altruistisches Verhalten erkennen, wenn für ihn gemäß seinem Erklärungsansatz derartiges ausgeschlossen ist?) Ungelöst ist auch das Problem der Entwicklung von Kultur. Wenn es so etwas gibt wie kulturelle Evolution, dann genügt sie jedenfalls nicht dem biologischen Evolutionsbegriff. Dann aber tut sich für den Soziobiologen eine Erklärungslücke auf.

Teleologisches Denken

›Teleologisch‹ nennt man zunächst einmal alle zweckgerichteten menschlichen Handlungen (sofern der Zweck ausdrücklich gesetzt wurde). Die Verwendung von ›teleologisch‹ in diesem Zusammenhang ist zwar ungewöhnlich, aber unproblematisch. ›Teleologisch‹ heißt daneben aber auch die problematische Denkweise, irgendwelche Vorgänge (in der unbelebten Natur, in der Geschichte, …) so zu deuten, als geschähen die Vorgänge deshalb, weil sie *auf ein Ziel, auf einen Zweck ausgerichtet* sind. Beispiele dafür sind: die aristotelische Physik, die hegelsche Geschichtsphilosophie (Entfaltung des Weltgeistes), die marxsche Geschichtsphilosophie (historischer Materialismus), das Christentum (auch mit der Offenbarung des Johannes), der Sozialdarwinismus (einschließlich des Nationalsozialismus), Bildungsideale (viele, auch das humanistische).

Die Neigung, Vorgänge teleologisch zu deuten, ist im Abendland stark verbreitet; genauso übrigens wie die Neigung, das teleologische Moment nicht im Denken, sondern in den Sachen und Vorgängen selbst zu sehen. Zwecke wären demnach echte Eigenschaften der Natur, der Geschichte usw., die sich objektiv finden und nachweisen lassen sollten.

In jeder solchen teleologischen Konzeption gibt es im Detail folgende *deskriptiven* Bestimmungsstücke:

a   Das Ziel, der Bestimmungsort einer Sache liegt ›in der Natur der Sache‹ oder ›in ihrem Wesen‹.

b   Die Sache strebt von sich selbst aus auf das Ziel hin, es liegt in ihrem Wesen, darauf hinzustreben.

c   Das Ziel ist ein erstrebenswertes, ein gutgeheißener Endzustand.

Handelt es sich ›bei der Sache‹ um einen Menschen, dann treten oft folgende *normative* Bestimmungsstücke hinzu:

d   Das Erstreben des Ziels wird zum Gebot, zur Aufgabe.

e   Der Mensch erreicht das Ziel, indem er sich vervollkommnet. Seine Vervollkommnung wird dem Menschen damit auch zur Aufgabe.

Am Beispiel des Sozialdarwinismus mit nationalsozialistischer Prägung lassen sich die einzelnen Komponenten verdeutlichen.

a   Es gibt eine Rassenhierarchie.

b   Die Natur hat von selbst überlegene und unterlegene Rassen geschaffen. Das liegt in ihrem Wesen, sie strebt von sich aus das Stärkere an, denn nur den Stärkeren lässt sie überleben.

c   Die alleinige Existenz der jetzigen Herrenrasse ist ein erstrebenswerter Endzustand.

d   Die Vermischung von Rassen ist zu unterlassen (wegen der Degeneration). Minderwertige Rassen sind zu vernichten.

e   Die Installation der Nürnberger Rassengesetze auf der ganzen Welt und die Eroberung neuen Territoriums für die überlegene Rasse sind Pflicht und führen schneller zum ersehnten Endzustand: der Alleinexistenz und Alleinherrschaft des arischen Menschen.

Heute geht man davon aus, dass teleologisches Denken falsch ist und dass es also kein Ziel der Geschichte, der Menschheit, der Biologie usw. gibt. Die Gründe dafür: die Unauffindbarkeit des Wesens einer Sache, die Unauffindbarkeit von Zielen in der Sache, die unerlaubte Vermischung von Sein und Sollen, und für den theologischen Bereich: die Nicht-Existenz Gottes. Dennoch findet sich teleologisches Denken, oftmals verkappt, in vielen Welterklärungsmodellen und Theorien. Der Grund dafür dürfte in unserer Kultur und ihrer Vergangenheit liegen, in der fast alles Denken teleologisch geprägt war.

Vor einem naheliegenden Fehlschluss aber sollte man sich hüten: Auch wenn hier teleologisches Denken als veraltet bezeichnet und am Beispiel des Nationalsozialismus vorgeführt wird – teleologisches Denken ist weder von sich aus ›böse‹ noch findet man es nur bei den Bösen dieser Welt. Man findet es zum Beispiel auch noch in unseren Bildungsanstalten. Schon im Terminus ›Bildung‹ (oder ›Bildungspolitik‹ oder ›Bildungsanstalt‹ …) schlägt sich teleologisches Denken nieder, denn die Bildung ist wortwörtlich genommen die gesteuerte, die zugleich aufgegebene Annäherung an ein Bild, das schöner und besser ist als der Zustand davor, der ungebildete Zustand. Wer einen anderen bilden möchte, denkt teleologisch.

Theismus

›Theismus‹ wird oft nur benutzt als Kampfbegriff, um eine irgendwie geartete religiöse und zugleich ablehnungswürdige Haltung zu diffamieren. ›Theistisch‹ sind demgemäß erstaunlicherweise sowohl der Buddhismus als auch der Konfuzianismus, zwei Strömungen, in denen es keinen klassischen Gott, ja noch nicht einmal einen Gott gibt und auch gar keine Seele.

In einem seriösen und engen Sinne kennzeichnet ›Theismus‹ eine religiöse Überzeugung, die offensichtlich nach dem Vorbild des christlichen Gottes gestrickt ist und folgende Merkmale aufweist:

a   Es gibt einen Gott. (Gott ist ein extrakosmisches, transzendentes Wesen. Es gibt nicht mehr als einen Gott.)

b   Dieser Gott ist ein personales Wesen. (Man kann zu Gott beten und wird verstanden.)

c   Dieser Gott kümmert sich aktiv um die Welt. (Er hat sie geschaffen, er wird sie erlösen, er greift durch Wunder in das aktuelle Geschehen ein.)

d   Dieser Gott hat sich offenbart. (Es gibt eine kanonische Schrift, er hat sich den Menschen zum Beispiel als Inkarnation zu erkennen gegeben, er zeigt sich den Menschen in Erscheinungen.)

In einem anderen und weiteren Sinne wird ›Theismus‹ benutzt, um eine Haltung zu be-zeichnen, die hinsichtlich der Eigenschaften Gottes weniger anspruchsvoll und deutlich enthaltsamer ist, dem so genannten Deismus. Der Deist hat folgende Überzeugungen: Er meint zwar, dass es einen Gott gibt, aber der ist eher ein göttliches Prinzip als ein Wesen; deshalb kann man nicht zu ihm beten. Der deistische Gott greift auch nicht in die Welt ein, schon gar nicht durch Wunder, sondern lässt die Finger von der Welt; im schlimmsten Fall hat er die Welt zwar geschaffen, sich dann aber von ihr abgewandt. Und schließlich offen-bart sich der deistische Gott auch nicht, sondern ›wird eingesehen‹ aus Vernunftgründen. Im Übrigen ist die Bibel als kanonische Schrift irrelevant.

Es passt zur Eigentümlichkeit des Begriffs ›Theismus‹ als Kampfbegriff, dass die we-nigsten den Unterschied zwischen ›Theismus‹ und ›Deismus‹ kennen. Genauso passt es zu dieser Eigentümlichkeit, dass auch der Begriff →›Atheismus‹ zur Bezeichnung der ent-gegengesetzten Position selbst oft ein Kampfbegriff ist. Er bezeichnet dann nämlich nicht einfach eine Weltauffassung, die ohne Gott auskommt, sondern die in jeder Hinsicht anti-→metaphysisch, anti-→dualistisch und pro-→naturalistisch ist.

transzendent, Transzendenz

›Transzendent‹ wird von seiner Wortherkunft her etwas genannt, das jenseits einer Grenze liegt und zu dessen Erkenntnis man selbst über diese Grenze steigen muss. Die Grenze ist dabei üblicherweise entweder der Verstand oder das Bewusstsein oder die Sprache. Alles, was innerhalb der Grenzen des Verstandes (des Bewusstseins, der Sprache) erscheint und dargestellt werden kann, ist deshalb nicht transzendent (jenseitig), sondern immanent (diesseitig). Alles, was außerhalb dieser Grenzen existiert und mit den üblichen Mitteln des Verstandes (des Bewusstseins, der Sprache) gar nicht darstellbar oder bestenfalls leicht berührbar ist, ist transzendent und nicht immanent.

Im üblichen Sprachgebrauch sind fast alle religiösen Wesen transzendent: Gott, die (gefallenen und die Schutz-)Engel, der Heilige Geist, Satan, Allah, Jehova, Buddha (mit Einschränkung), Dakinis und viele andere – die Liste ist nicht vollständig. Aufgrund ihrer Transzendenz sind alle transzendenten Wesen und Prinzipien zugleich auch →metaphy-sisch, weil sie nicht immanent erfahrbar sind. Mit dieser ›Unerfahrbarkeit auf gewöhn-lichem Wege‹ ist zugleich das zentrale Problem verknüpft, das man nicht nur in der Er-kenntnistheorie mit jeder Art von ›transzendentem Ding‹ hat, nämlich das Problem: Wie kann ich überhaupt von dem transzendenten Ding wissen und von seinen Eigenschaften, wenn es jenseits von Verstand, Bewusstsein und Sprache liegt? – Die naheliegende, oft ge-gebene Antwort »auf spirituellem Weg« ist weniger erhellend als vielmehr verdunkelnd, weil sie das erfragte Problem nur in ein anderes Wort verschiebt.

Von ›transzendent‹ zu unterscheiden ist der Begriff ›transzendental‹. ›Transzenden-tal‹ kennzeichnet die Philosophie des Deutschen →Idealismus und dort insbesondere die Philosophie Kants. Innerhalb dieser Philosophie bedeutet ›transzendental‹ in erster Näherung so viel wie ›vor der Erfahrung *und* für die Erfahrung‹. Anders ausgedrückt: ›transzendental‹ heißt ›erfahrungskonstitutiv‹. In zweiter und besserer Näherung heißt

›transzendental‹ so viel wie ›vor der Erfahrung *und* für die Erfahrung *und* bei allen gleich‹. So sind etwa die ästhetischen Anschauungsformen Raum und Zeit und die bekannten Kategorien der Analytik vor der Erfahrung da, sie sind für die Erfahrung da, und sie sind bei allen dieselben.

Wissenschaftstheorie

Wissenschaftstheorie ist genau das, was das Wort besagt: die Theorie der Wissenschaften. Folglich konnte es im alten Griechenland Wissenschaftstheorie nicht geben, weil es nicht einmal Wissenschaften im modernen Sinne gab. Das Aufkommen der empirischen Wissenschaften und der wissenschaftlichen Methode datiert man üblicherweise auf das 16. Jahrhundert. Die Wissenschaftstheorie entstand nach der Wissenschaft und erreichte erst im 20. Jahrhundert ihre eigene Würde als Disziplin und ihre Hochzeit, trotz einiger früher wissenschaftstheoretischer Werke (*Novum Organon* von Francis Bacon, 1620).

Die Wissenschaftstheorie kümmert sich um zwei Komplexe: 1. Was ist Wissenschaft? 2. Wie geschieht die Ablösung wissenschaftlicher Theorien?

Zum ersten Komplex gehören alle Arten von begrifflichen Klärungen (›Wissenschaft(en)‹, ›Naturgesetz‹, ›Hypothese‹, ›wissenschaftliche Erklärung‹, ›Prognose‹, ›experimentum crucis‹ …), die Frage nach der Struktur von Wissenschaft (Ist Wissenschaft eine geordnete Menge von Aussagen? Ist Wissenschaft gar ein axiomatisches System mit Ableitbarkeit?), die Frage nach der Methode (Sind wissenschaftliche Aussagen beweisbar oder widerlegbar?) usw.

Zum zweiten Komplex gehören vor allem die Fragen, ob es wissenschaftlichen Fortschritt gibt, wie dieser aussieht, welche Modelle es zur Wissenschaftsentwicklung gibt, und auch die Frage nach der Rationalität beim Übergang von der einen Theorie zur anderen.

Für beide Komplexe gilt: Die Wissenschaftstheorie fragt nicht nur danach, was wissenschaftlich oder wissenschaftsgeschichtlich der Fall ist; sie fragt auch danach, wie man als Wissenschaftler/in am besten vorgehen soll. Deshalb versteht sich die Wissenschaftstheorie oft auch als Disziplin mit deskriptiv-normativem Doppelcharakter.

Die prominentesten Vertreter wissenschaftstheoretischer Forschung sind: der Wiener Kreis (vor allem Rudolf Carnap, 1891–1970), Karl Popper (1902–1994), Imre Lakatos (1922–1974), Thomas S. Kuhn (1922–1996), Paul Feyerabend (1924–1994). Dieser Feyerabend war es auch, der über seine eigene Disziplin als »eine bisher unbekannte Form des Irrsinns« witzelte. In der Gegenwart ist das Interesse an wissenschaftstheoretischen Fragen am Abklingen.

Literaturhinweise

Zum Gebrauch: Nach dem Namen eines Autors findet sich – (in Klammern) – das Erscheinungsjahr des Originals. Falls nötig, etwa bei philosophischen Klassikern, folgen nach dem Titel die nötigen Angaben, um die jeweilige Schrift im Jahr 2008 im Buchhandel bestellen zu können.

Die Hinweise unterscheiden nicht nach Primärliteratur, Sekundärliteratur, systematischer Behandlung oder Kritik. Dafür sind die Verweise kommentiert und geben Auskunft über das Anspruchsniveau beim Leser. *Die Kommentare sind kursiv gedruckt.* Für den Inhalt der Kommentare sind allein die Autoren dieses Buches verantwortlich.

Einführungen in die Philosophie
Anton Hügli und Poul Lübcke (Hrsg., 1982): Philosophie im 20. Jahrhundert. 2 Bände. Band 1: Phänomenologie, Hermeneutik, Existenzphilosophie und Kritische Theorie, Band 2:Wissenschaftstheorie und Analytische Philosophie. Reinbek: Rowohlt, 2003, 4. Auflage. *Die beste Einführungsliteratur in moderne Philosophie. Dicht geschrieben, auch für Einsteiger geeignet.*

Thomas Nagel (1987): Was bedeutet das alles? Eine ganz kurze Einführung in die Philosophie. Stuttgart: Reclam, 1990. *Ein großes Buch, obwohl es dünn ist. Unnachahmlich in seiner Weise, kluge und zugleich naive Fragen zu stellen, präzise, nicht vorschreibend. Unbedingt empfehlenswert.*

Jonas Pfister (2006): Philosophie: Ein Lehrbuch. Stuttgart: Reclam. *Ein sehr gutes Buch, vielleicht eher ein Lehrbuch als eine Einführung, an Themen orientiert, mit systematischen und historischen Exkursen.*

Wolfgang Röd: Geschichte der Philosophie in 12 Bänden. *Informieren Sie sich im Internet über die Bände, die Sie interessieren, und über die Verfügbarkeit. Es gibt inzwischen mehr als 12 Bände, macht aber nichts, die Bände sind durchweg sehr gut und sehr informativ.*

Nigel Warburton (1992): Was können wir wissen, was dürfen wir tun? Einstieg in die Philosophie. Reinbek: Rowohlt, 1998. *Leider vergriffen, aber trotzdem leicht zu beschaffen. Kurz, prägnant, übersichtlich, vollständig – einfach klasse. Detailreicher als Thomas Nagel (1987), dafür analytischer im Stil.*

Atheismus, Agnostizimus
John Leslie Mackie (1982): Das Wunder des Theismus. Argumente für und gegen die Existenz Gottes. Stuttgart: Reclam, 1985. *Thematisch erschöpfend, analytisch, verständlich, atheistisch.*

Gerhard Streminger (1992): Gottes Güte und die Übel dieser Welt: das Theodizeeproblem. Tübingen: Mohr. *Eigentlich ein Buch zum Theodizee-Problem, aber die Art und Weise, wie Streminger das Problem behandelt, gibt viel preis über Theismus, Atheismus und Agnostizismus. Vergleichsweise leicht lesbar, sehr analytisch und präzise.*

Gerhard Vollmer (1993): Bin ich ein Atheist? In: Edgar Dahl (Hrsg.): Brauchen wir Gott? Moderne Texte zur Religionskritik, Stuttgart: Hirzel, 2005. S. 16–31. *Wunderbar geeignet für Einsteiger, kurz, präzise, dem Christentum gegenüber wohlwollend, aber ablehnend.*

Bertrand Russell (1957): Warum ich kein Christ bin. *Vergriffen, Textauszüge (nicht den ganzen Text, auch wenn das behauptet wird) gibt es im Internet. Trotz seines Alters ist der Text wegen seiner Frageart und seiner Argumentationskunst immer noch lesenswert. Eher ein Klassiker.*

Vgl. ›Sinnhuberismus‹, Bernulf Kanitscheider.

Aufklärung

Theodor W. Adorno und Max Horkheimer (1944): Dialektik der Aufklärung. Fischer: Frankfurt/M., 1988. *Stellt in eigenem Jargon dar, dass ›Aufklärung‹ das weltanschauliche Programm des Abendlandes ist mit seinem Tiefpunkt und Ende ›Auschwitz-Birkenau‹. Am besten unter Anleitung lesen, da hohe Bildungsansprüche gestellt werden. Trotzdem: ein Muss. Dazu passt:*

Peter-André Alt (1996): Aufklärung. Stuttgart: Metzler, 2007, 3. aktualisierte Auflage. *Behandelt eigentlich die Literatur der Aufklärung, nicht die Philosophie. Trotzdem ist das erste Kapitel einschlägig und gut, weil es die Geistesgeschichte und damit auch die Philosophie darstellt.*

Wolfgang Buschlinger (2007): Adorno/Horkheimer: Dialektik der Aufklärung. In: Cord Berghahn und Renate Stauf (Hrsg.): Bausteine der Moderne. Eine Recherche. Germanisch-Romanische Monatsschrift, Beiheft 30. Heidelberg: Winter, S. 13–31. *Auf Anfrage auch elektronisch zu beziehen unter ›www.philomat.de/extras‹.*

Immanuel Kant (1784): Beantwortung der Frage: Was ist Aufklärung? Zum Beispiel in: Erhard Bahr (Hrsg.): Was ist Aufklärung? Thesen und Definitionen. Kant, Erhard, Hamann, Herder, Lessing, Mendelssohn, Riem, Schiller, Wieland. Stuttgart: Reclam, 1974. *Einfach ein verständlicher Klassiker, den man gelesen haben muss. Das Reclam-Bändchen enthält weitere einschlägige Texte.*

Voltaire (1758): Candide oder der Optimismus. Stuttgart: Reclam, 1986. *Kein klassisches philosophisches Lehrbuch, sondern ein satirischer Roman, der sich drei Jahre nach dem Erdbeben von Lissabon über den Rationalismus lustig macht. Toll.*

Darwinismus

Franz Wuketits (2005): Darwin und der Darwinismus. München: Beck. *Lesenswerte knappe Darstellung von beidem, der Person und der Theorie.*

Vgl. ›Soziobiologie‹, Robert Wright.

Deontologie, deontologische Ethik

Immanuel Kant (1785): Grundlegung zur Metaphysik der Sitten. Reclam: Stuttgart, 1986. *Besser und verständlicher hat Kant seine Überlegungen zur Ethik und zum Kategorischen Imperativ kaum kundgetan. Unbedingt empfehlenswert.*

Immanuel Kant (1797): Über ein vermeintes Recht aus Menschenliebe zu lügen. Im Internet z. B.: http://www.muenster.org/august/philosophie/pl_texte/kantlueg.htm. *Kant in Kürze, Deontologie am Anschlag.*

Michael Quante (2003): Einführung in die Allgemeine Ethik. Darmstadt: WBG, 2008. *Nicht konsequent deontologisch, sondern eine systematische Einführung in die Ethik, kurz, didaktisch gut aufbereitet, spannend, auch für Einsteiger geeignet.*

Zur Darstellung, Einordnung und Kritik siehe ›Konsequentialismus‹, Dieter Birnbacher: Analytische Einführung in die Ethik.

Determinismus

John Gribbin (1984): Auf der Suche nach Schrödingers Katze. Quantenphysik und Wirklichkeit. München: Piper, 2004. *Sehr gute Einführung in die Quantenphysik und ihre Deutungen, und damit auch zum Indeterminismus.*

Ted Honderich (1993): Wie frei sind wir? Das Determinismusproblem. Stuttgart: Reclam, 1995. *Stellt klar, welche Konsequenzen der Determinismus in der Willensfreiheitsdebatte hätte für das Strafrecht, das Wissen, den Stolz ... Kein anderes Buch tut das.*

Bernulf Kanitscheider (1993): Von der mechanistischen Welt zum kreativen Universum. Zu einem neuen philosophischen Verständnis der Natur. Darmstadt: WBG. *Leider vergriffen. Sehr physikalisch inspiriert. Mit wenigen physikalischen Vorkenntnissen leicht verständlich und umfassend.*

Lola rennt – Film des Regisseurs Tom Tykwer (1998). *Stellt drei verschiedene ›Weltlinien‹ dar bei nur leicht veränderten Randbedingungen. Zeigt, wie man die Zufälle des Lebens mit deterministischem Chaos beschreiben kann. ›Alles andere ist Theorie.‹*

Zum Determinismus in der Debatte um den freien Willen: vgl. ›Libertarismus‹, Henrik Walter.

Dualismus

René Descartes (1641): Meditationen über die erste Philosophie. Stuttgart: Reclam, 1986. *Epochemachendes Werk, enthält den methodischen Zweifel, die Unterscheidung von res cogitans und res extensa, die Idee Gottes. Leicht zu lesen.*

Volker Gadenne (1997): Qualia ohne kausale Wirksamkeit. In: Thomas Metzinger (Hrsg.): Bewusstsein. Paderborn: Mentis, 2005. *Nur etwas für Vorgebildete; ist zwar monistisch, stellt aber die verschiedenen Modelle mentaler Verursachung schematisch gegenüber und behandelt auch den – im Dualismus oft notwendigen – Interaktionismus. Toller Aufsatz.*

Hellmuth Plessner (1928): Die Stufen des Organischen und der Mensch. Einleitung in die philosophische Anthropologie. Berlin: de Gruyter, 1975. Dort nur das 2. Kapitel. *Niemand außer Plessner hat die Konsequenzen und Probleme des Substanzdualismus von*

Descartes so präzise zusammengestellt. Wunderbar. Ein typisches Buch für eine Fernleihe, für Menschen mit Vorbildung.

Gilbert Ryle (1949): Der Begriff des Geistes. Stuttgart: Reclam, 1986. *Frontalangriff auf den Dualismus von Descartes und seiner Folge, dem ›Gespenst in der Maschine‹. Teilweise etwas langweilig, da als kompletter Ersatz für Descartes konzipiert, dennoch lesenswert und ein Klassiker.*

Gerhard Vollmer (1986): Evolutionäre Erkenntnistheorie und Leib-Seele-Problem. In: Gerhard Vollmer: Was können wir wissen? Band 2: Die Erkenntnis der Natur. Stuttgart: Hirzel, 2008, 4. Auflage, S. 66–99. *Ideal für Einsteiger, denn er enthält als einziger Text eine tabellarische Übersicht aller Positionen zum Leib-Seele-Problem und damit auch zum Dualismus und Monismus.*

Egoismus

Josef Kirschner (2000): Die Kunst, ein Egoist zu sein. München: Droemer Knaur. *Populärwissenschaftlich geschrieben, ganz brauchbar.*

Zur biologischen Grundlage des Egoismus siehe ›Soziobiologie‹.

Emotivismus

Alfred Jules Ayer (1936): Sprache, Wahrheit und Logik. Stuttgart: Reclam, 1996. *Schön, aber nur etwas für Spezialisten. Daher vorbereitend, wenn auch später erschienen:*

John Austin (1961): Zur Theorie der Sprechakte. Stuttgart: Reclam, 1986. *Macht mehr als deutlich, dass man mit Sprache mehr macht als Informationen zu transportieren. Wittgensteinsch inspiriert, führt in Übertreibung hin zum Emotivismus. Schönes, bedeutendes, verständliches Werk, auch für Einsteiger.*

Empirismus

Bertrand Russell (1946) über John Locke. In: Philosophie des Abendlandes. München: Piper, 2004. *Sehr ironisch und leicht geschrieben, alles andere als langweilig.*

David Hume (1748): Eine Untersuchung über den menschlichen Verstand. Stuttgart: Reclam, 1986. *Hume at his best. Hume versucht mit dieser Schrift, ein anderes seiner Werke auf verstehbares Niveau zu transformieren. Das gelingt ihm sehr gut. Das Werk behandelt auch das Induktionsproblem und das Kausalitätsproblem. Unbedingt empfehlenswert.*

Vgl. ›Skepsis‹, dort Gerhard Stremingers Hume-Biographie.

Essentialismus

Platon: Politeia (in der Schleiermacher-Übersetzung) *und*

Platon: Symposion (ebenfalls in der Schleiermacher-Übersetzung). *Enthält Platons Ideenlehre und die religiöse Grundlage seiner Erkenntnistheorie. Wichtig für den Essentialismus und unsere Kulturgeschichte. Nach der Lektüre Platons ist unbedingt zu lesen:*

Aristoteles: Metaphysik. (Zum Beispiel in der Ausgabe des Reclam-Verlags.) *Leider schwer verständlich, aber für die Kultur des Abendlandes von riesiger Bedeutung.*

Jonathan Barnes (1982): Aristoteles. Eine Einführung. Stuttgart: Reclam, 1992. *Eine wohlwollende, knappe und humorvoll geschriebene Einführung in die Philosophie des Aristoteles. Leider vergriffen.*

Gerhard Krüger (1939): Einsicht und Leidenschaft. Das Wesen des platonischen Denkens. Frankfurt/M.: Klostermann, 1992. *Hinreißend, wohlwollend, einfach klasse, als Begleitlektüre zu Platons Symposion geeignet.*

Existenzphilosophie, Existentialismus

Albert Camus (1942): Der Mythos des Sisyphos. Reinbek: Rowohlt, 2000. *Handelt vom Absurden und den unerfüllten Ansprüchen des Menschen an die stumme Welt. Antwortet auf die Frage, warum man sich nicht selbst töten sollte, mit der algerisch-männlichen Antwort: aus Trotz.*

Martin Heidegger (1927): Sein und Zeit. Tübingen: Niemeyer, 2006. *Ein schwieriges Buch, nichts für Einsteiger. Am besten unter kundiger Anleitung lesen. Behandelt als zentrales Moment menschlichen Lebens die Sorge und entwickelt eine primäre Weltauffassung, die so ganz anders ist als das, was Sie bisher für die primäre Weltauffassung hielten. Phantastisch.*

Das Spiel ist aus – Spielfilm des Regisseurs Jean Delannoy nach einer Vorlage von Jean-Paul Sartre, aus dem Jahr 1947. *Zwei Menschen lernen sich nach ihrem Tod im Jenseits lieben und dürfen noch einmal ins Leben zurück. Wunderbar, um die Atmosphäre des französischen Existentialismus zu atmen.*

Simone de Beauvoir (1946): Alle Menschen sind sterblich. Reinbek: Rowohlt, 2004. *Das beste Werk der Beauvoir erzählt davon, wie Sterblichkeit Perspektive schafft. Inhalt ist die über viele Jahrhunderte gehende Geschichte eines Mannes, der nicht sterben wollte und durch einen Trank Unsterblichkeit erlangt. Toll.*

Hedonismus

Bettina Dessau und Bernulf Kanitscheider (2000): Von Lust und Freude. Gedanken zu einer hedonistischen Lebensorientierung. Frankfurt/M.: Insel. *Eines der wenigen, wenn nicht das einzige deutschsprachige Buch in den letzten zehn Jahren, das sich explizit dem Hedonismus widmet und ihn verteidigt. Das macht es sehr gut, auf wissenschaftlicher Grundlage. Stark naturalistisch, völlig unchristlich und auch nichts für Nihilisten.*

Malte Hossenfelder (1991): Epikur. München: Beck, 2006, 3. Auflage. *Sehr gutes Buch zu Epikur, dem ›Stammvater‹ des Hedonismus. Empfiehlt sich schon deshalb, weil von Epikurs Lehre nur Fragmente erhalten sind und eine kompetente Rekonstruktion daher notwendig ist. Eine Warnung: Epikur predigt nicht das extreme Anhäufen von einer Lust auf die andere. Im Gegenteil.*

Bernulf Kanitscheider (Hrsg. 1998): Liebe, Lust und Leidenschaft. Sexualität im Spiegel der Wissenschaften. Stuttgart: Hirzel. *Vergriffen, Sammelband von Aufsätzen, eher eine Vorbe-*

reitung des Hedonismus in dem Sinne, dass Sexualität aus den moralischen Klauen von Philosophie und Theologie gerissen wird. Von wissenschaftlicher Seite sehr interessant, nicht so sehr von philosophischer Seite, sieht man von zwei Aufsätzen ab. Typisches Buch für eine Fernleihe.

Historizismus

Karl Popper (1945): Die offene Gesellschaft und ihre Feinde. 2 Bände. Heute erhältlich unter: Gesammelte Werke: Die offene Gesellschaft und ihre Feinde. Studienausgabe. Band 5 und Band 6. Tübingen: Mohr Siebeck, 2003. *Insbesondere der Band über den Zauber Platons ist hervorragend gelungen. Man hat den Eindruck, Popper ist ein besserer politischer Philosoph als Wissenschaftstheoretiker.*

Oswald Spengler (1918–1922): Der Untergang des Abendlandes. Umrisse einer Morphologie der Weltgeschichte. (Zum Beispiel: München: dtv, 1993) *Kein Buch über den Historizismus, sondern klassisches Beispiel einer historizistischen Geschichtsauffassung, in den zwanziger Jahren extrem einflussreich. Spengler gilt auch als Wegbereitung des Nationalsozialismus, neben vielen anderen von Popper kritisiert.*

Idealismus

Zum Deutschen Idealismus vgl. ›transzendental‹

Zum klassischen Idealismus vgl. ›Essentialismus‹, Platon und Gerhard Krüger.

Irrationalismus

Robert Pirsig (1978): Zen und die Kunst ein Motorrad zu warten. München: Piper. *Bringt als Motorrad-Roadstory philosophische Probleme und den Zen-Buddhismus näher. Kultbuch Ende der Siebziger.*

Die Beschäftigung mit Koans im Zen-Buddhismus. *Recherchieren Sie im Internet.*

Rüdiger Safranski (2007): Romantik. Eine deutsche Affäre. München: Hanser. *Gibt in besten Farben die Atmosphäre, das Selbstverständnis und das Denken der Romantiker wieder, auch wenn diese sich einmal im schlimmsten Sinne irrational verhalten.*

Kognitivismus

soweit es um den ethischen Kognitivismus geht vgl. ›Konsequentialismus‹, Dieter Birnbacher, nachfolgend.

Konsequentialismus, konsequentialistische Ethik

Dieter Birnbacher und Norbert Hoerster (Hrsg. 1976): Texte zur Ethik. München: dtv, 1987. *Trotz seines Alters immer noch eine interessante Textsammlung zur Ethik, enthält wichtige konsequentialistische Strömungen, gute einleitende Worte und Kommentare.*

Dieter Birnbacher (2003): Analytische Einführung in die Ethik. Berlin/New York: Walter de Gruyter. *Ein sehr gutes Buch, sehr detailliert, dabei umfassend, mit das Beste auf dem*

Markt. Leider zuweilen spröde und langweilig (eben analytisch), dafür solide und verständlich. Nichts für Einsteiger, eher für Ethik-Lehrer und gebildete Laien.

John Stuart Mill (1863): Utilitarismus. Stuttgart: Reclam, 1994. *Ein Klassiker auf diesem Gebiet, leicht verständlich.*

Peter Singer (1979): Praktische Ethik. Stuttgart: Reclam, 1993, 2. Auflage. *Ein umstrittenes Buch, das gleichwohl ein gutes Beispiel konsequentialistischen Argumentierens ist. Lesenswert das erste, allgemein gehaltene Kapitel, ebenso das Kapitel ›Leben nehmen‹. Vertritt eine Tierrechts-Position und ist in Fragen der Sterbehilfe extrem, deshalb für manche eine Zumutung. Trotzdem unbedingt lesenswert.*

Konstruktivismus (radikaler)

Ernst von Glasersfeld (1996): Radikaler Konstruktivismus. Ideen, Ergebnisse, Probleme. Frankfurt/M.: Suhrkamp. Im Original erschienen 1995. *Gibt eine schöne, verständliche Übersicht, ohne jeden dogmatischen oder missionarischen Unterton.*

Humberto Maturana und Francisco Varela (1987): Der Baum der Erkenntnis. Die biologischen Wurzeln menschlichen Erkennens. Frankfurt/M.: Fischer, 2009. *Zur Zeit (2008) vergriffen, Wiederauflage im Frühjahr 2009. Klassiker mit großer Wirkung, auch für Einsteiger.*

Gerhard Roth (1994): Das Gehirn und seine Wirklichkeit: Kognitive Neurobiologie und ihre philosophischen Konsequenzen. Frankfurt/M.: Suhrkamp, 2000, 8. Auflage. *Fast schon so etwas wie ein Klassiker von dem vielleicht bekanntesten deutschen Konstruktivisten; geht das Problem der Wirklichkeit von neurobiologischer Seite an.*

Paul Watzlawick (1983): Die erfundene Wirklichkeit: Wie wissen wir, was wir zu wissen glauben? München: Piper, 2006. *Watzlawick versammelt hier bereits sehr früh zahlreiche Gleichgesinnte aus verschiedenen Disziplinen. Weniger ein systematisches Einführungswerk, beeindruckend durch Lesbarkeit und fachliche Breite.*

Libertarismus, Libertarier

Ansgar Beckermann: Haben wir einen freien Willen? URL http://www.philosophiever staendlich.de/freiheit. *Gibt eine wohlwollende Übersicht der Debatte, leicht zugänglich.*

Henrik Walter (1998): Neurophilosophie der Willensfreiheit. Von libertarischen Illusionen zum Konzept natürlicher Autonomie. Paderborn: Mentis, 2006. *Walter ist kein Libertarier, aber er arbeitet die libertarische Position und ihre Voraussetzungen so präzise heraus wie kein anderer.*

Günther Patzig (1994): Philosophische Bemerkungen zu Willensfreiheit, Verantwortung und Schuld. In: Gesammelte Schriften I: Grundlagen der Ethik. Göttingen: Wallstein, 1994, S. 190–208. *Wunderbarer, wohlwollender Aufsatz, der auf das Verstehen des Libertarismus angelegt ist.*

Vgl. ›Determinismus‹, Ted Honderich.

Materialismus

Mario Bunge und Martin Mahner (2004): Über die Natur der Dinge. Materialismus und Wissenschaft. Stuttgart: Hirzel. *Manchmal ein wenig überbordend missionarisch, zuweilen technisch, aber präzise. Für Fortgeschrittene.*

Vgl. insbesondere ›Naturalismus‹.

Metaphysik

Rudolf Carnap (1931): Überwindung der Metaphysik durch logische Analyse der Sprache. In: Erkenntnis, 2 (1931/32), S. 219–241. *Gut verständlicher, vor allem aber wichtiger Aufsatz, der – wie Poppers Abgrenzungskriterium – bis heute einen breiten Teil der Metaphysikkritik und -ablehnung beeinflusst hat. Ein klassischer Fall für eine Fernleihe.*

Christoph Fehige, Georg Meggle und Ulla Wessels (Hrsg. 2000): Der Sinn des Lebens. München: dtv. *Ein klasse Buch, stellt Texte vieler klassischer Autoren unter Oberbegriffen zusammen, enthält Abbildungen, Gedichte, Prosa und: ausgezeichnete Texte. Besser kann eine Textsammlung zum Thema ›Sinn‹ kaum sein. Kein systematisches oder umfassendes Buch zum Thema ›Metaphysik‹.*

Karl Popper (1934): Logik der Forschung. Band 3 der Gesammelten Werke Poppers. Tübingen: Mohr Siebeck, 2005, 11. Auflage. Dort, im vorderen Teil, das Kapitel über das Abgrenzungskriterium. *Nur dieser Teil des Buches über das Abgrenzungskriterium ist wichtig für das Thema ›Metaphysik‹, weil er bis heute einen breiten Teil der Metaphysikkritik und -ablehnung beeinflusst hat.*

Heinrich Schmidinger (2000): Metaphysik: Ein Grundkurs. Kohlhammer, 2006, 2. Auflage. *Historischer und systematischer Überblick, als Einführung gut geeignet, vielleicht das Beste, was sich zur Zeit als Einführung findet.*

Vgl. ›Theismus‹.

Vgl. ›Essentialismus‹, Platon.

Vgl. ›Deontologie‹, Immanuel Kant: Grundlegung zur Metaphysik der Sitten.

Monismus

Vgl. ›Dualismus‹, dort vor allem Gerhard Vollmer (und für Fortgeschrittene: Volker Gadenne).

Vgl. ›Realismus‹.

Vgl. ›Materialismus‹.

Naturalismus

Bernd Goebel, Anna Maria Hauk und Gerhard Kruip (Hrsg., 2005): Probleme des Naturalismus. Philosophische Beiträge. Paderborn: Mentis. *Sammlung moderner Aufsätze von Wissenschaftlern und Philosophen, naturalismus-kritisch, nichts desto weniger empfehlenswert. Vor dem Kauf unbedingt das Anspruchsniveau prüfen.*

Geert Keil und Herbert Schnädelbach (Hrsg., 2000): Naturalismus. Philosophische Beiträge. Frankfurt/M.: Suhrkamp. *Aufsatzsammlung (enthält auch Gerhard Vollmer (1994)) mit prominenten Autoren, zur Zeit so etwas wie ein Standardwerk, eher anspruchsvoll.*

Lüke, Ulrich, Meisinger, Hubert und Souvignier, Georg (Hrsg., 2007): Der Mensch – nichts als Natur? Interdisziplinäre Annäherungen. Darmstadt: WBG. *Sehr gut, lässt verschiedene Autoren das Problem aufrollen, steht zwischen Naturalismus und Theologie, leider etwas teuer.*

Gerhard Vollmer (1994): Was ist Naturalismus? In: Geert Keil und Herbert Schnädelbach (Hrsg.): Naturalismus. Philosophische Beiträge. Frankfurt/M.: Suhrkamp, 2000. *Das Beste auf dem Markt, zur Einführung, sehr gut geschrieben. Der Naturalismus wird präzise charakterisiert durch 13 Thesen.*

Nihilismus

Ludger Lütkehaus (1999): Nichts. Zürich: Haffmanns. *Nicht systematisch, dafür unglaublich inspirierend, behandelt nicht nur den Nihilismus im engeren Sinne. Sehr empfehlenswert.*

Friedrich Wilhelm Nietzsche (1885): Also sprach Zarathustra. München: dtv, 1966. *Eine zutiefst anti-nihilistische Seherschrift mit schwerem dichterischem Einschlag und Ambitionen. Aus systematischer Sicht völlig unphilosophisch, dafür aber mehr als anregend. Ein Muss.*

Arthur Schopenhauer (1819–1859): Die Welt als Wille und Vorstellung. München: dtv, 1998. *Kein im engeren Sinne nihilistisches, sondern eher pessimistisches Werk, das die Welt als Jammertal darstellt. Einflussreich, auch auf Nietzsche, befremdlich und betörend zugleich.*

Nominalismus

Alle Schriften von W. V. O. Quine, vor allem aber: Wort und Gegenstand, im Original erschienen 1960, auf Deutsch bei Reclam, Stuttgart, 1980. *Anstrengend, theoretisch, anregend, nichts für Anfänger.*

Wolfgang Stegmüller (Hrsg. 1978): *Das Universalien-Problem.* Darmstadt: WBG. *Gut brauchbarer Sammelband mit wichtigen Texten und einer Einführung.*

Postmoderne

Jean-François Lyotard (1986): Das postmoderne Wissen. Ein Bericht. Wien: Passagen. Im Original erschienen 1979. *Etwas schwer zugänglich, weil manchmal schwurbelig geschrieben. Erwartet auch Kenntnisse unserer Kulturgeschichte. Aber erschreckend gut in der Präzision seiner Prognosen für die Gegenwart. Toll.*

Richard Rorty (1989): Kontingenz, Ironie und Solidarität. Frankfurt/M.: Suhrkamp, 1992. *Rorty trachtet in einer gemischt postmodernen und pragmatistischen Position danach, die Philosophie abzuschaffen. Trotz dieses unseligen Ansinnens sehr sympathisch, aber nicht ganz leicht.*

Alan Sokal und Jean Bricmont (1999): Eleganter Unsinn. Wie die Denker der Postmoderne die Wissenschaft missbrauchen. München: Beck. *Sokal ist ein Wissenschaftler, der sich der Postmoderne nahestehend fühlt. Ihm missfällt aber der Jargon postmoderner Denker. Sokal selbst hat mit einem schlimmen Fake-Aufsatz eine angesehene ›postmoderne‹ Zeitschrift übel auflaufen lassen.*

Wolfgang Welsch (1987): Unsere postmoderne Moderne. Berlin: Akademie, 2002. Dort das Einführungskapitel. *Im schlimmen Slang der Postmoderne verfasst, dennoch gut, weil Welsch die Postmoderne anhand von Thesen treffend charakterisiert.*

Pragmatismus

William James (1907): Der Pragmatismus. Ein neuer Name für eine alte Denkmethode. Hamburg: Meiner, 1994. *Das (!) Einsteigerbuch für den Pragmatismus, nicht nur ein Klassiker.*

Ekkehard Martens (Hrsg. 1992): Pragmatismus. Ausgewählte Texte von Charles Sanders Peirce, William James, John Dewey und F. C. S. Schiller. *Kein systematisches Buch, dafür aufgrund seiner Auswahl gut als Einstieg geeignet.*

Vgl. ›Postmoderne‹, Richard Rorty.

Rationalismus

Vgl. ›Essentialismus‹, dort Platon.

Vgl. ›Dualismus‹, René Descartes: Meditationen.

Hans Poser (2005): Gottfried Wilhelm Leibniz zur Einführung, Hamburg: Junius. *Auch Leibniz gehört hierher, sein Werk ist umfassend, die Einführung gelungen, macht Lust auf mehr.*

Realismus

Gerhard Vollmer (1974): Evolutionäre Erkenntnistheorie. Stuttgart: Hirzel, 2007. *Das ganze Buch beinhaltet in gut lesbarer Form eine moderne, biologisch fundierte realistische Erkenntnistheorie. Umfassend.*

Vgl. unbedingt ›Konstruktivismus‹.

Sinnhuberismus

Bernulf Kanitscheider (2008): Entzauberte Welt. Über den Sinn des Lebens in uns selbst. Eine Streitschrift. Stuttgart: Hirzel. *Räumt auf mit allen sinnhuberischen Strömungen, insbesondere den christlichen, ist dabei unnachgiebig, zugleich wohlwollend und ironisierend, ohne böse zu sein. Die Frage nach einem Sinn außerhalb unserer selbst ist damit erledigt. Im Übrigen ist Kanitscheider einer der wenigen, die sich bislang getraut haben, über den Sinnhuberismus zu schreiben. Denn das darf man ja gar nicht.*

Vgl. ›Metaphysik‹, Christoph Fehige et. al.

Skeptizismus, Skepsis

Gerhard Streminger (1994): David Hume. Sein Leben und sein Werk. Paderborn: Schö-
ningh. *Macht für den Einsteiger am Leben David Humes den Skeptizismus (und auch
den Empirismus) klarer als manche themenbezogene Schrift.*

Vgl. ›Empirismus‹, dort David Hume: Eine Untersuchung über den menschlichen Verstand. *Hume zeigt sich in dieser Schrift nicht nur als Empirist, sondern auch als Skeptizist, weil er skeptisch ist in Bezug auf die ›Wahrheit‹ der Sinneseindrücke. Andere
Schriften Humes, auch die zur Religion, weisen den Skeptizismus auch auf.*

Soziobiologie

Richard Dawkins (1976): Das egoistische Gen. (Zum Beispiel: Berlin: Spektrum, 2006).
*Ein Klassiker auf diesem Gebiet, setzte Maßstäbe, gut zu lesen, unerlässlich, um mitreden
zu können.*

Eckart Voland (1993): Grundriss der Soziobiologie. Berlin: Spektrum, 2000, 2. überarbei-
tete Auflage. *Von dem Soziobiologen Deutschlands das Lehr- und Einführungsbuch.
Schreiben kann Voland dazu auch noch.*

Thomas Weber (2003): Soziobiologie. Frankfurt/M.: Fischer. *Kurze, gut lesbare Übersicht
der wichtigsten Teilbereiche, mit Vertiefungen.*

Robert Wright (1996): Diesseits von Gut und Böse. The moral animal. Die biologischen
Grundlagen unserer Ethik. München: Limes. *Leider vergriffen. Parallelisiert das Leben
Charles Darwins mit den Erkenntnissen der Evolutionspsychologie, zeigt für viele Verhaltensweisen in der Liebe und beim Sex mögliche evolutionsbiologische Grundlagen auf,
desillusionierend, interessant, humorvoll.*

Teleologisches Denken

Gerhard Vollmer (1987): Artikel Teleologie – Teleonomie. In: Lexikon der Biologie. Frei-
burg: Herder, 1987, Band 8, S. 168–169. *Macht in der Gegenüberstellung manche überflüssige Frage tatsächlich überflüssig.*

Vgl. ›Historizismus‹, Oswald Spengler.

Theismus

Hans Küng (1978): Existiert Gott? Antwort auf die Gottesfrage der Neuzeit. München:
Piper, 2004. *Unglaublich, alles andere als dogmatisch, für jeden Atheisten unbedingt
empfehlenswert. Tolles Buch.*

Joseph Ratzinger (1968): Einführung in das Christentum. Vorlesungen über das Aposto-
lische Glaubensbekenntnis. München: Kösel, 2000. *Der jetzige Papst von seiner besten
Seite. Man kann hier viel über das Christentum lernen.*

Robert Spaemann (2007): Der letzte Gottesbeweis. München: Pattloch. *Erstaunlich, dass
ein Mensch im 21. Jahrhundert noch einmal einen Gottesbeweis versucht. Ob das gelingt,*

müssen Sie selbst beurteilen. In jedem Fall zeigt es die gedachten Eigenschaften des theistischen Gottes auf.

Vgl. ›Atheismus‹

transzendent – transzendental

Zu ›transzendent‹:

Hans-Peter Dürr (Hrsg. 1999): Physik und Transzendenz. Die großen Physiker unseres Jahrhunderts über ihre Begegnung mit dem Wunderbaren. Scherz Verlag. *Ein Buch, das geeignet ist, die Rede von ›Transzendenz‹ zu begreifen, ohne den Theismus direkt bemühen zu müssen. Dasselbe gilt vermutlich für alle Schriften Carl Friedrich von Weizsäckers nach 1975.*

Vgl. ›Theismus‹.

Vgl. ›Essentialismus‹, dort Platon.

Zu ›transzendental‹:

Immanuel Kant (1781): Kritik der reinen Vernunft. Stuttgart: Reclam, 1986. *Natürlich der Klassiker schlechthin, auf den ersten 200 Seiten sogar recht verständlich geschrieben, auch wenn Kant einfach seine lateinische Denkart ins Deutsche übersetzt hat. Am besten in Verbindung mit:*

Otfried Höffe (1983): Immanuel Kant. München: Beck, 2007. *Die beste uns bekannte Kant-Einführung, auch für Einsteiger bestens geeignet.*

Wissenschaftstheorie

Andreas Bartels und Manfred Stöckler (2007): Wissenschaftstheorie. Paderborn: Mentis, 2007. *Schön geschrieben, manchmal unvermeidbar technisch.*

Alan Chalmers (1976): Wege der Wissenschaft. Einführung in die Wissenschaftstheorie. Berlin: Springer, 2007, 6. verbesserte Auflage. *Ein ausgezeichneter und sehr anschaulich geschriebener Gang durch alle relevanten aktuellen wissenschaftstheoretischen Positionen; trotzdem allgemeinverständlich.*

Paul Feyerabend (1991): Zeitverschwendung. Frankfurt/M.: Suhrkamp, 1997. *Eine wundervolle Autobiografie eines sehr sympathischen Mannes, die freilich mehr Begegnungen mit anderen Wissenschaftstheoretikern enthält als systematische Überlegungen. Gleichwohl ein treffendes Selbstportrait dieses enfant terrible der Wissenschaftstheorie.*

Karl Popper (1979): Ausgangspunkte. Meine intellektuelle Entwicklung. Hamburg: Campe. *Ein eingängiger und kurzgefasster Überblick aller wesentlichen Positionen Poppers.*

Die letzte Frage

Philosophie ist …

a   … Klärung der Gedanken. (Wittgenstein)

b   … sterben lernen. (Platon, Cicero, Montaigne)

c   … ästhetischer Protest. (Nietzsche)

d   … die Spezialistin für das Allgemeine. (Marquard)

e   … Fortsetzung der Wissenschaft mit anderen Mitteln. (Buschlinger)

f   … weiterfragen können. (Rusch)

g   … das Werkzeug, um ein stimmiges Weltbild herstellen zu können. (Conradi)

h   … Denken auf Vorrat. (Vollmer)

i   … der systematische Missbrauch einer Terminologie, die eigens zu diesem Zwecke erfunden wurde. (Heine)

Die letzte Diagnose

Antworten a bis h
Wir gratulieren. Vielleicht sind Sie ja doch stärker ein philosophischer Kopf, als Sie es bisher dachten. In jedem Fall hoffen wir, die Autoren, dass Ihnen dieses Buch Vergnügen bereitet hat. Allerdings empfehlen wir Ihnen unbedingt, weitere philosophische Bücher zu lesen. Möglicherweise werden Sie von der Lektüre dieser Bücher für das Fach ›Philosophie‹ begeistert.

Antwort i
Schade. Sie erhalten von uns den wohlgemeinten Rat: Kaufen Sie sich beim nächsten Mal ein besseres Buch.